Henri Boulad
Die Vernunft des Herzens

Damit Dir
gläubiges Staunen
erhalten bleibt!

Dieter 18.3.1987

Henri Boulad

Die Vernunft des Herzens

Wohin die Seele strebt

Aus dem Französischen
von Hidda Westenberger

Herold Verlag Wien · München

Mit Druckerlaubnis des Provinzialats der Gesellschaft Jesu, Wien, am 3. April 1985

Druck: Herold, Wien 8

CIP-Kurztitelaufnahme der Deutschen Bibliothek

Boulad, Henri:
Die Vernunft des Herzens: Wohin d. Seele strebt / Henri Boulad. Aus d. Franz. von Hidda Westenberger
Wien – München: Herold-Verlag, 1985
ISBN 3-7008-0306-0

INHALTSVERZEICHNIS

VORWORT DER HERAUSGEBERIN

„Für den, der glaubt, wird das letzte Wunder größer sein als das erste."
(Dag Hammarskjöld)

Was ein schwedischer Protestant in unserer Epoche des „Weltpessimismus" hier innerlich erfuhr und an uns weitergab, ist dieselbe johanneische Erfahrung eines Alexandriners – Jesuitenpater HENRI BOULAD –, der diese tiefe Zuversicht im heutigen Ägypten um sich verbreitet, „geführt von der Flamme der Propheten, die uns erweckt und erleuchtet" (ein Zeugnis).

Er hat dieses Buch nicht geschrieben – ein unvorstellbarer Gedanke, da man ihn nur im Laufschritt kennt. Es sind Kassetten-Nachschriften seiner frei gesprochenen Vorträge in der französischen Muttersprache, die ich ins Deutsche übertragen habe. 1983 bin ich von ihm schriftlich autorisiert worden, sein Gesamtwerk zusammenzustellen und in diversen Sprachen zu veröffentlichen. Es war meine Idee, nicht seine.

Pater Boulads imponierenden Kampf in der „Vernunft des Herzens" habe ich mehrere Jahre in Ägypten erlebt. Ich sah, daß seine Botschaft Gläubige wie Skeptiker, Christen wie Nicht-Christen erreicht, und ich wünschte mir, diesen glaubwürdigen Mann duplizieren zu können: noch einmal für Europa, wo wir vielfach Nicht-mehr-Christen sind, wo wir leichtfertig Ideale belächeln und ins Schleudern gekommen sind, weil Hoffnungen in die Brüche gehen und die Angst steigt.

Man bat mich um ein Vorwort zu dieser Vortragssammlung, und ich bringe viele Menschen mit mir, die sich in authentischen Zeugnissen hier beteiligen werden. Ich soll von der Entstehungsgeschichte dieser ägyptischen Manuskripte erzählen, die sich inzwischen ausbreiten bis hoch nach Reykjavik, wo in diesem Jahr die ersten Vorträge von begeisterten Lesern in isländischer Sprache veröffentlicht werden. Ich soll von Pater Boulad erzählen, diesem Botschafter der Freude und der Liebe, der schon als Dreizehnjähriger seiner Mutter unsere Seligkeit im OMEGA-Punkt beschrieben hatte, wo wir alles Verlorene tausendfach verdichtet wiederfinden werden. Damit wollte er sie über banale Alltagsschwierigkeiten und Trauer über alles Vergängliche hinwegheben; ein Kind noch, ohne theologisches Wissen und ohne ein Wort von Teilhard de Chardin gehört zu haben (siehe sein späteres Gedicht als Ausklang des Vortrags „Evolution und Zukunft"). Als Sechzehnjähriger wußte er, daß er Priester werden müsse.

Fünf Jahre, von Januar 1977 bis Dezember 1981, habe ich neben manchem anderen auch diese Vortragsereignisse im St. Markus-Kollegium in Alexandria persönlich erlebt. Das bunte Bouquet von Konfessionen, das Knacken der Tonbandgeräte und die nach innen gerichteten, glühenden Gesichter werde ich nicht vergessen. Einmal zählte ich neben den römisch-katholischen Hörern zehn weitere Konfessionen: von Protestanten und Anglikanern über Maroniten und orthodoxe Kopten bis zu Moslems. Viel studentische Jugend, Lehrer aller Schulen, Ordensschwestern aller Kongregationen, einige Priester, und Laien unterschiedlichster Berufe. Zum hier vorliegenden Vortrag „Die schöpferische Energie des Leidens“ waren 250 Personen gekommen, viele mußten die zwei Stunden stehen, dazu hatten wir die Hälfte der Zeit städtische Lichtsperre. Das störte niemanden. Ich werde auch Episoden wie die folgende nicht vergessen: Ein Student stürzte nach einem theologischen Vortrag nach vorn, umarmte den Pater herzlich und dankte: „Ich bin überwältigt! Bitte sagen Sie mir, wie lange haben Sie dieses Thema vorbereitet, um es frei sprechend, teilweise im Saal umhergehend, so vortragen zu können?“ Pater Boulad: „Dreißig Jahre. Ein solches Thema bereitet man nicht am Schreibtisch vor, das muß man leben!“

Gelebte Theologie und eine „fünfdimensionale“ Menschenkunde; in einer Predigt erklärte er den mystischen Aspekt eines jeden Menschen als seine fünfte und tiefste Dimension . . . Vom Menschen spricht Pater Boulad allezeit. Während der ersten halben Stunde seines Vortrags „Wer ist Jesus Christus?“, den dieses Buch enthält, behandelt er ausschließlich den Menschen, den er ganz zu kennen scheint, den er liebt und an den er glaubt. Er offenbart dem Menschen seine göttliche Dimension, und dabei sind seine Darstellungen tief menschlich. Alles gründet in persönlicher Gott/Mensch-Erfahrung und wird sehr persönlich weitergegeben. „Ein ganz außerordentlicher Menschenkenner, der alle unsere Schwächen versteht und uns die Heilung dafür anbietet.“ (Ägyptische Mohammedanerin)

Der gesunde Mensch hat im Orient wie im Okzident sehr wohl eine Antenne für die Reinheit einer Person und die Wahrheit ihrer Aussage. Ob funkensprühende Kanzelreden oder tiefen, spirituellen Frieden verbreitende Abendvorträge, wer Pater Boulad anhört, erspart sich Umwege. Die Menschen erleben hier einen Glauben „zum Anfassen“, den er mit seinen Nächsten teilt wie ein Stück Brot, das sich dabei vermehrt.

Ich war sicher, daß diese Stimme in derselben Tiefenzone auch den Europäer erreichen würde, und ich werde durch die steigende Nachfrage nach seinen Manuskripten bestätigt: „Alles, was er sagt, ist mir sehr hilfreich und nahe, vor allem dieses inbrünstige JA des Angenommenseins. Hier ist nichts von überheblichen, geistvollen Spekulationen, sondern Abglanz der FROHEN BOTSCHAFT. Das kann ich brauchen, das braucht unsere depressive, lebensüberdrüssige

Gesellschaft! Danke für diese guten Gaben, ich lasse mein Leben an ihnen wachsen." (Mutter von fünf Kindern in Deutschland.) – „Die Erlösung als Logik der Liebe! Damit hat mir Pater Boulad aus der Seele gesprochen! Er wird mit seinen Schriften den Menschen Bleibendes geben, denn wir brauchen in unserer technisch-nüchternen Zeit die Sprache des Herzens, um im tiefsten Innern, da wo Gott in uns lebt, getroffen zu sein." (Deutsche Benediktinerin)

Über zentrale Fragen des Glaubens in dieser verblüffenden Einfachheit, Lebendigkeit und menschlichen Wärme sprechen zu können, ist eine ganz besondere Gabe. Selbst die humorvolle Nuance, sparsam verwendet, gelingt. Viele schreiben mir, daß sie „ganz in Spannung" seien, wenn sie lesen, alles sei „greifbar nahe und zugleich unendlich tief". – Ja, tief ... Niemand, der hier mitgeht, wird im Vorfeld des Glaubens zurückgelassen, und ich freue mich, daß der persönliche Dialog zwischen Sprecher und Hörer in solcher Weise nun die Leser in Europa mit einbezieht. Doch überall, wo ein echtes Verlangen nach christlicher Erkenntnis und nach einem Leben im Glauben vorhanden ist, werden diese Texte ihre Wirkung haben können.

Pater Boulad wurde 1931 in Alexandria geboren. Er ist syrisch-italienischer Abstammung. Einer seiner Brüder wirkt ebenfalls als aktiver Ordensgeistlicher in Ägypten. Das zarte, wunderbare Mütterlein, heute 86 Jahre alt, besucht noch immer seine Vorträge und sorgt sich um ihn, „weil er sich umbringt für die Menschen". Für Mutter Hélène bleibt Pater Boulad „le Petit", und das amüsiert alle. Doch während eines Vortrags sagte sie einmal kopfschüttelnd zu mir: „Ich habe den Henri gar nicht verdient." Demnach ist er doch nicht so klein in ihren Augen. Ich liebe dieses Mütterlein.

Die lange Zeit der Studienjahre verbrachte er im Ausland: Neben zahlreichen anderen Fächern im wesentlichen Theologie im Libanon, Philosophie in Frankreich und Psychologie in den USA. Dazu kommen fünf Jahre naturwissenschaftliches Selbststudium – das macht 20 Jahre! Ihn faszinieren die aktuellen Meldungen aus der wissenschaftlichen Forschung, die er genau verfolgt. Zudem ist er ein überaus empfindsamer Künstler von großer Aussagekraft. Er dichtet und zeichnet, es gibt herrliche Feder- und Kreidezeichnungen von ihm. Doch mit manchem anderen, das er opferte, legte er auch seine Talente beiseite. Jetzt zeichnet er, indem er spricht. Seine intuitive Sprache hat viel Gefühl; gewiß erreicht sie deshalb dieses Leben und diese klaren Konturen, weil er fortwährend starke Bilder entwirft, die sich tief in uns einsenken und bleiben.

Nachdem ich diesen Verkünder der „logischen Gottesliebe" 1976 als großen Prediger der Christmette zum ersten Mal gehört hatte und erfuhr, an wie vielen Fronten er in Ägypten gleichzeitig kämpft, ging ich diesen nach und reihte mich ein unter seine Hörer und unter die Arbeitsbienen eines seiner Projekte praktischer Nächstenliebe – was er auch sofort von mir erwartete, wir haben das eine in das andere zu integrieren. Als ich ihn später fragte, welche dieser kaum überschaubaren Aktivitäten ihm die liebsten seien, sagte er mit weit ausgebreiteten Armen: „Alles tue ich gern, denn alles ist wichtig." Dabei arbeitet er bis zur Erschöpfung. Hierzu das hellsichtige und wunderschöne Zeugnis einer deutschen Borromäerschwester in Alexandria: „Pater Boulad ist ganz durchsichtig. Er hat es geschafft, worum wir alle zeitlebens ringen: Er ist GANZ FREI, auch frei von sich selbst, was das schwerste ist."

Daß man das Evangelium leben muß, wenn man es verkünden will, mit dieser bekannten Forderung macht Pater Boulad ernst. Ich habe sein menschliches Engagement im Wüsten-Leprosarium „Amrya" bei Alexandria erlebt. Seine schlanke Gestalt ging dort umher, und er drückte infektiösen Leprakranken liebevoll die verstümmelten Hände. – Überall Distanz löschen! . . . Auch mit seinem Armutsgelübde macht dieser Priester ernst. Ich habe sein tiefes persönliches Leid erlebt, nachdem ihm sein Vorgesetzter im letzten Moment untersagt hatte, sich für eine Blasenstein-Operation einem der schlimmsten Volkshospitäler zu überlassen. Bei und mit den Ärmsten wollte er sein Lebensrisiko teilen, in einem Vorort in der schlammigen Schwüle am Nilkanal, dort in der anonymen Masse der Elenden. – Hier wird Glaube glaubhaft. Die Logik des Herzens.

Ist Pater Boulad Mystiker? Ja, ein großer, christlicher Mystiker. Es ist seine tiefmystische Seele, die die Zusammenhänge des Irdischen und des Himmlischen so leicht erfaßt. Aber sein Kopf denkt auch ebenso gern! Er analysiert. Und auch auf diesem Wege findet er überall Gott. Den Idealpunkt sieht er dort, wo sich das Mystische mit dem Rationalen schneidet. Er sagte: „Ich bin auch ein intellektueller Mensch und liebe den klargeschnittenen Gedanken. Mit einer verschwommenen Mystik habe ich nichts im Sinn." Der Leser dieses Buches wird das Gesagte bestätigt finden.

Wie kam es zu diesem Buch? . . . Zur Geburt meiner Idee, das Werk Pater Boulads zusammenzutragen, an ihm zu arbeiten und es zu veröffentlichen, gehört ein bestimmter Boden, aus dem diese keimte – keimen mußte! Um diesen zu illustrieren, seien einige Beispiele (nur die für mich sichtbaren!) der „Boulad-Aktivitäten" genannt, die 1977/78 parallel liefen oder kurz aufeinander folgten, alle durchsonnt von seinem strahlenden Optimismus und von seiner ernsten Menschenliebe.

Die Tür des Ordenshauses in Alexandria-Cleopatra stand buchstäblich immer und für jeden weit offen, und aus einem der wiederum offenen Räume hörte man diese sanfte, aber eindringliche Stimme. Ein Kurs am Nachmittag: „Glaube und Wissenschaft in der Perspektive Teilhard de Chardins", ein anderer am Abend: „Parapsychologie und Evangelium." Im St. Markus-Kollegium lief ein viertägiger Intensivkurs für seine geliebten Lehrer, von denen er für die Zukunft alles erwartet, „sie sind das Ferment der Gesellschaft". Unter dem Thema „Eine neue Erziehung für eine neue Welt" appellierte er an die unumgängliche Heranbildung einer vereinheitlichten, integralen Weltanschauung und eines starken, guten Teamgeistes, bevor die jungen Menschen ins Leben entlassen werden. 150 Lehrer nahmen teil – und keineswegs nur Christen. – Mit jedem Wort und mit jeder Geste will er beste Saat setzen und animiert jeden von uns Laien, dasselbe zu tun. Dazu lehrt er Vertrauen: „Gott ist fähig, über unser kurzes Erdendasein hinaus eine Saat aufgehen, blühen und reifen zu lassen zu einer großen Ernte der Liebe."

Die Sterne hängen sehr tief in Ägypten, so daß die Nächte strahlen. In der Nachthelle der Wüste Meditationen mit Jugendlichen über die christlichen Mysterien. Mit Eucharistiefeier im Freien. Ein junger Moslem, der eine Nacht lang teilgenommen hatte (so tolerant ist Ägypten noch, doch wäre die christliche Taufe diesem jungen Mann bei höchster Strafe verboten, theoretisch sogar bei Todesstrafe), sagte zu mir: „Wenn ich mit Pater Boulad zusammen war, fühle ich mich realer als zuvor; bei ihm ist Basis, alles ist konkret – und so viel Stärke!"

Kontemplativ und aktiv zugleich ist Pater Boulad ein Rufer zur Verinnerlichung und zur Tat – immer zu beidem! Demnach auch dynamische Einsätze von jugendlichen Hilfskommandos in den Armenquartieren von Kairo und in den Dörfern entlang des Nils. Mit seinen Ordensbrüdern Bildung von Arbeitscamps freiwilliger Jugendlicher (14 Camps in einem Sommer!), wochenlanges hartes Arbeiten in der brütenden Sommerhitze Ägyptens, auch in den Lepra-Baracken. Probleme gemeinsam lösen . . . Last und Leid mit anderen teilen! . . . – Lehrer, Erzieher und Eltern beschwört er: „Man muß die Jugend fordern, ja man soll sie überfordern und anreizen zu Selbstüberwindung und Opfer. Wir müssen den jungen Menschen Ideale setzen, die höher liegen als sie reichen können – das ist Realismus, denn das Unmögliche ist gerade der Weg!" Er lancierte sein enormes Lepra-Projekt und brachte 500 Jugendliche zum Einsatz – Christen und Moslems gemeinsam.

Am Kairoer Sakkakini-Institut seine theologischen Vorlesungen in Arabisch: „Die Theologie der Schöpfung". Messen zelebriert er in fünf Sprachen und in drei Riten. In der Jesuitenkirche in Alexandria legte er an sechs aufeinanderfolgenden Sonntagen das Evangelium nach der Lesung beiseite und gab uns 350 Meßbesuchern überraschend einen Kurs über das Wesen der Messe, über das kosmische Geschehen der Eucharistie, über unsere Kommunion mit dem Universum. Eine leuchtende Blüte, die sich über sechs Sonntage mehr und mehr entfaltete. Und ich sehe noch seine lange, asketische Hand, die sich über sein Herz legte, indem er fast wie im Selbstgespräch sagte: „. . . Wenn die Menschen wüßten, was mit ihnen geschieht, während sie kommunizieren!" – Er weiß, daß es die Mehrzahl noch nicht weiß. Er weiß aber auch mit Teilhard de Chardin, daß unser Weltbewußtsein wächst und wir immer tiefer schauen werden. Vorläufig ermutigt er Zögernde zum kühnen Sprung in den Glauben, der zunächst ein Sprung ins Unbekannte ist. Doch dieser Sprung lohnt, prophezeit er, denn durch forschreitendes Erkennenwollen und Erkennen wird der Glaube sich eines Tages rechtfertigen.

In ganz Ägypten Exerzitienwochen in Französisch und Arabisch für Ordensleute wie für Laien. Ich besuchte mit Hunderten seine atemberaubenden sechstägigen Osterexerzitien für Laien. Thema: „Der freie Mensch". Lange sprachen die Alexandriner noch von diesem Ereignis und von Pater Boulads Auffassung von der Hölle. – Und seine Predigten! Ich ordne sie in drei Themenkreise: A. Flammende, prophetische Mahnungen an die Welt, in denen er Warnsignale abgibt wie rote Lichter. B. Theologische Themen mit großer Ehrfurcht und Behutsamkeit dargelegt, durchzogen von genial entworfenen Gleichnissen in einfacher Sprache, so daß jeder Meßbesucher das Erlebte mit heimnehmen kann. C. Trost für den Trostlosen, den Zweifelnden und Verzweifelten, den Einsamen, Enttäuschten und Kranken. Trost aber in solchem Ernst und solcher Klarheit, daß er sein Ziel erreicht.
Ich wußte nicht, daß es solche Predigten gibt.

Schließlich machte mich jemand auf seinen großen Vortragszyklus über den Tod aufmerksam, den er 1975 gehalten hatte: „Die große Metamorphose – die Geburt im Tod" – 16 Stunden –, und daß es Kassetten gebe, die in der Stadt zirkulieren. „Ein Lied vom Tod, eine Hymne! Dieser Mann hat mich nach dem Tod meiner Mutter wieder auf die Beine gestellt." (Eine Französin) . . . „Aber das Terrain, auf dem dieser Geist hier kämpft, ist viel zu klein, und das ist das Tragische! In einem christlichen Land gäbe man ihm den Fernsehschirm, dort müßte er sprechen, und zwar täglich! Wenn jeder Mensch seine Schau hätte, wäre die Welt gerettet!" (Eine Ungarin). – Nein, Pater Boulad fühlt sich der Not seines Landes verpflichtet. Schon in Amerika hatte er eine interessante akademische Karriere, die man ihm dort nahegelegt hatte, abgelehnt. Wir müssen einen anderen Weg finden, sein Terrain zu vergrößern.

Seine Schau, von der in diesem engagierten letzten Zeugnis die Rede ist, meint Ganzheitsschau. Sie ist das Erkennen der inneren Einheit allen Seins und das bewußte Leben in ihr. Integration! Pater Boulad prophezeit, daß die Denkweise des Detailbetrachters bald der Vergangenheit angehören und überhaupt nicht mehr verstanden werden wird. Nicht Philosophie allein, die ohnehin eine Suche ohne Ende ist; nicht Theologie allein, die doch so vielen Menschen unverständlich bleibt; nicht Naturwissenschaft allein, die sich eingrenzt auf das Meßbare, nicht Psychologie allein, die noch immer den spirituellen Aspekt der Seele unterbelichtet, sondern tiefer zielen, viel tiefer, und dort die EINHEIT aller Bereiche erkennen – und das Absolute im Relativen! ... Dem Christen sollte es leichtfallen, seit der Offenbarung der allumfassenden und alles durchdringenden Inkarnation des Göttlichen WORTES auf dieser geheiligten Erde, meint Pater Boulad, der diese Einheit lebt, er lebt sie uns vor.

Er selbst formulierte seine Ganzheitsschau, als er mir einige Zeilen auf die erste Seite eines Exemplars seiner Psychologie-Dissertation schrieb, eine psychoanalytische Arbeit an der University of Chicago (1967), die ich mit Spannung gelesen hatte. Ich will seinen persönlichen Eintrag als ein wesentliches Selbstzeugnis hier zitieren, da es meines Erachtes für sein Gesamtwerk gilt:

„In dieser Studie habe ich versucht, eine verständliche Sicht vom Menschen und vom Universum zu geben, das Leben und den Tod, Körper, Geist und Seele, das Sexuelle und das Mystische, das Christentum und die Psychoanalyse miteinander zu verbinden."

Wer Pater Boulad hört oder liest, glaubt bald, daß dieser Mann noch weit mehr weiß, als er sagt. Aus Demut schweigt er. Aber er schaut durch bis zum Grund. Außerdem ist dem wahren Mystiker manches nicht sagbar. Und doch: Ich versetzte mich in das antike, geistig knisternde Alexandria, in dem ein solcher Denker längst seine philosophische Schule gegründet hätte und viele Schüler sich bemühten, seine Lehre zu erfassen, zu erhalten und weiterzugeben. Es bedurfte nur noch eines Auslösers, damit ich zu handeln begann.

Es war wohl jener Nachmittag, an dem Pater Boulad auf einer kleinen Dachterrasse am Meer fünf Personen auf gütigste und innigste Weise, und als gäbe es nur uns fünf Menschen auf diesem Planeten, die „Letzten Dinge" erklärte. Sein intensiver, kontemplativer Blick ruhte allezeit auf uns, und er sprach mit unendlicher Sensibilität und Gedankentiefe über die Philosophie und Theologie der Liebe. Nicht nur an einem Nachmittag, sondern an mehreren. Es liefen keine Kassetten mit.

Das war nun zu viel, ich faßte meinen Entschluß. Nahziel: alle existierenden Kassetten einzusammeln. Einen Menschen mit französischer Muttersprache finden, der in der Lage ist, sie zu schreiben, alle! Diese entstehenden französischen Manuskripte vervielfältigt hier und im Ausland gezielt verstreuen. Nebenher: Organisation von englischen Übersetzungen (erster dankbarer Abnehmer wurde sofort ein Hindu, ein Ingenieur aus Südindien). – Fernziel: meine Übersetzung des Gesamtwerkes ins Deutsche und Buchveröffentlichungen in einem deutschsprachigen Land. Ferner: Einen Engel in Paris finden, der sich dort für die Veröffentlichung der Originale einsetzen wird.

An dieser Stelle will ich dem glücklich gefundenen Alexandriner, Herrn Aimé Gazaleh (†), danken für seine hier folgenden jahrelangen Tag- und Nachtkämpfe mit diesen Bergen von schwierigen Kassetten (ausnahmslos frei gesprochene, spontane Sprache), um den „esprit bouladien“, wie er sagte, zu Papier zu bringen. Für uns alle! Wo würden wir heute stehen, wenn ich diesen fleißigen Mann nicht gefunden hätte? Er schuf uns die Basis, das französische Original. Danken wir ihm sehr.

Als Pater Boulad sah, wie ernst es mir mit meinem Vorhaben war, gab er mir nach und nach auch die Essays aus seinen Studienjahren, teils noch handgeschrieben. Zeitlose Gültigkeit – manche eher heute noch verfrüht in ihrer Vision. Darunter fand sich auch eine Entwurfsskizze für einen neuen Katechismus im Atomzeitalter. Gedichte und Briefe. Seine guten Zeichnungen! Immer tiefer durfte ich aus diesem Brunnen schöpfen. Auszüge aus seinen geistlichen Tagebüchern. Vor allem aber die faszinierenden Vorträge vor Geistlichen! Nach meiner späteren Erfahrung sind die Laien-Leser brennend an diesen „Geheimnissen“, die ich veröffentlichen darf, interessiert. Ich unterstütze und fördere diese Neugier des Laien, denn wenn der Geistliche als Person tiefer verstanden wird, dann reicht seine Botschaft weiter – das Anliegen Jesu durch ihn.

Nach Jahren intensiver Arbeit, in denen sicht- und greifbar etwas Großes und Notwendiges ans Licht trat und rapide wuchs, mußte meine Familie zurück nach Europa. Pater Boulad übernahm inzwischen die Leitung der CARITAS ÄGYPTEN und führt heute im zwar freundlichen aber chaotischen Kairo ein sehr schweres Arbeitsleben. Niemals Urlaub! Und wieviele neue Projekte zur Milderung der Not wird er inzwischen erfunden und vor allem gekoppelt haben mit seinem unermüdlichen Jugendtraining zur Opferbereitschaft? Seine helfende Hand reicht bis tief in den Sudan. Und doch, trotz Überlastung von allen Seiten arbeitet er mit an seinem entstehenden Werk – uns zuliebe! Er korrigiert, organisiert, läßt schreiben und vervielfältigen für Ägypten und schickt mir laufend neues Material nach Dänemark, wo ich seit 1982 lebe und arbeite. Bis zur Stunde konnte ich 100 Titel ins Deutsche übersetzen, 400 weitere warten.

Mein Dank geht heute auch an Sr. Louise-Agnès in Kairo, die nach dem tragischen Tod von Herrn Gazaleh das schwierige Amt des Kassettenschreibens übernommen hat. Courage, liebe Schwester! ... Und der Engel in Paris fand sich auch: Die Vermittler waren so ahnungslos wie ich gewesen, und Pater Boulad schmunzelte über unser Ergebnis: Der Engel, der nun für die Veröffentlichung der Originale sorgt, ist zufällig Pater Boulads Philosophie-Professor aus der Studienzeit in Frankreich. „Diese Texte enthalten wirklich Großartiges“, schreibt er mir, „sie sind für den heutigen Menschen von höchstem Nutzen. Ich hoffe, daß der Tag kommen wird, an dem die Strahlkraft dieser Schriften viele Menschen erreicht.“

Die neun Vorträge dieses Buches wurden zwischen 1973 und 1981 gehalten und sind so zusammengestellt worden, daß sich „Entwicklungsgeschichte" ergibt. Der Autor lebt und lehrt jedoch vertikal, über der Zeit. Ich las Arbeiten aus frühen Jahren, die schon dasselbe schauen und darlegen, sein Gesamtwerk ist ein logisches Mosaik. Man fühlt, daß er das Wesentliche sehr früh erkannte, so daß es für uns ganz unwesentlich ist, wann genau er was gesagt hat. Die ersten vier Vorträge sind ein Zyklus und sollten demnach auch in dieser Reihenfolge gelesen werden, auch die letzten drei hängen zusammen.

Ein gewaltiger Bogen spannt sich von ALPHA bis OMEGA durch dieses Buch, und zwischen ihnen wirkt der freie Mensch – unsere Geschichte. Pater Boulad hat, wie er sagt, mit Teilhard de Chardin einen grenzenlosen, unerschütterlichen Glauben an diesen Menschen und an dessen Zukunft. Es ist der frei erwachende, kosmisch denkende und planetarisch orientierte Mensch im Zeitalter globaler Telekommunikation, dessen Standort auf der Evolutionsspirale schon viel höher liegt, als er weiß. Von innen geleitet wird er deshalb zu einer nuklearen Weltvernichtung nicht mehr fähig sein – zu spät! Wir sind alle Blätter an EINEM Baum, lehrt Pater Boulad, und deshalb ist grundsätzlich jeder Mensch mein Bruder. Die Menschheit beginnt jetzt, das zu erkennen.

Dieser Optimismus wird in diesem Buch „bewiesen", seine Botschaft ist die Logik der Liebe. Das Schlagwort „Weltpessimismus", das ich zu Beginn dieser Einführung verwendete, lehnt Pater Boulad als unwahr ab. In Wahrheit befinden wir uns, hungrig nach dem Absoluten, im Erwartungszustand unserer Weltvollendung – und Sehnsucht ist kreativ! Langsam erkennen wir aber auch, daß wir als Mitschöpfer Gottes DAS GUTE ENDE durch Liebe und opferbereites Handeln heranbilden müssen. Die Liebe handelt, wenn sie echt ist, immer logisch; und wir sind jetzt dabei, die konsequente Liebe zu erlernen.

Die gesamte Evolution lehrt, daß ALLES zur universalen Einheit strebt und aufgrund des Opfergeheimnisses schrittweise vorankommt. Jede Form von Opfer ist unbedingt fruchtbar, das abverlangte wie das angebotene, und zu einer anderen Zeit wird es verwandelt werden in tief erlebte Freude. Die Menscheit „weiß" bereits, daß nichts sinnlos, wertlos, umsonst ist – nicht einmal der Irrtum, der Schmerz, der Tod. Es sind Aspekte unseres Geburtsprozesses, um im OMEGA-Licht zu erwachen. Solange wir noch unterwegs nach dort sind, sind Reibung und Spannung unvermeidbar – wir nennen es das Böse. Wenn wir aber in der HERZENSVERNUNFT handeln, für die Selbstüberwindung und Selbstverzicht keine Hürden bedeuten, dann können wir diesen Prozeß beschleunigen. Pater Boulad möchte uns zu einer Bewußtseinsentfaltung verhelfen, damit wir fähig werden, gegenwärtig in Zeit und Raum den Schatten neben dem Licht noch zu akzeptieren. Denn keineswegs übersieht er das Kreuz, doch schaut er hindurch! Es ist real für ihn, aber transparent. Vielleicht sollten wir in unseren Kirchen andere Kreuze aufstellen: massiv wie bisher, aber aus einem anderen Stoff, lichtdurchlässig wie Glas und ausgestrahlt von der ebenso realen Lichtflut dahinter . . .

Pater Boulad nimmt die OMEGA-Krönung unseres Weltstrebens schon jetzt in alles mit hinein, das ist seine Seelenverwandtschaft zu Teilhard de Chardin. DAS LETZTE WORT SPRICHT DIE LIEBE. Als innere Erfahrung lebt er die Geheime Offenbarung des Johannes, und er lebt uns vor, wie wir als Erlöste zu leben haben. Das ganze Jahr über steht Pater Boulad im Osterlicht. Wenig interessieren ihn deshalb die zeitgenössischen Thesen und Antithesen haarspalterischer Theologie, diese überläßt er anderen. Ihn interessiert die Synthese, „die wunderbare Teilhard-Synthese“ wie er sagt, zu der ohnehin alles führt.

Pater Boulad möchte uns den Schleier von den Augen nehmen, damit wir uns selbst erkennen – in Gott – klar wie in einem Spiegel. Dann erkennen wir auch unsere Berufung. In diesem Sinne ist dieses Buch ein Appell, ein Appell zur notwendigen Verinnerlichung und zum ebenso notwendigen Engagement, dem überpersönlichen Einsatz für die Gemeinschaft. Pater Boulad betet für uns alle, daß wir schauen lernen, ganz durch bis zum GUTEN ENDE. Die Ernte wird vollständig sein, niemand wird verlorengehen.

Eine couragierte Schweizer Franziskanerin, die seit zwei Jahren teilnimmt an der Verbreitung der Boulad-Botschaft in Europa:
„Er ist ein Prophet. Wir müssen auf ihn hören.“

Hidda Westenberger

Kopenhagen, im Mai 1985

DIE DREIFALTIGKEIT

Erlauben Sie mir zunächst eine Bemerkung, die mir sehr am Herzen liegt: Dieser Vortragsraum hat – wie Sie wissen – eine „offene Tür“, das heißt, jeder hat hier freien Zutritt, und alle sind herzlich eingeladen, *Christen wie Moslems*. Mein heutiges Thema hat jedoch einen ausgesprochen christlichen Charakter, ich selbst bin gläubiger Christ und Priester, so werde ich das Thema der Dreifaltigkeit notwendigerweise im Blickwinkel unserer christlichen Offenbarungslehre vortragen.

Andererseits bediene ich mich vorwiegend des Verstandes und der Reflexion, werde mich also auf Logik und Philosophie beziehen. So hoffe ich auf diesem Wege, die uns offenbarte Wahrheit denjenigen unter Ihnen näher zu bringen, die mit den inneren Zusammenhängen des christlichen Glaubens noch nicht genügend vertraut sind. Ich werde mich demnach diesem *offenbarten* Mysterium ziemlich *rational* nähern. Es ist ein Versuch, denn wir alle wissen, welcher unendlichen Größe wir gegenüberstehen. Ich hätte diesen Vortrag auch „Die Logik der Dreifaltigkeit“ nennen können, denn man kann tatsächlich von der Logik Gebrauch machen!

So werden diejenigen, die dieses Mysterium nicht schlicht glaubend als offenbartes Geheimnis hinnehmen wollen, sondern die es vorziehen, darüber zu reflektieren, bald im Inneren der Dreifaltigkeit Logik und strengen Zusammenhang erkennen.

Das Thema der Dreifaltigkeit darf innerhalb unserer Religion kein Randproblem für uns bleiben, weil es schwierig ist. Ich möchte behaupten, daß es für den Menschen unbedingt notwendig ist, sich die Erkenntnis dieser christlichen Botschaft zu erobern und sich eingehend mit ihr auseinanderzusetzen, wenn er es ernst meint in seiner Suche. Andernfalls läuft er im Nebel.
Zunächst stellt sich uns die berühmte Frage:

Haben Christen und Moslems denselben Gott?

Von allen Seiten hört man das schnelle JA, von christlicher wie von islamischer Seite:
Ja, Allah und der christliche Gott sind ein und derselbe.

Vermutlich haben Sie von der Gruppe „ELTIHAA EL DINI“ (La Fraternité Religieuse) in Kairo gehört? Seit mehreren Jahren treffen sich Moslems und Christen zu einem sehr ernsthaften Dialog, und vor drei Tagen haben wir hier eine erste Zusammenkunft dieser „Religiösen Brüderlichkeit" gehabt, um auch in Alexandria einen solchen Zweig zu gründen. Einer der Diskussionspunkte war sofort die Frage nach demselben Gott gewesen. Vor etwa zwei Jahren fand dieser Dialog auch in Tripolis statt, und auch dort wurde behauptet: Ja, Moslems und Christen haben denselben Gott.

Andererseits lese ich aber islamische Zeitschriften ... In einer von ihnen fand ich einen sehr entschiedenen Artikel, der leidenschaftlich proklamierte:
Nein! – Kein gemeinsamer Gott!

Ich möchte mich nicht in diesem Thema ausweiten, glaube aber, daß wir in unserer Gottesvorstellung beides haben, nämlich ein und denselben Gott und zugleich einen äußerst verschiedenen! Das Dreifaltigkeitsmysterium stellt im Innern der göttlichen Einheit für unsere Sicht eine enorme Revolution dar, die derart die traditionellen monotheistischen Konzepte erschüttert, daß man wirklich sagen könnte: Das ist nicht mehr derselbe Gott. Zumindest wendet man den Gottesbegriff zweifach an, in einem analogen Sinn, er ist derselbe Gott und zugleich ein anderer. Wir werden sehen weshalb und in welcher Weise.

Kennen Sie die Legende vom heiligen Augustinus?

> Mit dem Problem der Dreifaltigkeit beschäftigt geht tief in Gedanken versunken der Heilige an einem Strand entlang. Er möchte das Wesen dieses Mysteriums ergründen, er möchte zu einer vollständigen, logischen Lösung kommen ...
>
> Da steht er plötzlich vor einem kleinen Kind, das ein Loch in den Sand gegraben hat und jetzt mit einer Muschelschale Wasser vom Meer nimmt, um es in dieses Loch zu träufeln ... Das Kind ist sehr beschäftigt, geht und kommt, und der große Philosoph schaut ihm eine Weile schmunzelnd zu.
>
> „Was hast Du vor, mein Kleines?"
>
> „Siehst Du es denn nicht? Ich will das Meer in dieses Loch einfüllen."
>
> „Aber Du weißt doch, daß das unmöglich ist! Das Loch ist klein, und das Meer ist ungeheuer groß. Wie willst Du es jemals da hineinbringen?
>
> Da sieht das Kind ihn an und sagt:
>
> „Weißt nicht auch Du, daß es für Dich unmöglich sein wird, dieses ungeheuer große Mysterium der Dreifaltigkeit in Deinen kleinen Kopf hineinzubringen?" ...
>
> und das Kind ist verschwunden.

Wahrheit oder Legende, wir haben keine Quellen darüber, es wäre uns auch nicht wichtig. In jedem Fall ist diese Überlieferung ein Appell zu *Demut,* wenn wir über Gott zu sprechen beginnen. Wir können uns annähern, aber letztlich entzieht sich das Gottesmysterium unseren kleinen Menschenköpfen. Gott ist jenseits des Menschen. Er ist genau das Mysterium, das sich unserem menschlichen Verstehen entzieht. Demnach ist es Anmaßung, Stolz oder Torheit, das Gottesproblem vollständig lösen zu wollen. Gott steht jenseits unserer Begriffskategorien, jenseits unserer Logik, demnach muß es immer ein scheuer Versuch bleiben, wenn wir von Gott reden wollen. Wenn jemand vorgibt, während eines Vortrags das volle Mysterium Gottes dargestellt und erklärt zu haben, dann hat er etwas anderes dargestellt und erklärt, aber nicht Gott. Gott drückt sich in unseren Worten nicht aus, er ist grundsätzlich unsagbar. Er übersteigt unsere Maße und Möglichkeiten. Solange man also auf das Wort „verstehen" im menschlichen Sinn setzt, liegt man falsch. Man kann ein Mysterium, das unendlich ist, nicht auskernen wie eine Nuß.

Auch finde ich es leichtfertig und vermessen von uns Menschen, entscheiden zu wollen, was für Gott möglich ist und was nicht. Wie oft hören wir den Ausruf: *Die Dreifaltigkeit ist ein unmögliches Mysterium!*

Damit will man von vornherein darüber entscheiden, was für Gott möglich ist und was nicht. Mit welchem Recht erlaube ich Gott, dreifaltig zu sein oder spreche ihm diese Möglichkeiten ab? Entscheiden wir Menschen das? Abgesehen davon, daß uns dieses Geheimnis offenbart worden ist, finde ich es besser, wenn wir angesichts aller Gottesmysterien mit jeder Überraschung rechnen und uns auf Widersprüchlichkeiten einstellen. Vieles ist paradox, wenn es weltlich gemessen wird! Vor allem aber ist es nicht unsere Aufgabe, Gott das Mögliche zuzuteilen und Unmögliches zu streichen. Dann sind wir tollkühn und handeln der Heiligkeit des Schöpfers allen Seins gegenüber unangemessen.

Der Mensch hat zwei Möglichkeiten, dem Dreifaltigkeitsmysterium zu begegnen: Er schweigt oder er betet es an. Leider kann ich heute abend weder das eine noch das andere tun, denn Sie sind zu einem Vortrag gekommen und nicht zu einem Meditationsabend. Aber ich werde mich zeitlich begrenzen: um 21 Uhr der letzte Gedanke, das letzte Wort . . ., obwohl das heutige Thema Stoff gäbe für Tage und Wochen.

Ich beginne mit dem Begriff: der eine einzige Gott. Gegenwärtig beobachten wir von seiten unserer moslimischen Brüder den Verdacht gegen uns Christen, wir seien *polytheistisch.* Sie nennen es: *„EL EBTIHAM BEL CHERKE"* (Glaube an Vielgötterei), und sie warnen vor dem Christentum.

Da dieser Argwohn tatsächlich unter den Moslems diskutiert wird, möchte ich ihn sofort entkräften: Der Christ glaubt zunächst, und lange bevor er an die Dreifaltigkeit glaubt, an einen einzigen Gott! Deshalb sagt das Credo, Symbol unseres Glaubens, gleich in seiner ersten Zeile:

„Wir glauben an den einen Gott,
den Vater, den Allmächtigen,
der alles geschaffen hat, Himmel und Erde,
die sichtbare und die unsichtbare Welt.“

Wir glauben an *den einen Gott*. Hier haben wir schon die erste Aussage, wir bejahen den einen und einzigen Gott, den schaffenden und waltenden Vater. Unsere Referenz ist die Bibel, unser Buch.

Textbeispiele:
Der Herr ist Gott im Himmel droben und auf Erden unten, sonst keiner (Deuteronomium 4, 39). Seht nun, daß Ich es bin! Ich bin's und kein Gott neben Mir. Ich töte und belebe, verwunde wiederum und heile, und niemand reißt's aus Meiner Hand (Ebola 32, 39). Ich bin der Erste, Ich bin der Letzte und außer Mir gibt's keinen Gott (Jesaja 44, 6). Ach, haben wir nicht alle *einen* Vater? Hat denn nicht *ein* Gott uns erschaffen? (Malachias 2, 10)

Das Alte Testament bietet uns noch viele andere Texte gleichen Inhalts. Gehen wir zum Neuen Testament über, dann sehen wir, wie selbst Christus die Gotteseinheit in sich, den einen Gott, bestätigt. Geradezu sinnverwirrend hören wir ihn sagen:

Was nennst Du Mich gut? Niemand ist gut als Gott allein. (Markus 10, 18)
Das erste unter allen Geboten ist: der Herr, unser Gott ist allein der Herr. (Markus 12, 29)

Wenn Christus sich also auf das Alte Testament bezieht, dann unterstreicht er die Aussagen über den einen Gott. Er wiederholt und bekräftigt sie.

Abschließend nenne ich noch zwei Beispiele aus einem Paulus-Brief. Alle diese Texte sind uns wichtig, da sie prinzipiell den einen Gott proklamieren, der alles in sich versammelt. Wenn wir im Dialog mit den Moslems stehen, ist es von grundlegender Notwendigkeit, den absolut monotheistischen Charakter des christlichen Glaubens klarzustellen. Helfen wir alle mit, das Mißverständnis über die „christliche Vielgötterei“ auszuräumen.

Für uns gibt es nur einen Gott, den Vater, aus dem alles ist, und für den wir sind. (I. Korinther 8, 6a)

Es gibt verschiedene Wirkungen, jedoch nur einen Gott, der alles in allem wirkt. (I. Korinther 12, 6)

Wir können nacherleben, wie ernsthaft das Urchristentum gegen die heidnische Vielgötterei gekämpft hat. Seit seinen ersten Anfängen im Morgendämmern unserer Kirchengeschichte wandte man sich mit Nachdruck gegen eine Falsch-Interpretation des Dreifaltigkeitsmysteriums als ein angebliches Aufleben der alten Vielgötterei in neuer Form. Zahlreich sind darüber die Zitate unserer antiken Kirchenväter. Ferner erleben wir in diesen frühen Texten, wie intensiv sich die Urkirche gegen die „Doppelköpfigkeit“ Gottes, den *Dualismus,* wandte. Diesen hatte der persische Manichaismus gelehrt und sehr weit verbreitet. Mani, der Gründer, postulierte zwei Götter gegeneinander, den Gott des Guten und den Gott des Bösen. Beide Götter befinden sich bis zum Ende aller Zeiten in Konflikt. Die christliche Kirche weist aufs schärfste diese dualistische Lehre zurück und vertritt seit ihren Uranfängen – bis zum heutigen Tag – den einen Gott. Die Einheit Gottes, der eine Gott! ... Gemäß strenger Logik würde ich Ihnen gern veranschaulichen, wie weit Gott davon entfernt ist, Vielfalt, Mehrheit zu sein. Er ist die Einheit selbst. Aber gewiß sind Sie längst mit mir einverstanden.

Wenn wir Gott definieren wollen, dann ist Gott in seiner Definition ALLES. Das Gotteskonzept umfaßt die Totalität des Seins. Sie können sich Gott durch einen Kreis vorstellen, aber dann sparen Sie eine bestimmte Einheit aus, die Sie Gott nicht zuordnen wollen. In Wahrheit aber umschließt Gott auch diese Einheit, denn außerhalb von Gott existiert nichts. Im Augenblick kann man Sie überzeugen, aber an einem anderen Tag, nach einer anderen Erfahrung, bestehen Sie darauf, eine andere Einheit aus Gott auszuklammern. Sie lassen diese für den Gotteskreis nicht zu und verlagern sie „nach außen“. Aber auch diese neue Einheit wird in den Gotteskreis mit hineingenommen, da es außerhalb von Gott kein Sein gibt, keine Wesenheit, keine Existenz. So fahren Sie fort, und so wird Ihnen immer wieder geantwortet werden: Alles ist Gott! Der Kreis, durch den wir uns Gott vorgestellt haben, ist also unendlich. Gottes Arme umschließen alles, denn nichts kann außerhalb von Gott existieren, kein Atom, keine Zelle und kein Gedanke.
Daher ist das Konzept eines Polytheismus, der eine Göttervielzahl postuliert, in sich widersprüchlich. Es kann keinen Gott als Hälfte geben, der sich mit einer wesenhaft anderen Hälfte liiert. Ein halber Gott ist kein Gott, da er sich seiner Definition nach selbstbegrenzt. Gott aber ist unendlich, er ist das totale Sein, in dem wir leben. So nehme ich an, daß der Monotheismus gemäß streng logischen Denkens, also philosophisch gedacht, für jeden vernunftbegabten Menschen einleuchtend ist. Wir verkünden daher die absolute Realität des Monotheismus als jüdisch-christliche Offenbarung und zugleich

als Resultat unserer philosophischen Reflexion mittels der menschlichen Logik.
Nun tun wir den zweiten Schritt:
Christus erschien und offenbarte uns ein seltsames Geheimnis, das uns verwirrt: Er lehrte uns das Innerste des Gottesgeheimnisses erkennen und sagte, daß es dort den Vater, den Sohn und den Heiligen Geist gibt. Die ersten Christen haben das durchaus nicht leicht dahingenommen und geschluckt wie frisches Quellwasser. Es hat sie sehr bestürzt und ihnen große Unruhe verursacht. Ich weiß nicht, wie lange sie gebraucht haben, die Dreifaltigkeit zu bejahen – ein Mysterium, das noch heute von keinem Menschen „verstanden" worden ist, nicht von Ihnen, nicht von mir. Die Christenheit hat aber die Offenbarung ihres Meisters angenommen und hat diese Möglichkeit anerkannt. Über drei Jahrhunderte etwa erstreckte sich das Ringen um eine Wortdarstellung dieses Mysteriums, bis man sich endlich im Jahre 325 auf dem Konzil von Nicäa im antiken Griechenland und im Jahre 381 auf der Ökumenischen Synode von Konstantinopel auf ein Credo einigte. Wir alle kennen es und sprechen es – es ist unser Glaubensbekenntnis.
Ich wiederhole noch einmal: Als Christus unter uns Menschen lehrte, hat er keineswegs die alten Bibelthesen zum Thema „Monotheismus" übergangen, aber im Inneren der göttlichen Einheit offenbarte er demjenigen, der sich tiefer und suchender zeigte, eine neue Wirklichkeit. Diese war nicht mehr jener einfache Monotheismus im alten Sinn.
Jesus Christus hat uns das Gottesmysterium ins Herz gestellt und liebevoll vertraut gemacht; er hat uns in sein Innerstes und in sein Intimstes eingeführt. Solange wir hier am Leben sind, werden wir es ganz niemals erfassen können, aber wir wollen heute abend versuchen, so nah als möglich an diese Wahrheit heranzutreten.
Ein weiterer Punkt ist die absolute Vollkommenheit Gottes. Wenn Gott Gott ist, dann vereint er in sich alle Werte und alle Qualitäten, die uns vorstellbar und die uns unvorstellbar sind. Gott ist Vollkommenheit.
Unsere Brüder, die Moslems, können 99 Attribute Allahs aufzählen. Wir Christen fügen diesen 99 ein 100. hinzu. Dieses 100. ist nach meiner Ansicht das bedeutendste, das schwerwiegendste, ein Attribut, das in ganz einzigartiger Weise alle anderen überragt und golden überstrahlt. Erst mit diesem letzten Wort, sagen wir, wird man der Realität Gottes gerecht. Dieses 100. Attribut ist die Liebe. Gott ist Liebe – lehrt uns am tiefsten Johannes. Mit dieser Behauptung wollen wir Christen unsere Überzeugung bekennen, daß der Gipfelpunkt göttlicher Vollkommenheit die Liebe ist. Und bis hierher folgen uns auch viele unserer moslimischen Brüder. Sie nehmen es an, wenn wir es ihnen sagen. Gott ist Liebe. Wie oft habe ich es schon gehört! Vor etwa sechs Wochen besuchte ich unsere Jesuiten-Schule in Minia am Nil, und dort hörte ich dem Cheikh bei seiner Morgenandacht zu, die er mit den moslimischen Schülern unserer Schule täglich feiert. Ich

habe es selbst gehört wie er sagte: ALLAH MEHABA (Gott ist Liebe).

Ich war sehr glücklich! So sind demnach auch unsere Brüder, die Moslems, gewillt zu verkünden, daß Gott Liebe ist.
Doch Achtung! Wenn wir diesen ersten Schritt tun, dann führt uns diese Behauptung in eine unerbittliche Logik, und wir müssen die Folgenschwere klar erkennen: Die Behauptung, Gott sei Liebe, führt uns gradlinig ins Geheimnis der Dreifaltigkeit hinein. Die Aussage, Gott sei Liebe und Gott sei dreifaltig, ist aufs engste ein und dieselbe Aussage. Beide Behauptungen sind untrennbar miteinander verbunden. Wieso?

Ich beginne meine logischen Überlegungen, bitte folgen Sie mir:

Gott ist Liebe. Wenn er es nicht wäre, wäre er nicht Gott. Die höchste Qualität, die heiligste, würde ihm fehlen. Nur durch die Liebe, die er selber ist, ist er der vollkommene Gott.
Gott ist nicht nur Liebe, sondern *er ist die unendliche Liebe.* Da jede göttliche Vollkommenheit die Qualität höchsten Grades hat, also absolut ist, ist Gott – wenn er die Liebe ist – die absolute und unendliche Liebe.

Schließlich ist Gott die *ewige Liebe.*

Gottes Liebe ist nicht nur vollkommen, absolut und unendlich, sondern sie währt von Ewigkeit zu Ewigkeit.
Wenn Gott also nicht die absolute, unendliche und ewige Liebe wäre, dann wäre es für mich nicht Gott, sondern etwas anderes.
Ich glaube, wir verstehen uns, denn was ist die Liebe?

- Die Liebe ist Dialog
- Die Liebe ist Hingabe
- Die Liebe ist Selbstverzicht zugunsten eines anderen.

Das eigene Selbst geht auf in einem andern. Somit setzt wahre Liebe Wechselbeziehung voraus. Ohne diesen inneren Austausch als Wunsch, Sehnsucht und Notwendigkeit gibt es keine Liebe.
Hier kommt der Einwand: Aber wir haben doch soeben die Zitate gehört, es gibt nichts und niemanden außer Gott, mit dem er eine Wechselbeziehung eingehen könnte. Gott ist ALLES, keine Götter neben ihm. Gott schließt alles andere aus, wie soll man sich einen Austausch denken, den er leben könnte? Wir fühlen den Widerspruch.
Meine Antwort: Damit Gott der wahre Gott sei, muß er vor allem die Liebe sein. Damit aber Liebe wahrhaft Liebe sei, muß es dieses „Hinübergehen" vom eigenen Selbst zu einem anderen Selbst geben. Der Liebende verlagert sein Selbst in das Herz eines anderen.

Auf die jetzt zu stellende Frage, wen Gott lieben könnte, da es diesen anderen nicht gibt, erinnern wir uns an die Antworten aus dem alten Katechismus: „Gott liebt sich selbst" . . . ein Konfliktstoff meiner

Kindheit! ... Gott, der einzig Seiende und in sich selbst der Einzige, liebt sich selbst, weil kein anderer seiner Liebe würdig wäre. Wie soll man das annehmen? Wie soll man das Liebe nennen? Seit frühesten Zeiten hat man mich dazu erzogen, Selbstliebe als schäbigen Egoismus zu begreifen ... Kann Gott dieses Ungeheuer von Egoismus sein, das sich darin gefällt, von Ewigkeit zu Ewigkeit nur sich selbst zu lieben? Natürlich werden Sie mir sagen, Gott steht über unseren menschlichen Kategorien, und damit bin ich einverstanden. Dennoch suche ich nach einem anderen Weg, den Weg einer ewigen Liebe, die in sich selbst vollkommen ist.

Man sagt, Gott liebe die Menschen. Das gefällt uns schon weit besser, da werden wir wach, das finden wir interessant! Er liebt uns. Ich aber frage mich, ob das ausreichend wäre, die Gleichung – Gott ist die Liebe – zu rechtfertigen. Ich sage nein aus dreifachem Grund:

Erstens: Die Unendlichkeit der Liebe Gottes muß, um sich ausgießen und ganz und gar auswirken zu können, eine andere Unendlichkeit als „Gefäß“ schaffen, als Wesenheit innerhalb des Gottesprinzips. Andernfalls bliebe das Ausmaß dieser Liebe begrenzt.

Wenn Gott uns lieben würde bis in die Unendlichkeit der Zeitenfernen hinaus und uns addierte und addierte, Milliarden zu Milliarden, so bliebe auch dieses Endresultat die Summe einer endlichen Größe. Nie könnte aus der Summe endlicher Menschenwesen auch nur ein einziges unendliches Wesen entstehen. Die Unendlichkeit der Liebe braucht, um sich auszudrücken, eine unendliche Empfangsbereitschaft. Diese aber findet sich nicht in der Kreatur. Der geschaffene Mensch wird in Ewigkeit eine begrenzte Größe bleiben, so tief und so weit seine Kapazität auch reichen mag.

Gott aber ist unendlich, die unendliche Liebe. Er ist das Grenzenlose. Wie soll sich das Grenzenlose in das Begrenzte vollständig ergießen können? Das wäre nur vorstellbar, wenn sich eine Kreatur in radikaler, totaler Armut entblößte, gänzlich leer würde vor Gott, sein menschliches Ego absolut besiegte und sich entäußerte, dann erlaubte diese Kreatur Gott, dem Unendlichen, sich in ihr zu manifestieren. Dann könnte die göttliche Liebe ans Ziel gelangen innerhalb der Schöpfung.

Der zweite Grund für mein Nein: Der Mensch ist nicht nur unfähig, seine Aufnahmekapazität entsprechend der Unendlichkeit der göttlichen Liebe auszuweiten, sondern zudem ist er noch zeitlich begrenzt. Der Mensch ist ein zeitliches Wesen. Es gab eine Zeit, da der Mensch noch nicht war, der Mensch hat begonnen zu existieren. „Ehe Abraham ward ...“. Wen aber könnte Gott lieben, wenn der Mensch aus seiner Natur heraus nicht das „Auffangbecken“ der unendlichen und ewigen Liebe sein kann? Gott mußte vor der Weltschöpfung und vor der Erschaffung des Menschen, also außerhalb des Menschen und dessen Welt, einen „Liebespartner“ finden.

Mein drittes Nein zur Frage, ob der Mensch als Wesen ausreicht, die Gleichung „Gott ist Liebe“ zu rechtfertigen: Der Mensch ist nicht nur räumlich und zeitlich ein zu begrenztes Feld für die Gottesliebe, sondern er würde auch keineswegs die Totalität dieser Liebesgabe befriedigen können. Wenn nämlich der Mensch für Gott eine notwendige Bedingung für seinen Liebesausdruck darstellte, dann wäre Gott an den Menschen gebunden. Gott wäre an seine Schöpfung gebunden, und das bedeutete Abhängigkeit Gottes von der Kreatur. Abhängigkeit von etwas, das er nicht selber ist. Wir weisen diese Vorstellung zurück, denn auch sie würde Gott verkleinern, er hörte für uns auf, Gott zu sein.

Aus diesen drei Gründen müssen wir eine solche zwangsläufig unvolkommene Gottesliebe ablehnen, denn es wartet ein Universum darauf, geliebt zu werden.

Forschen wir also jenseits dieser Weltschöpfung, jenseits der Kreatur Mensch, im Zentrum des Gottesmysteriums selbst. Dort werden wir die wahre Liebe finden, die Gott und uns befriedigt. Wir werden sie finden, *und wir werden sehen, wie Gott in dieser intimen Weise, mittels dieser Liebe, uns Menschen liebt.*

Hier offenbart sich uns das Mysterium der Dreifaltigkeit. Wir entdecken in der Mitte der göttlichen Einheit jene notwendige, logische Wechselbeziehung, von der wir sprachen. Sie lebt im Herzen dieser Einheit, im Herzen Gottes.

Um mich verständlicher zu machen, greife ich zu einer Legende, einer Parabel, zu einem „Märchenbild“ mit leicht humoristischer Nuance, die Sie mir bitte verzeihen mögen. Diese Sinngeschichte wird in Gott die Zeit-Dimension einführen. Ich werde also Gott etwas unterstellen, das er keinesfalls in sich trägt: *die Zeit.* Doch am Ende meiner Geschichte, nachdem ich aufgezählt habe, was Gott alles sein mag und darstellt, werde ich sagen: Es gibt keine Aufzählung mit Kommas, es gibt keine Aneinanderreihung von Qualitäten und Handlungen, denn all das Gesagte ist Gott in einem einzigen und ewigen Augenblick. Damit werde ich den von mir benutzten Zeitbegriff wieder löschen, ich hatte ihn mir aus der Schöpfung entlehnt. Ich bin ein Mensch, ein armer kleiner Kerl, nichts weiter. Ich habe die Zeit als Größe nötig, um mich irdisch verständlich zu machen. Ich muß meinen Gedanken eine zeitliche Struktur geben, und daher kann ich nichts Besseres tun, als das EWIGE MYSTERIUM GOTTES vorübergehend in ein zeitliches Schema zu setzen, um es allerdings am Ende gewissenhaft wieder davon zu befreien. –
Ich beginne:

> „Es war einmal ein ewiger und einsamer Gott. Irgendwo thronte er in der unendlichen Leere, Stille und Dunkelheit, und er sagte sich:

Ich bin Gott, der Allmächtige, niemand anderen gibt es außer mir. Ich bin der Gebieter über alle möglichen und unmöglichen Welten.

Aber nach einiger Zeit begann er, seine Einzigartigkeit fad und monoton zu finden, und er wurde seinen Monotheismus leid. Auf die Dauer war das kein Dasein.

Plötzlich empfand er in seinem Innern einen Antrieb, eine Inspiration (beachten Sie bitte das Wort „Inspiration", das ich hier benutze, wir werden es später verstehen). Er sagte sich:

Schließlich und endlich bin ich die Liebe, ganz und gar die Liebe selbst; ich muß lieben, und ich will lieben, sonst bin ich nicht der große Gott, der Vollendete. Bleibe ich aber in mir selbst verschlossen, dann kann ich die Liebe nicht leben.

Diese Inspiration gewann Kraft und Fülle in seinem göttlichen Herzen, so stark, daß er eines Tages in übergroßer Liebe aus sich heraustrat. Gott überstieg sich selbst in einer Ekstase, in einer absoluten und definitiven Geste.

In dieser Ekstase hatte Gott sich ganz entäußert. Er hatte sein gesamtes Wesen in „etwas Anderes", in „den anderen" hineingegeben, das wir DEN SOHN nennen.

Dieser Sohn ist eine Geburt der Liebe."

Der Sohn ist das Aufspringen des tiefsten göttlichen Wesens, er ist das Erblühen Gottes jenseits seiner selbst und zugleich in ihm. Ich sagte jenseits seiner selbst, denn gemeint ist das Heraustreten aus sich selbst, das nicht räumlich gemeint ist, sondern im Sinne von Entäußerung. Sein ganzes Wesen ist beteiligt, er wird zur reinen Gabe. Dieses „jenseits" ist kein „außerhalb", da Gott nicht außerhalb von sich selber ist, denn er ist ALLES. *Gott bleibt in sich geeint, der Sohn wird im Herzen Gottes gezeugt und bleibt in ihm.* Der Akt der Sohn-Zeugung ist ein Liebesakt von absoluter Notwendigkeit.

Der Vater hat sich vollständig entäußert, um sich ganz und gar an den Sohn hinzugeben.

Was aber bleibt dann dem Vater? – Nichts! Nichts bleibt ihm, nichts behielt der Vater für sich selbst. Gott ist frei von Kalkül und Egoismus, andernfalls wäre er nicht die vollendete, absolute Liebe. Nur die absolute Liebe gibt alles, nur sie verdient ihren Namen. Auch unsere menschliche Liebe gibt, sie gibt wenig oder viel, aber immer sind es „Teile" ihrer selbst. Nur wer alles hingibt, lebt die vollkommene Liebe. Da Gott die absolute, unendliche, vollendete Liebe selbst ist, kann er nicht „teilweise" lieben, sondern nur ganz. Und diese „ganze Liebe" legte der Vater in den Sohn hinein. Er gab ihm alles, was er selber ist und hat.

Was Gott bleibt, das ist sein Name: „Vater". Im Prozeß der Selbsthingabe wurde er Vater. Noch einmal der Zeitbegriff, der nicht hierher gehört, bitte vergeben Sie mir die Ausdrücke „Prozeß" und „er wurde". Wir wissen alle, daß Gott keinem Werden unterliegt, aber ich habe mich anfangs auf ein zeitgebundenes Schema eingelassen, mit dem ich die Dreifaltigkeit „zu entwickeln" versuche. So muß ich mich notgedrungen fremder, Gott-fremder, Wendungen bedienen. Pardon!

Gott wurde also Vater im Vollzug seiner Liebeshingabe an den Sohn. Jetzt verstehen wir auch, weshalb wir Gott Person nennen. In seiner Eigenschaft ist Gott jetzt „Vaterperson".

Nun kommt eine der wichtigsten Fragen: Als Gott sich dem Sohn hingegeben hatte, hat er diesem damit seine eigene volle Göttlichkeit verliehen? Darf der Sohn „Gott" genannt werden?

Wir alle kennen längst die Antwort: Ja! Er ist Gott! . . . und doch fragen wir weiter:

Ist Gott damit von einem Feld ins andere übergewechselt? Alle Fülle von Weisheit, Kraft und Liebe gehört nunmehr dem Sohn?

Jetzt wird die Situation für uns schwierig, daher muß ich meine kleine humoristische Erzählung fortsetzen und bitte Sie noch einmal, diesen Stil anzunehmen.

> „Der Sohn mußte sich im ersten Moment wohl sagen:
>
> ‚Wie wunderbar! Alle Macht und Herrlichkeit ist jetzt auf meiner Seite! In meinem Innern bin *ich* jetzt Gott, der andere hat abgedankt.'
>
> Aber dieser menschliche Instinkt des Dominierens mußte dem Göttlichen fremd sein.
>
> Im Gegenteil! Da sich der Vater in Liebe vollständig entäußerte und damit all seine Liebe und Vollmacht an den Sohn gegeben hatte, muß dieser jetzt – dem wahren Gesetz der Liebe folgend – dem Vater alles in Liebe Empfangene in einer sofortigen Antwortbewegung zurückführen.
>
> Der Sohn sagt: ‚Ich bin nichts, Du, mein Vater, bist alles, bist Gott, Du bist die Liebe selbst. Nimm!
>
> Alles möchte der Sohn dem Vater zurückgeben, doch der Vater nimmt es nicht. So geht es endlos hin und her, geradeso wie im Orient, wo man nie ans Ende kommt: ‚Nimm!' – ‚Nein, Du, bitte!' – ‚Nein, nimm Du, es ist Dir!' etc."

Diese Szene lebt doch seit Ewigkeit im Herzen dessen, der liebt. Diese Sehnsucht zu geben und gar nichts dafür annehmen zu wollen!

Letztlich geht es den beiden um die ganze Göttlichkeit, die weder der Sohn noch der Vater allein für sich in Anspruch nehmen kann, da beide wirklich lieben. Der eine wünscht sie in ganzer Fülle dem anderen. Sie ist nicht aufteilbar, die Göttlichkeit, sie bleibt ihnen beiden. Der Vater und der Sohn teilen sich in sie, indem sie sie beide in der Fülle besitzen.

Und das nennt man: *die Göttliche Natur.*
LA NATURE DIVINE im Französischen, ELZAT EL FILAEYA im Arabischen. Das Arabische kennt noch einc zweite Bezeichnung für die Göttliche Natur: EL ZAWHAR EL ILA'I, das heißt die Göttliche Essenz.

Vielleicht schlagen Sie mir ein „fifty-fifty" vor . . .? Jedem gerecht seine Hälfte . . .? Aber leider kann man die Göttliche Natur nicht wie eine Torte halbieren, denn sie ist dieses Alles oder Nichts, Gott ist EINS und wird immer EINS bleiben. Wir haben vor dieser Forderung zu schweigen, wir müssen demütig die Tatsache anerkennen, daß die Göttliche Natur unteilbar ist, daß die totale Gabe des einen an den anderen in ihrer vorrangigen Eigenschaft gemeinschaftlich ist. Der Vater und der Sohn haben im selben Maße Anteil an ihr.

Gott wurde durch den Akt der Gabe zum Vater, zur Person; und der Sohn wurde durch den Akt des Nehmens und Gebens zum wahren Sohn, zur Person. Wir sind hier ins Zentrum des Liebesmysteriums eingetreten, wir haben den lebendigen Austausch zweier Wesen, wir haben den Dialog der Herzen.

Nun fragen wir weiter: Wie sollen wir den Person-Begriff einordnen? Der Vater ist Person, der Sohn ist Person, was heißt „Person"?

Meine Antwort: Es gibt nur eine Verhaltensweise, die einem Wesen seine Personwerdung bescheinigt, und das ist seine Hinwendung zum Nächsten, seine Beziehung zum anderen.

Die Person ist nicht Person durch einen bestimmten „Inhalt", den sie am Tage X bekommt, sondern ganz im Gegenteil, sie wird Person am Tage Y, das heißt am Tage ihrer intensiven Hinwendung zum anderen, am Tage ihrer Entäußerung, am Tage ihres Selbstverzichts.

Die Person ist in ihrer Definition reine Ekstase ihres innersten Lebenskerns. Das, was ich werde, ist das, was ich geben will und geben werde, was ich opfere und verliere. Allein das macht mich zur Person, nichts anderes während meiner Existenz, denn in dieser reinen Ekstase lebe ich die Liebe.

Wir sehen jetzt, wie klar das Dreifaltigkeitsmysterium das Geheimnis unseres Menschseins, das heißt unserer eigenen menschlichen Natur erhellt. Der Mensch verwirklicht sich nur in dem Maß, in dem er sich gibt; indem er sich von sich selbst entfernt, indem er sich „enteignet" und aus sich heraustritt. Dann ist er frei und eine Person geworden.

Die Person ist Ekstase, Ekstase im etymologischen Sinn des Wortes: stasis = sich halten, ek = außerhalb.

Die Person ist dieser „Wegsprung“ von sich, dieser Aufsprung zum anderen, sie ist leidenschaftliches Engagement für eine andere Sache, für einen anderen Menschen oder für Gott; innig, stark, voll entschieden.

Wenn wir den Menschen ins Licht der Dreifaltigkeit stellen, dann können wir sagen: Alles das, was uns gegeben wird und was wir besitzen, verfolgt keinen anderen Zweck und Sinn, soll keine andere Funktion haben, als wieder angeboten und weggeschenkt zu werden. Nur so wird es unser Eigentum, nur so bildet es unsere Person heran.

Das „Haben“, das dem Menschen gegeben wird, verpflichtet; es ist eine Bedingung daran geknüpft: Es soll sein „Sein“ schaffen. Das „Haben“ trägt keinen Endzweck in sich, es ist dagegen nur Mittel zu seiner Personwerdung. Ich bin zu Anfang reines „Haben“, nichts weiter, noch kein „Sein“. Sobald ich aber das Mysterium der Liebe lebe und mich meines „Habens“ entledige, um es einem anderen hinzugeben, dann beginne ich, eine Person zu werden. Die Person baut sich aus den Trümmern und Scherben des „Habens“ auf. Alles, was ich freiwillig hingebe oder was mir genommen wird, führt mich schrittweise zum „Sein“ und baut langsam meine innerste Zone auf, die meine persönlichste und wahrste Zone ist.

So erklärt sich das Herzstück jeder Liebesbeziehung, das ein heiliges Mysterium gegenseitigen Gebens ist, durch das Mysterium der Dreifaltigkeit. Unsere menschliche Person kann sich letztlich nur im vollen Licht dieser Offenbarung erkennen, im Mysterium der Selbsthingabe Gottes an den Sohn.

Nun möchte ich versuchen, einige Aspekte der *Zeugung des Sohnes* zu erklären, ein Begriff, der manchen Schwierigkeiten macht. Man sagt in der christlichen Sprache, der Sohn sei vom Vater gezeugt worden, nicht geschaffen. Es bildet eine Zeile unseres Credos. Das Verb „zeugen“ aber ist zweideutig, da jeder sofort an einen menschlichen Zeugungsakt denkt, und hierher rührt manches Mißverständnis beim Dialog mit unseren Brüdern, den Moslems.

„LAM YALED WA LAM YOULAD“ (fleischlich gezeugt, nicht geschaffen) werfen sie uns Christen vor und unterstellen uns eine sexuelle Vorstellung. Wir aber sprechen von einer ganz, ganz anderen Zeugung, die selbstverständlich nicht das geringste mit unserer Zeugung nach menschlichen Begriffen zu tun hat. Eine *spirituelle* Zeugung ist gemeint.

Um klar und deutlich werden zu lassen, daß der gezeugte Gottessohn gedanklich nicht mit Menschlichem verbunden werden darf, gebraucht die christliche Tradition einen zweiten Ausdruck für den Sohn: der

Logos. Das griechische Wort „logos“ bedeutet „Wort“, und wir kennen es alle.

Christus ist das WORT.

Weshalb? Weshalb bedient sich der heilige Johannes ausdrücklich dieses Namens für Christus?

Johannes will Falsch-Interpretation, Mißverständnis, Konfusion vermeiden. Er will sagen, daß der Sohn aus dem Vater wie eine Quelle entsprang und daher Ausdruck seines intimsten Wesens ist; so, wie auch wir Menschen unser intimstes Inneres in Worten „herausbringen“ können und uns somit ausdrücken und darstellen. So gehört das Wort, im göttlichen wie im menschlichen Fall, immer der Ordnung des Geistes an und nie und nimmer des Fleisches. Das Wort ist keine materielle Wirklichkeit.

Doch welch immenser Unterschied zwischen dem Gotteswort und dem Menschenwort! . . . Der Mensch muß viele Worte machen, sehr viele, um eine seiner Ideen auszudrücken. Sie haben heute abend den Beweis. Seit einer Stunde rede ich, um etwas zu sagen, das in Wahrheit eine sehr unkomplizierte und in sich geschlossene Tatsache ist. Endlos baue ich Wortketten und Satzketten, und wenn ich Ihnen alles sagen will, was ich möchte, dann müßte ich hier stehen bleiben bis zum Ende des Jahres oder vielleicht bis ans Ende meines Lebens, um dortselbst nur festzustellen, daß ich kaum mit meinen Ausführungen begonnen habe. Ich bin als Mensch außerstande, alles, was ich in mir trage, in ein einziges Wort zu verdichten, und gewiß nicht in einen einzigen Vortrag. Gott aber sagt mit einem einzigen Wort alles, und dieses WORT ist der „Sohn“, da ihm entsprungen, sein Alles, denn Gott ist Gott, ist alles in EINEM.

Wenn Gott „menschlich“ wäre, dann hätte er viele WORTE (Söhne) nötig, und damit würde uns seine Unvollkommenheit demonstriert werden.

Nur er kann sich mittels eines einzigen Wortes umfassend und vollkommen zum Ausdruck bringen. Und er sagt wirklich dieses eine, dieses e i n z i g e Wort, und es ist der EINZIGE SOHN, von dem die Evangelien berichten. Johannes nennt ihn „das Wort“.

Ich wende mich jetzt an die Verheirateten unter Ihnen und ziehe eine Parallele zum Kinderreichtum innerhalb der Familie. Ich glaube, wenn ein einziges Kind in Vollendung und Vollkommenheit das persönliche Wesen beider Elternteile in sich vereinte, dann wären diese zufrieden und hätten kein Bedürfnis nach weiteren Kindern. So aber wissen sie genau, daß nur ein Bruchteil ihres Wesens in jedem einzelnen Kind Gestalt gewinnen kann. Ein „Ensemble“ von Kindern kommt der Wahrheit des Elternpaares näher als ein Einzelgeschöpf.

Der Sohn Gottes aber hat alles erhalten. Kein zweiter Sohn ist für den göttlichen Vater notwendig. Wenn Gott sich in diesem Zeugungsakt wiederholte, dann würde es bedeuten, er hat sich bei seiner ersten Geste, in seinem ersten Sohn, nicht in ganzer Fülle verschenkt und verausgabt. Die Zeugung dieses Sohnes aber ist einzig und unwiederholbar, da sie kein zweites Mal notwendig ist.

Wir sagen daher, daß Christus das vollkommene Abbild Gottes sei: „Wer mich sieht, sieht den, der Mich gesandt hat" (Johannes 12, 45). Ich bin das Gesicht Gottes, ich bin sein Bild, seine Offenbarung hier auf Erden. Ich bin „eine genaue Kopie" meines Vaters. Der Vater drückt sich in mir aus, damit Ihr Euern Gott erkennen könnt.

Der Sohn ist der Spiegel göttlichen Wesens. Er zeigt uns den ganzen Vater. Diese spirituelle Zeugung ist eine einmalige, da sie vollkommen ist.

Darüber hinaus ist diese Zeugung ewig. Sie ist geistig, einmalig und ewig. Sie ist ewig, weil es niemals eine Zeit gab, in der der Sohn vom Vater nicht gezeugt war. Nun werden Sie an meine kleine humoristische Geschichte denken, ..., aber ich hatte Sie gewarnt! Ich sagte, daß ich sie als Mensch nur in einem zeitlichen Rahmen berichten kann, und daß dies im Grunde falsch ist. Ich bin mir darüber im klaren, daß wir hier mit dem Zeitproblem beim schwierigsten Punkt angelangt sind, wenn wir nicht die menschlichen Denk-Kategorien radikal verlassen.

Man sagt, es gab niemals eine Zeit, in der der Sohn nicht gezeugt war, und dennoch: Der Vater ist der Ursprung des Sohnes. Der Vater ist „vor" dem Sohn; „vor" aber nicht im zeitlich-chronologischen Sinn, sondern im ontologischen Sinn, also vom Sein her. Zwischen Vater und Sohn besteht eine „Vormachtstellung" im Ursprung zugunsten des Vaters. Hier ist der ewige Sinn gemeint, nicht der zeitliche. Bitte meditieren Sie darüber, bitte versuchen Sie zu verstehen!

Daher sagte Christus eines Tages zu seinen Aposteln:

> „Der Vater ist größer als ich" (Johannes 14, 28b).

Schwierig ist dieses Wort, Probleme gab es auf; heftige Streitgespräche hat es ausgelöst – bis in unsere Tage! Dieses „größer sein" aber will nichts anderes sagen, als daß der Vater der *Ursprung* CHRISTI ist.

Wollen wir nun zusammenfassen, was wir über den Begriff „der Sohn" zusammengetragen haben:

Der Sohn steht zum Vater im reinen Abhängigkeitsverhältnis. Weil er einer Quelle entspringt, also einen Ursprung hat, wird er Sohn genannt. Gott selbst ist Vater, weil er diese Quelle ist. Der Sohn aber ist ebenfalls Gott, weil er aus dieser Quelle gespeist wird, nur aus ihr, und dabei empfängt er die volle Gottheit vom Vater. Er ist „eines Wesens" mit ihm.

Daher sagen wir im Credo:

„Wir glauben an Gottes eingeborenen Sohn,
aus dem Vater geboren vor aller Zeit,
Gott von Gott,
Licht vom Licht,
wahrer Gott vom wahren Gott,
...
eines Wesens mit dem Vater."

Er ist nicht nur einfach Gott, sondern Sohn Gottes. Er ist die Gottheit, die aus Gott fließt. Er ist das Licht, das aus Gott spiegelt. Er ist wahrer Gott in der Wahrhaftigkeit der väterlichen Göttlichkeit, die ihm vom Vater gegeben wurde und die ihn zum Sohn machte. Er ist Sohn, weil er nichts Ursprüngliches für sich in Anspruch nimmt. Er weiß, daß er sich vollständig dem Vater zu verdanken hat, daß er alles allein durch den Vater ist.

Der Sohn ist gegenüber dem Vater ein Bettler, aber ein Bettler in der Liebe. Der Sohn ist der Arme, der vom Vater mit Reichtum überflutet wird.

Diese grundlegende, kontinuierliche Abhängigkeit des Sohnes vom Vater drückt sich in seinem historisch-zeitlichen Leben aus durch den Gehorsam. Christus war seit aller Ewigkeit „gehorsam", das heißt abhängig, und diese ursprüngliche Abhängigkeit hat während seiner Inkarnationsperiode auf Erden die Form des Gehorsams angenommen. Er stellte sich unter den Willen des Vaters. Alle Evangelien sind durchwebt von der gehorsamen Unterwerfung des Sohnes unter den Vater. *Jesu Blick ist ohne Unterlaß auf den Vater gerichtet,* um ihn ohne Unterlaß zu fragen: „Was willst Du, daß ich tue? Dein Wille ist der meine." Volle Demut und reine, strenge Unterwerfung – das ist das Wesen des Sohnes.

In diesem Sinn müssen wir auch das „Herrengebet" verstehen, dem Johannes sein gesamtes 17. Kapitel widmet. Es erhebt sich zu Gott, dem Vater. Er hat damit gezeigt, daß all sein Tun auf Erden ein Willensausdruck des Vaters ist, daß jeder Schritt, jede Geste und jedes Wort ausschließlich durch das Wollen und Wirken des Vaters geschieht. Der Sohn ist nichts ohne den Vater, aber man muß hinzusetzen: Der Vater ist auch nichts ohne den Sohn! Das klingt zunächst seltsam, aber wir sagten doch bereits: Nur durch den Sohn wird Gott zum Vater und zur Person. Sie werden sagen: „Jetzt vertauschen wir also die Rollen?", und ich antworte: „Ja, das dürfen wir bei unserer Betrachtung", und Sie werden sagen: „Aber Gott ist doch seit aller Ewigkeit derselbe!", und ich antworte: „Nein! Nein!" Ohne den Sohn ist Gott weder Gott, noch Vater, noch Person. *Einzig durch die Sohn-Zeugung ist Gott wahrer Gott,* Gott der Liebe, Vaterperson, denn in diesem Augenblick aktualisiert er seine Liebe. Nur in der Aktualisierung seiner Liebe „wird“ Gott wirklich Gott. So wäre der Vater weder Vater, noch wäre er die Liebe ohne seinen Sohn, den er zeugt – *noch wäre er Gott, noch gäbe es ihn.*

Hier sind wir beim Begriff der gegenseitigen Abhängigkeit angelangt. Der eine ist für den andern notwendig. Um Gott zu sein, ist jeder dem andern unentbehrlich. Um das Mysterium gegenseitigen Gebens auszuwirken, ist einer dem andern unentbehrlich. Kein Vater also ohne den Sohn, und kein Sohn ohne den Vater, und kein Gott ohne die Vater-Sohn-Beziehung, denn es gibt keine Liebe ohne Dialog, ohne Austausch.

Sehen Sie, an welchem Punkt wir jetzt stehen? Die radikale Abhängigkeit des einen vom andern bewirkt, daß das Gottesmysterium sich nicht außerhalb dieser Liebesbeziehung manifestieren kann und sich nicht rechtfertigen würde. Vor allem würde es von niemandem verstanden werden.

Wir sind jetzt so weit vorangekommen, daß wir sagen können: Ja, es ist wahr, ein Gott ohne diese intensive Liebesbeziehung ist unvorstellbar. Der Vater und der Sohn sind nicht zwei getrennte Einheiten, sondern sie bilden eine Einheit, und diese Einheit macht sie erst zur Gottheit. Wenn wir sagen, der Sohn sei „eines Wesens“ mit dem Vater, dann ist das richtig aus zwei Gründen:

Einmal besagt es, daß dem Sohn die Gesamtheit seines Wesens allein vom Vater her zugeführt wird, und zum andern ist es die Aussage über den Besitzanspruch dieser Wesensessenz: Es ist ein gemeinschaftlicher Besitz, eine wechselseitige, immerwährende Gabe des einen an den andern, sodaß der eine vom andern abhängig ist. So besteht Gleichheit zwischen beiden, jeder hat den andern nötig, um Gott zu sein.

Wenn wir im Credo sagen „gezeugt, nicht geschaffen“, dann ist auch daran zu denken, daß mit dem Wort „gezeugt“ eine grundsätzlich lebenswichtige Notwendigkeit ausgedrückt ist, wo hingegen „schaffen, erschaffen“ nicht notwendig ist; ein Schöpfungsakt ist der Eventualität anheimgestellt.

Nun hoffe ich von Herzen, daß der Begriff „einziger Sohn“ einen Inhalt bekommen hat, und ich wünsche mir, daß nun jedes einzelne Wort unseres Glaubensbekenntnisses für Sie Gestalt und Dichte annehmen möge, daß es ganz neu für Sie erscheine, daß es zu einer Kraft für Sie werde und in einem Heiligenschein strahle . . . für den, der es ausspricht:

> „Ich glaube an den e i n e n Herrn Jesus Christus,
> Gottes e i n g e b o r e n e n Sohn,
> aus dem Vater geboren vor aller Zeit . . .“

Ja, vor aller Zeit wird der Sohn gezeugt, jenseits aller Zeit, über der Zeit, *immer, immerzu und in aller Ewigkeit!* Wir haben uns bereits mit der Schwierigkeit unserer menschlichen Sprache befaßt, und wir erleben, daß uns das Ungenaue bis in unser Credo verfolgt, denn wir können es nicht besser. „Vor aller Zeit" klingt beim besten Willen noch immer so, als ob es eine Art „Vor-Zeit" gegeben habe, eine andere Zeit vor unserer, in der diese Sohn-Zeugung stattgefunden habe. Nein! „Vor aller Zeit" meint nur die seiende Ewigkeit. Das müssen wir verstehen.

Und nun brennt Ihnen allen schon seit langer Zeit die Frage nach dem *Heiligen Geist* auf den Lippen: „Wollten wir denn nicht über die Trinität sprechen? Bisher ist von nichts anderem die Rede als von zwei Personen. Wo ist die dritte? Pater Boulad scheint sie vergessen zu haben."
O nein . . .

Aber wo und wie könnte ich den Heiligen Geist „plazieren"? Bitte machen Sie Vorschläge! . . . An welcher Stelle des „Dreifaltigkeitskreises" würden Sie den Ort des Heiligen Geistes angeben?

> (Stille . . .
> Stimme aus dem Publikum:
> „Er hat keinen Ort, er kann keinen haben!
> Er ist diese Liebesbeziehung Gottes.")

Sehr, sehr schön! Ausgezeichnet!

In der Tat ist diese Person der Dreifaltigkeit ungemein geheimnisvoll, und seit allen Zeiten ist es schwer, sehr schwer, über sie zu sprechen. In der christlichen Offenbarungslehre wird der HEILIGE GEIST als *fliegende Taube* dargestellt, als *kräftiger Wind,* der eigenwillig weht, oder als *leichte Brise.* Man spricht vom *Advokaten* des Menschen, von seinem *Beistand, Tröster* und *Helfer.* Auch als *Feuerzunge* erscheint er.

Aber lassen nicht alle diese eindrucksvollen Namen und Bilder noch immer die Frage offen: *„Wer ist der Geist wirklich?"*

Lassen Sie mich bitte noch einmal zurückgehen zu unserer Legende: Ich erzählte Ihnen von der „Inspiration" Gottes, damals, als alles begann . . .

> „Gott sagte zu sich: ‚Wenn du Gott bist und wenn du die Liebe sein willst, dann gib dich!'
>
> Und Gott gab sich hin, wurde Liebe, wurde Vater, denn ihm entsprang wie eine Quelle der Sohn."

Als diesen Liebesakt bezeichne ich den Geist. Der HEILIGE GEIST ist in Gott jene Kraft des Sich-Entblätterns, jenes unbedingte Bedürfnis des

Sich-geben-Müssens, jener machtvolle innere Antrieb, der ein Wesen verpflichtet, sich zu entäußern, um sich an einen andern zu verschenken.

Der GEIST ist es, der diese Hingabe anregt, und damit löst er den Akt aus; in diesem Vollzug springt der GEIST selbst in die Existenz und wird real. Ich liebe sehr das arabische Wort für die Funktion des Geistes: „EL MOUNBACEK" (er springt, sprudelt, strömt hervor).

Das ist das französische „jaillissement", nicht wahr? Der plötzliche Aufsprung und das Hervorsprühen, ja, das ist es! Der Geist ist in seiner Essenz ein Lebenssprudel! Leider sagen wir in unserem französischen Credo nur sehr trocken:

„Il procède du Père et du Fils . . ." (geht hervor).

Im deutschen Credo ebenso: „der aus dem Vater und dem Sohn hervorgeht".

Der Geist strömt und sprudelt und läßt das Wesen wie eine starke Quelle entspringen. Der Geist bildet sich im Wesen Gottes in dem Maß er das verwirklicht, was er inspiriert, suggeriert, plant und will. Der Geist ist am Ursprung jeder Gabe. Der Geist ist die Energie des Sich-Gebens, des Sich-Verschenkens, *er ist das Wesen aller Liebe. Ohne diesen Geist, der die Liebe ist, gäbe es keine Gabe.*
Der Geist ist die Bedingung für die Entäußerung des Vaters. Im ersten Sturm des Hervorbrechens dieser Liebesgabe an den Sohn bildet sich der Geist; fast möchte ich sagen: Jetzt nimmt der Geist Gestalt an, er wird körperlich, wird Person. Umgesetzt in die menschliche Sprache.
Dieser Liebesprozeß ist ohne Ende, denn der Sohn hütet keineswegs in Stolz und Eifer seine Gabe, so wie wir Menschen das zu tun pflegen; nein, er gibt sie sofort, im selben Augenblick und in derselben Liebe, zurück an ihren Ursprung – und dies vollzieht sich unter dem Impulse desselben Geistes. Derselbe Geist, der den Vater zum Sich-Geben inspiriert, veranlaßt in derselben Intensität den Sohn dazu.

So verwirklicht sich die Fülle des Geistes durch die gegenseitige Gabe des Vaters an den Sohn und des Sohnes an den Vater. Der Geist ist eine Dynamik fortwährenden gegenseitigen Gebens. Der Geist ist Leben, sprühende Bewegung. Daher kann man den Geist örtlich nicht bestimmen, er ist „nirgendwo", denn er ist Energie. *Er verbindet die Personen und hält sie im anhaltenden, ewigen Zustand lebendiger Liebe.*

„Der Geist ist Leben" sagen wir, denn er ist Bewegung. Er bewegt auch Sie und gibt Ihnen niemals Ruhe! . . . Ohne Unterlaß ist er in Ihrer Tiefe am Werke, um auch Sie zum Aufsprung und Erblühen zu bringen.

„Die Erde aber war wüst und leer,
und auf der Urflut lag Finsternis.
Gottes Geist aber schwebte über den Gewässern" (Genesis 1, 2).

Das ist der Ursprung unserer Welt! Der Geist war da, er suggerierte der Welt das Leben ein, und es sprang in die Existenz.

Ich nehme noch einmal Bezug auf die ausdrucksvolle arabische Sprache. Dort heißt „Geist": MOHY. Wenn ich es wörtlich übersetze, dann müßte ich sagen: „der Beleber."

Und unser Credo:

„Wir glauben an den Heiligen Geist,
der Herr ist und lebendig macht."

Und bei der Taufe Jesu durch Johannes den Täufer senkte sich der Geist auf den Jordan-Fluß und brachte DAS NEUE LEBEN hervor.

„Und sogleich, als Er aus dem Wasser stieg,
sah Er, wie sich die Himmel öffneten
und wie der Geist, gleich einer Taube,
auf Ihn niederschwebte und über Ihm blieb.

Und eine Stimme kam vom Himmel her:
‚Du bist mein geliebter Sohn,
an Dir habe Ich Mein Wohlgefallen.'
Und gleich hernach trieb Ihn der Geist
in die Einsamkeit" (Markus 1, 10–11).

Stelle ich mir Vater, Sohn und Heiligen Geist als drei Kreise vor, so nehme ich mir diese Kreise und lege sie ineinander, den einen in den andern, sodaß mir letztlich nur ein einziger bleibt. Das ist der *Vater,* der *Sohn* und der *Heilige Geist,* die zusammen einen einzigen Gott darstellen.
Ich habe jetzt die physische und die zeitliche Distanz gelöscht, da es sie nicht gibt. Den Text spricht Jesus Christus selbst dazu: „Der Vater und Ich sind eins" (Johannes 10, 30).
Wir hatten die Dreifaltigkeit mittels einer kleinen Legende aufgefaltet. Jetzt korrigiere ich diese Darstellungsweise, und alles schließt sich zur schlichten Einheit. Die Zeit ist gelöscht, es gibt innerhalb der Dreifaltigkeit keinen Zeitablauf, wie wir ihn kennen, denn sie ist ewig. Sie IST.

Die Dreifaltigkeit ist der einzige Augenblick, sie ist das EWIGE JETZT, zeitlos und unbegrenzt, ein Jetzt, das alle unsere Zeitvorstellungen überschreitet. Es ist ein Jetzt, jenseits von uns, jenseits von allem; ein Jetzt, das die gesamte Schöpfung umfaßt und überspannt und ewiger ist als alle Schöpfung.

Das Ewige ist ja doch keine Linie, die irgendwo beginnt und irgendwo endet, sondern es ist die ganze Linie, die ganze Zeit in ihrer Totalität. Die Ewigkeit ist die ewige Gegenwart, immer aktuell, sie ist die rekapitulierte und in einem Punkt verdichtete Zeit. Dieser Punkt ist immer „da".

„. . . jetzt und in Ewigkeit. Amen."

Das sagt der Priester alle Tage in allen Messen, indem er die Hostienschale und den Kelch erhebt. Wie oft hörten wir es schon! „Jetzt und in Ewigkeit" – auf diese Art drücken wir das Mysterium der Ewigkeit in der Zeit aus, aber wir müssen dabei unseren Schwerpunkt im Fühlen und Denken auf dieses „JETZT" legen, welches die wesentliche Wahrheit der Ewigkeit erst offenbart.

Wir haben das Mysterium Gottes besser zu verstehen versucht und haben es für diesen Zweck „zerlegt". Jetzt versöhnen wir die Teile wieder miteinander, indem wir uns die konstante Realität der lebendigen, in gegenseitiger Bewegung zueinander befindlichen Gegenwart des Vaters und des Sohnes vergegenwärtigen. Der Sohn hat den Vater nicht verlassen, als er auf Erden Mensch geworden war. Mehrfach wird es uns in den johanneischen Abschiedsreden überliefert: „Glaubt Mir, daß Ich im Vater bin, und daß der Vater in Mir ist" (Johannes 14, 11a).

Es gibt nur eine einzige Wirklichkeit, und diese ist unteilbar. Man kann Gott nicht aufzählen, denn er ist EINS.

Ich gebe Ihnen jetzt einen sehr interessanten Text zu dieser Frage. Zunächst ein kleiner Hinweis: „Eins" bedeutet für uns normalerweise eins, zwei, drei, vier, fünf. Man zählt Objekte. Das EINE der Gottheit aber hat mit unserer gewohnten Zahlenvorstellung absolut nichts zu tun, sondern es ist ein transzendentales EINES. Es steht über den Zahlen oder unter ihnen, es ist etwas Einziges und etwas anderes, und weit ist es von aller Mathematik entfernt. Erlauben Sie mir das folgende *Zitat aus dem 7. Jahrhundert*.

> „Das Göttliche Eine ist nicht der Anfang einer Zahlenreihe, es ist keine Zahl, sondern die Verneinung der Zahl. Es bedeutet das Einzige und nicht eine Hälfte von Zwei oder ein Drittel von Drei. Man addiert keine Drei zu einem Einzigen.
>
> Diese Bemerkung ist kein subtiles Spiel ohne Bedeutung. Will man unserem logischen Denken nachgeben und die Drei Göttlichen Personen mit Gewalt zueinanderrechnen, dann schlösse man bereits im ersten Anfang die Türen zum Mysterium der Dreifaltigkeit, und man riskierte alle Arten von Konfusionen.
>
> Denn selbst, wenn die Gottheit über allem liegt und als dreifaltige Einheit gefeiert wird, so ist sie doch weder eine Drei

noch eine Eins im Sinne unserer Zahlen" (MAXIMUS DER BEKENNER).

Ich fand es bedeutsam diesen Text zu erwähnen, denn jeder fragt sich beim Begriff der Dreifaltigkeit: *„Sind es drei – oder ist es ein Gott?"* Wir Menschen denken in mathematischen Ziffern. Die Dreifaltigkeit ist jedoch ein Mysterium jenseits aller Mathematik. Wieviele Versuche geometrischer Art sind daneben gemacht worden! Ich erinnere mich noch an meine Schulzeit, Sie gewiß auch: Man zeichnete uns ein gleichseitiges Dreieck an die Wandtafel und sagte: „Die Dreifaltigkeit ist sehr einfach, drei gleichlange Schenkel bilden den einen Gott." . . . Das war das ungünstigste, ja unmöglichste Schema, das ich mir denken konnte! Und es gab andere mehr. Alle geometrischen und alle anderen Bilder ließen unbefriedigt. Ein Bild kann ich heute noch gelten lassen: Es sind die drei Kerzen, die man in ihren drei Dochten zu einer einzigen brennenden Flamme vereint. Und doch, man wird die Zahl der drei Kerzen nicht los! Die eine Flamme ist dagegen sehr schön.

Vielleicht sollten wir das Dreifaltigkeitsmysterium am besten aus der Schöpfung herleiten. Ich denke, wenn Gott als Quelle der Schöpfung selbst dreifaltig ist, wie Christus es uns lehrte, dann sollte auch sein Werk, das aus seinem Herzen fließt und durch seine Hände geht, auf die eine oder andere Weise sein Intimstes offenbaren. Suchen wir einmal nach trinitären Aspekten in der Schöpfung!

Ich lese Ihre Gedanken: „Die Welt ist nicht trinitär, sie ist dualistisch!"

Und ich frage Sie: Was spielt sich im Innern der Atome ab? Da gibt es die Protone und die Elektrone . . . und es gibt eine Kraft, die sie vereint. Ja, auf den ersten Blick ist unsere Welt dualistisch, sie manifestiert sich uns ganz polar: positive Protone, negative Elektrone. Wer aber könnte ihre Einheit bestreiten, die diese bilden? Alles existiert in der Einheit, „in der Einheit des Heiligen Geistes". (Messe)

Der HEILIGE GEIST ist kein dritter Terminus, der sich zu den beiden ersten addiert, bitte vergessen Sie das nie! Der Heilige Geist ist indessen deren Band, deren Zusammenhalt. Er bildet ihre Einheit. *Im Atom ist der Geist die Energiekraft, die die Teilchen zusammenhält.* So finden wir selbst im Herzen der Materie, so wie wir sie bisher erkannt und bestimmt haben, das Zeichen der Trinität. Die Trinität bestimmt die Welt, sie ist die Mitte unserer Materie.

Und der menschliche Körper?

Ein Lungenflügel, zwei Lungenflügel – ein Atemzug.
Ein Bein, zwei Beine – ein Vorwärtsgang.
Ein Auge, zwei Augen – ein Blick.

Ein Arm, zwei Arme – eine Umarmung.
Ein Ohr, zwei Ohren – eine Melodie.

Auch unserem Körper ist die Trinität „eingestempelt“, und durch sie wird er in Bewegung gehalten. Und doch ist der Mensch stets versucht, nach dem Dreiheitsprinzip zu suchen. Dieses aber gibt es nicht. Es gibt nur zwei Manifestationen und deren Einheit, die Energie ist, die ihre Versöhnung und Verschmelzung wirkt. Die Dreifaltigkeit bedeutet „zwei in einem“. *Der Akt der Einswerdung ist das Mysterium des Geistes.*

Ein weiteres Beispiel, noch schöner, noch größer und noch tiefer als die vorangegangenen: Mann und Frau.

„. . . und sie werden ein Leib.“ (Genesis 2, 24b)

Angelangt bei der menschlichen Liebe, dem schönsten aller irdischen Symbole, sind wir bei dem, das am wahrhaftigsten Kunde von Gott gibt, der die Liebe selbst ist. Ja, im Liebesverhältnis von Mann und Frau müssen wir Gott suchen und werden wir ihn finden. Und der Geist der Liebe ist es, der aus beiden Wesen EINS macht.

In der Ehe ist es das Kind, das dieser Vereinigung entspringt. Es ist die Inkarnation ihrer Vereinigung. Die beiden werden in diesem Kinde „eins im Fleische“, da sich das Kind aufbaut aus ihrem Fleisch und Blut.

Schauen Sie, wie der Herr uns Zeichen gibt seiner intimsten Geheimnisse? Wie er sie in der Schöpfung ausbreitet? Himmel und Erde sind eins, meine lieben Freunde!

Ich hoffe von ganzem Herzen, daß sie nun den Begriff „GOTT IST DIE LIEBE“ mit einem ganzen Abenteuer verbinden werden, mit einem Mysterium, das angereichert ist mit dem tiefsten Erbe, sodaß es uns die Schöpfungsgeheimnisse entschlüsselt bis hinein in unser eigenes, persönlichstes Existenzgeheimnis. *Unsere menschliche Person ist nichts Dunkles und Rätselhaftes, sondern sie wird von innen vom Gottesmysterium ausgestrahlt. Auch unsere menschliche Liebe steht in diesem göttlichen Licht, auch sie erstrahlt im Licht der Gottesliebe.*

Eine Meditation über das Mysterium Gottes ist demnach keine abstrakte, philosophische und metaphysische Übung, die uns überanstrengt, zersplittert, uns aus unserer friedlichen Welt vertreibt und uns dem realen Alltag entfremdet, sondern sie läßt uns einsinken ins Herz der Dinge. Wenn wir dann in dieser Mitte stehen, in der Mitte von Gott und Welt, wohin uns das Dreifaltigkeitsmysterium geführt hat, dann stehen wir zugleich in unserer eigenen Mitte und haben unseren Frieden gefunden. Wir erkennen uns selbst und lernen uns begreifen, unser eigenes Mysterium wird verstanden werden. Es gibt keine

„inneren Probleme“ mehr, und es gibt keine Trennwand mehr zwischen Gott und mir, das sehe ich und erfahre ich. Plötzlich werden die Schleier zerreißen, und ich erkenne alles auf neue Weise. Für denjenigen, der Gott ergründen will, der sucht, forscht und ringt, der wird sich mittels der Dreifaltigkeit als „Studien-Objekt“ dem Weltmysterium selbst nähern. Er meditiert nicht nur über Gott, sondern über die Schöpfung zugleich. Dieser Mensch wird „sehen lernen“. Unsere christliche Religion hört dann sehr bald auf, eine weit hergeholte Abstraktion eines sehr unbestimmten, dreifaltigen Gottes zu sein, der in kosmischen Fernen irgendwo existiert, sondern Gott wird in intimster Nähe im Menschenherzen anwesend erlebt.

Der Mensch wird dann endlich verstehen, was es heißt, wir sind nach Gottes Ebenbild geschaffen. Wir sind es. Wir sind es bis in die tiefste Zone unseres Menschseins. Wir sind Gottes Ebenbild als Individuum, als Familie und als Gesellschaft.

Gott ist die Liebe, und Gott ist das Leben. Gott ist Leben, *weil* er die Liebe ist, und er ist Liebe, *weil* er Leben ist. Das Mysterium Gottes hört auf, für uns ein „statisches“ Mysterium zu sein, über Jahrtausende unabänderlich dasselbe, das Magendrücken verursacht oder das Blut in Wallung setzt . . ., sondern im Gegenteil, es kann den Betreffenden zur intimsten Selbsterkenntnis führen, zur Erfahrung DES LEBENS in sich, und diese wichtige Erfahrung darf er machen in Überfülle.

Das Innere des Gottesmysteriums ist das Leben selbst, das hervorbricht und sich in die Schöpfung ergießt, um in ihr zu erblühen, zu erklingen, zu erstrahlen. Gottes Innerstes ist das Leben in der Fülle, und nicht nur deshalb, weil er sein göttliches Leben sicht- und greifbar vor uns ausbreitet, sondern durch seine immerwährende persönliche Anwesenheit in der Schöpfung. All dies entfernt uns von einem Monotheismus, der den unwandelbaren Gott postuliert, den Herrn und Gebieter über Welten, den „ewig Ledigen“, wie ihn ein Philosoph des 18. Jahrhunderts nannte. Mögen wir Gott hingegen als eine „heiße Realität“ erfahren, als ein Wesen, das liebt.

Nur die Liebe allein kann uns das Gottesmysterium offenbaren. Gott ist Liebe, weil er dreifaltig ist, und er ist dreifaltig, weil er Liebe ist.

DIE LOGIK DER INKARNATION

Das letzte Mal beschäfigte uns die Logik der Dreifaltigkeit; dabei sahen wir, welches Mysterium die Dreifaltigkeit einerseits für uns bleiben wird, daß sie aber andererseits einen starken inneren Zusammenhang aufweist, der zwar nicht zu verstehen, aber zu erkennen ist. Zu dieser Erkenntnis können uns philosophische Überlegungen führen, die uns zu einer gewissen Überzeugung gelangen lassen und den Glauben schließlich mit dem Verstand versöhnen. Heute begeben wir uns nun auf dem gleichen Wege zum Mysterium der Inkarnation.

Das Christentum erscheint für den menschlichen Verstand als eine absolut vernunftwidrige Religion, es erscheint absurd, unlogisch, unverständlich, zu kompliziert! Die Dreifaltigkeit . . . Gott in drei Personen, drei in einem, warum? Wieviel einfacher ist es zu sagen: GOTT IST EINS, und das lehrt der Islam in seinem Reich. Noch kühner ist unsere Behauptung, es habe eine Inkarnation Gottes stattgefunden: Gott kommt zu uns in Fleisch und Blut. Wer soll das annehmen? Warum so viele Dinge ineinander verschachtelt, wenn es einfach geht, fragen sich kopfschüttelnd unsere Brüder, die Moslems. Warum Gott nicht dort thronen lassen, wo er thront, alles wäre klarer und leichter zu begreifen! Die Göttlichkeit Jesu! Welch bizarre Idee! Ein Mensch gibt vor, Gott zu sein; ein Mensch mit einem Gesicht, zwei Armen und Beinen wie Du und ich, sagt, er sei Gott und komme „von oben". Die Eucharistie: Gott in einem kleinen Stückchen Brot! . . . All das ist wirklich sehr verwirrend und sehr unglaubhaft.

Wieviel einfacher präsentiert sich dagegen der Islam, wieviel klarer ist er und daher so viel leichter anzunehmen! So geschieht es, daß sich heute viele Christen in Verlegenheit befinden, wenn sie erleben, wie deutlich sich diese andere Religion darzustellen und zu rechtfertigen weiß. Sie empfinden den Islam als sehr klar verständlich, und daher sei ihm leichter zuzustimmen als unserer christlichen Religion.

Die erste Absurdität:
Die Inkarnation! . . . Worauf gründen wir unsere Behauptung, Gott habe sich inkarniert? Dieser grenzenlose, unendliche Gott, von dem wir das letzte Mal sprachen, dessen Größe nicht bestimmbar ist und den keiner unserer Kreise, die wir uns dachten, je umfassen wird, da er immer über das uns Vorstellbare unendlich hinausführen wird und unendlich erhaben bleibt; ein Gott, den das Universum nicht halten kann, da er jenseits der kosmischen Räume beheimatet ist – Gott reicht weiter und tiefer als alle Galaxien –; wie kommt es, daß wir sagen können:

„Gott hat sich eingegrenzt in ein kleines Menschenkind, und in dieser Gestalt hat er sich uns offenbart. Zu diesem winzigen und armen Kindlein auf einem bestimmten Punkt unserer Erde sagen wir: *Du bist die Offenbarung Gottes.*“

Die zweite Absurdität:
Wir sagen, daß der ewige Gott, der weder Anfang noch Ende hat, der ALPHA und OMEGA ist, der alle Zeitalter der Geschichte auf seiner Handfläche trägt, denn er überschreitet die Zeit und ist jenseits von Dauer und Geschichte; wie können wir sagen, daß dieser Gott im Jahre 4 vor unserer Zeit geboren wurde, zur Zeit der römischen Kaiser Augustus und Tiberius aufwuchs? Wie können wir sagen, daß dieser Gott an einem bestimmten Tag unter Pontius Pilatus verspottet, ausgepeitscht und hingerichtet wurde? Wie kommt es, daß wir diesen Gottmenschen in unsere Handbücher der Geschichte aufgenommen haben? Seit Flavius Josephus und Cornelius Tacitus diskutiert man „offiziell“ diesen Jesus von Nazareth, der vorgegeben hatte, Gott zu sein.

Die dritte Absurdität:
Gott der Allmächtige, der Unabhängige, König aller Könige, Herr aller Herren, der „RAB EL ALAMINE“ (Schöpfer aller Welten), wie der Moslem seinen Allah benennt, dessen Thron der Himmel ist und dessen Fußschemel unsere Erde, dieser allmächtige Gott, von dem der Psalmist singt:

> „In seiner Hand der Erde Tiefen,
> Sein sind der Berge Gipfel,
> Sein ist das Meer, Er hat's gemacht,
> die ganze Erde, mit seinen Händen hat er sie gestaltet!
> Herbei! Anbetend laßt uns niederfallen
> und niederknien vor unserm Schöpfer!“
> (Psalm 95, 4–6)

Wie können wir behaupten, er sei jetzt in diesem kleinen, zarten Gesicht eines Kindes zu finden, schwach und abhängig von einer jungen Frau aus Palästina? Wie verstehen, daß dieser Allmächtige den Wirt der Herberge nicht überzeugen kann, ein Zimmer für diese Frau zu finden oder wenigstens eine ordentliche Schlafstätte? Wie verstehen, daß dieser Allmächtige vor einem erbärmlichen Landesfürsten wie Herodes bis nach Ägypten fliehen muß? Wie verstehen, daß dieser Allmächtige „nicht einmal einen Stein besitzt, um sein Haupt darauf zu ruhen“, wie uns seine Apostel berichten? Wie verstehen, daß er Hunger kennt und Kälte, Durst, Hitze und Erschöpfung? Wie verstehen, daß dieser unschuldige Gottmensch so bitter verfolgt wird vom Haß der Pharisäer und schließlich verurteilt von den Römern und an ein Kreuz geschlagen? Wo ist Deine Allmacht, wo?

„Er steige jetzt vom Kreuz herab,
dann wollen wir Ihm glauben." (Matthäus 27, 42b)

Das sind die Schmährufe der Vorübergehenden, die Lästerworte der Zuschauer, der Sarkasmus der Schriftgelehrten, der Hohn des Verbrechers neben ihm am Kreuz . . .

Wir schweigen. Tatsächlich könnte man sagen: *„Die Inkarnation ist ein Ärgernis, ein Skandal!"* Der unendlich große Gott schließt sich ein in ein Neugeborenes? Der zeitlos ewige Gott tritt ein in die menschliche Geschichte, um an ihr zu leiden? Der allmächtige Gott manifestiert sich im Unvermögen unserer menschlichen Schwäche? . . .

„Die christliche Lehre ist eine unzulässige Degradierung Gottes!"

sagen die Moslems – und mit ihnen mancher Christ!

Es ist unendlich viel leichter, die Existenz Gottes zu bejahen, als das christliche Dogma der Inkarnation. Die Existenz Gottes springt einem normalen Menschen ins Auge, sie schluckt sich wie ein Glas Wasser . . . Die Inkarnation ist etwas ganz anderes. Die Gottheit Jesu ist etwas ganz anderes.

Ich glaube, alle Schwierigkeit liegt für uns darin, daß wir uns vor zwei grundverschiedenen Gotteskonzepten befinden, die sich konfrontieren. Das deistische, philosophische, metaphysische, rationale, vernunftmäßige, moslimische Konzept auf der einen Seite, und das christliche auf der anderen. Zwei Konzepte als Antipoden, das eine genau das Gegenteil vom anderen.

Das letzte Mal erzählte ich Ihnen von der islamo-christlichen Tagung vor zwei Jahren in Tripolis, auf der ein christlicher Sprecher bekundete: „Moslems und Christen haben denselben Gott", woraufhin in arabischen Zeitschriften Protestartikel erschienen waren:

„Nein! Moslems und Christen haben nicht denselben Gott!"

Wir wissen es. Die Moslems weisen diese Vorstellung aufs schärfste zurück. Und ich stimme ihnen zu. Auch ich sage: *„Wir haben nicht denselben Gott."*

Nun geht es zweifellos um das Gotteskonzept. Das Wort „Gott" kann vielseitig und mehrdeutig verwendet werden, und unsere beiden Religionen benutzen dasselbe Wort für zwei äußerst voneinander verschiedene, sich nahezu gegenüberstehende Begriffe. Diese beiden Wörter gilt es zu untersuchen. Was ist ihr Inhalt? Wer das Wort „Gott" ausspricht, weiß doch nicht zugleich um den ganzen Inhalt dieses Wortes. Für vielerlei Möglichkeiten dasselbe Wort zu gebrauchen, ist jedoch gefährlich.

Meine lieben Freunde, das Christentum stellt in der Religionsgeschichte eine kopernikanische Revolution dar, und ich gebrauche diesen Ausdruck in seiner ganzen Strenge. Kopernikus sagte:

„Nicht die Sonne kreist um die Erde,
sondern die Erde um die Sonne!"

Damit hatte er alle bisherigen Konzepte genau auf den Kopf gestellt. Für mich bedeutet die christliche Lehre die gleiche Revolution, nämlich eine radikale und absolute Umkehrung der Gottesidee. Leider hat diesen radikalen und absoluten Wesenswandel der Großteil der Christen bis heute noch nicht mitvollzogen. Damit will ich sagen, daß der größte Teil der Christen – im Orient wie im Okzident – mit dieser Zwielichtigkeit einer Gottesidee lebt, die nichts mit dem christlichen Konzept zu tun hat, die nicht Christentum ist!

Im allgemeinen ist unser Gott nicht der christliche Gott. Wir beten zu einem anderen Gott, wir glauben an einen anderen Gott.

Ich denke, es ist notwendig, daß die Welt langsam und stetig eine wirkliche Bekehrung, eine wahre Umkehr, eine christliche Erneuerung erfährt und sie tief im Herzen lebt. Es ist die endgültige Konversion zum christlichen Glauben in seiner tiefen Wirklichkeit, die alles übersteigt, was wir tun und getan haben und was wir bisher glaubten. Alle anderen Gotteskonzepte werden vom Konzept eines christlichen Gottes geblendet und außer Kraft gesetzt. Daher bedarf es einer wahren Kapriole, einer Totalwendung um 180 Grad. Mit anderen Worten, wir müssen Gott genau dort suchen, wo wir ihn am wenigsten vermuten. Dabei verweise ich auf ein Buch von Pater M. Zundel: „Quel Homme et quel Dieu?" Es sind seine Exerzitien, die er im Vatikan gegeben hat. O, wie sehr gefällt mir diese Frage: *„Welcher Gott?"*

Ich möchte nun mit Ihnen eine kritische Reflexion über ein leichtfertig vereinfachtes und damit oberflächliches Gotteskonzept beginnen, über einen bestimmten Gott, an den allzu viele von uns glauben. Im allgemeinen gehen wir von einer sehr festen, starren Gottesidee aus, die wir als wahr verfügt haben, und ins Innere dieses Konzeptes versuchen wir dann, den christlichen Gott – JESUS CHRISTUS – einzupressen. Treten dabei Schwierigkeiten auf, dann lassen wir uns sehr viel einfallen, womit wir nachhelfen; so wie einer, der ein neues Objekt unter allen Umständen in eine längst vorhandene, alte Form eindrücken will. Er müht sich ehrlich, will es ihm trotz allem nicht gelingen, dann gibt er auf. Der christliche Gott, so sehr wir uns auch anstrengen, wird niemals in diese metaphysische Form, die wir früher einmal fabriziert hatten, hineinpassen, niemals! Und was ist die Folge? Die Folge ist, daß in uns eine Art Psychose geschaffen wird, denn wir leben auf zwei verschiedenen Feldern gleichzeitig. Auf dem einen bewegen wir uns leicht und glatt dahin, es ist das Verstandesfeld. Das andere aber ist das Feld des Glaubens – welch ein Mysterium! Daher riet die Kirche stets:

> „Glaube es! – Das ist nun einmal die Offenbarungslehre,
> die wir haben."

Und dabei läuft der Mensch in der Finsternis ... Für die meisten Christen gilt die Gleichung: Mysterium = Rätsel. Dennoch haben wir, als uns die Dreifaltigkeit beschäftigte, recht gut verstanden, daß ein Mysterium kein Rätsel, sondern ein Brunnen der Erkenntnis, eine Offenbarungssonne ist. Es kann das „aufgehende Licht" für den Menschen bedeuten und ihm seinen Weg anzeigen, dem er folgen wird, und nicht einen Zaun, an dem er sich aufreißt. Ein Mysterium ist für mich ein Ozean, in den ich tiefer und tiefer tauchen kann.

Fragen wir uns einmal: *Ist es denn an uns, von vornherein zu entscheiden, was für Gott möglich ist und was nicht?* Dürfen wir uns erlauben zu sagen: „Einverstanden! Dieser Lehrsatz paßt in unsere metaphysischen Kategorien, der andere dagegen nicht! ... – So etwas ist in unserem Konzept, das wir von Gott haben, nicht vorgesehen. Wir müssen philosophisch denken, und daher ist diese These für den Gottesbegriff nicht zulässig."

Aber Gott antwortet:

> „Was verstehst du wohl, du Zwerg, du Erdenwurm?
> Was weißt du von den Möglichkeiten der Gottheit?
> Soll ich dich, Mensch, um Erlaubnis bitten?"

Gott beliebt es, trinitär zu sein. Er ist dreifaltig. Gott beliebt es, sich bei uns zu inkarnieren. Er wird Mensch. Braucht er dafür unser Visum mit Stempel, um bei uns einreisen zu können? Nein, wir haben ganz gewiß über jegliches Möglich und Unmöglich göttlicher Entscheidungen nicht zu befinden. Gott ist jenseits des Möglichen und des Unmöglichen. Er allein entscheidet, was er tut und was er unterläßt und ob er es uns offenbart oder nicht.

Ein weiterer Denkfehler, den es zu beseitigen gilt, betrifft eine gewisse *Vorstellung über die Unendlichkeit.* Wir sprechen zwar von einem unendlichen Gott, sind aber in unserem Denken Gefangene eines Raum-Schemas. Das Unendliche ist für uns das undefinierbar Unbegrenzte eines Raumes, der sich nach oben, nach unten, nach rechts und nach links unbegrenzt erweitert, also unendlich fortsetzt nach allen Seiten. Das ist unsere festgefahrene Idee vom Unendlichen, wir denken räumlich. Gott aber ist nicht das Unendliche im räumlichen Sinn, sondern er ist ontologisch das Unendliche, das heißt *er ist unendlich im Sein.* Suchen wir demnach die Lösung des Gottesproblems nicht in einem raum-zeitlichen Sinn, denn die Unendlichkeit Gottes ist nicht räumlich, und seine Ewigkeit ist nicht zeitlich. Wir müssen dieses Schema unbedingt verlassen!

> Gott ist ein anderer . . .
> Gott ist unendlich unter der Form eines Punktes, und
> Gott ist ewig im Jetzt.

Das verstehen wir nicht. Gott ist ebenso unendlich groß, wie er unendlich klein ist. Und wenn sich seine Unendlichkeit für einen bestimmten Zweck in einem Punkt verdichten muß, und wenn sich seine Ewigkeit in der geschichtlichen Gegenwart „einschließen" muß, dürfen wir dann sagen: „Erhabener Gott! Dazu hast Du kein Recht, denn wir Menschen haben eine andere Vorstellung von der Unendlichkeit!" – ? –

Schrittweise korrigieren wir eine Anzahl von Irrtümern, Illusionen und Vorurteilen zum Gottesbegriff.

Das letzte Mal versuchten wir, uns dem Mysterium der Dreifaltigkeit zu nähern, und fanden letztlich den Schlüssel allein in der Liebe: GOTT IST LIEBE. Desgleichen wird uns heute derselbe Schlüssel das Mysterium der Inkarnation öffnen. *Was aber ist „Liebe"?*

Hier erinnere ich an eine meiner Weihnachtspredigten in der Markus-Kathedrale in Alexandria, die vielleicht einigen unter Ihnen noch im Gedächtnis ist. Ich hatte spontan ein Gleichnis verwendet, das Gleichnis von den beiden Müttern, das ich nun öfter in meine Vorträge und Exerzitien flechte. Ich hatte in diesem Gleichnis zwei verschiedene Verhaltensweisen aufgrund von zwei verschiedenen Arten menschlicher Logik dargelegt.

Lesung: *Die beiden Mütter*

Es waren einmal zwei junge Mütter. Sie wohnten in der dritten und vierten Etage eines großen Wohnhauses.

Eines morgens haben beide ihre Wohnungen verlassen, um ihre Einkäufe zu erledigen. Ihre Kinder, beide fünf Jahre alt, sind allein geblieben. Als die Mütter zurückkommen, steht das Haus in Flammen, umgeben von einer dichten Menschenmenge. Von den Balkons hören die Mütter die verzweifelten Stimmen ihrer Kinder, die in Lebensangst nach ihnen schreien.

Die beiden Frauen sind mit dem Drama ihres Lebens konfrontiert. Wie reagieren sie?

Die eine Mutter testet zögernd das Treppenhaus und sieht den Qualm.

Man belehrt sie sogleich: „Unmöglich! Zu spät! Sie riskieren Ihr Leben!“

Sie sieht es ein, läuft zur Balkonseite und gibt ihrem kleinen Sohn Ratschläge:

„Schnell, schnell, lauf in die Küche, dort findest du im Schrank ein aufgerolltes Seil, komm wieder auf den Balkon, rolle das Seil auf, binde es ans Geländer und dann rutsche an dem Seil herab; ich bin hier, ich fang' dich auf. Alles verstanden? Schnell! Schnell!“

Das Kind hat nichts verstanden im Tumult der hundert Stimmen. Es schreit nur nach der Mutter, die zwar da ist, doch in unendlicher Entfernung, unerreichbar. Noch immer steht sie da und gibt dem Kind ihren besten Rat.

Inzwischen die Reaktion der anderen Mutter:

Ohne überhaupt zu denken, stürzt sie auf die qualmende Treppe zu. Man will sie zurückhalten, reißt ihr Teile ihrer Kleider vom Leib, aber sie ist stärker, sie hört auf niemanden, nur auf die Stimme ihres Herzens.

In Sekunden verschwindet sie im brennenden Treppenhaus, niemand konnte sie aufhalten; und bevor sie bei ihrem Kind war, haben Rauch und Feuer sie erstickt.

Zwei Mütter – zwei Götter . . .

Der erste Gott thront unantastbar in seinen himmlischen Gefilden, umgeben von Engeln und Erzengeln, von Cherubim und Seraphim, und der große Friede erfüllt ihn, denn für das Leid der Menschen ist er unerreichbar.

Von Zeit zu Zeit hört er einen Schrei von der Erde, ein anderes Mal sind es Tausende; daß zahllose Menschen nach ihm rufen, entgeht ihm nicht. Kriege, Folterkammern, Protestierende auf Straßen . . . Und der einzelne: der Einsame, der Verzweifelte, der Sterbende . . . Er sieht alles, hört alles, versteht die Situation, und er gibt den Menschen gute Ratschläge:

„Nur Mut, nur Mut! Ich schicke euch jetzt einige Propheten und werde Offenbarungstexte inspirieren.“

Er schickte Moses, aber die Menschen hörten nicht auf Moses. Er schickte andere Propheten, inspirierte die besten Herzen und ließ die Bibel schreiben, aber die Menschen lasen die Bibel nicht.

„Glücklicherweise bin ich Gott, der Unwandelbare, denn die Erde steht in Flammen.“
(Henri Boulad – aus seiner Weihnachtspredigt 1976)

Leider, leider ist dieser Gott der Gott vieler unter uns! Dieser Gott aber ist ein untermenschlicher Gott, seine Qualität liegt unter der des Menschen, er gehört einer niederen Stufe an, weil eine Mutter mehr lieben und mehr zu tun vermag als er. Weil ein solcher Gott wertmäßig unter dem Menschen steht, weise ich ihn zurück. Ich verachte ihn, denn er ist nicht würdig, der höchste Gott genannt zu werden. Er ist nichts als ein Götze. Wenn dieser Gott tatsächlich existierte, meine lieben Freunde, dann zöge ich es vor, Atheist zu sein. Ein bestimmter Atheismus, das werden wir verstehen, argumentiert präzise mit der scharfen Zurückweisung eines solchen Gottes. Der Atheist weigert sich, diesen anzunehmen – und er hat recht! Wenn Gott so wäre, dann ist es besser, seinen Tod zu verkünden.

Aber es gibt den anderen Gott, denn es gibt in unserem Drama die andere Mutter. Dieser zweite Gott erlebt das Leid der Welt, und er engagiert sich leiblich, wie jene Mutter. Er kommt zu uns, erscheint unter uns als einer von uns. Er geht ein in unsere Wesenstiefe, verstrickt sich mit uns in Leid und Schmerz und teilt unseren Tod.

„Ihr leidet . . . – ich werde mit euch leiden!
Ihr seid nackt . . . – ich werde mit euch nackt sein!
Ihr hungert . . . – ich werde mit euch hungern!
Ihr werdet gequält . . . – ich werde mit euch gequält werden!
Ihr werdet gekreuzigt . . . – ich werde mit euch gekreuzigt werden!“

Das ist für mich der einzig denkbare Gott, der einzige, den ich annehmen kann, der einzige! Wenn Gott nicht so fühlt und handelt, dann will ich ihn nicht. Ich will keinen anderen Gott als einen Gott, der liebt.

Wozu menschliche Liebe ein Mutterherz befähigt, dazu soll göttliche Liebe in einem göttlichen Herzen nicht fähig sein? Und es heißt: Gott ist Liebe? Wenn das nicht nur ein wohlklingendes Wort ist, dann ist diese Liebesgeste, die Inkarnation, eine Notwendigkeit. Ja, notwendig ist die Inkarnation, sonst wäre Gott nicht der vollendete Gott. Und das nenne ich die LOGIK DER INKARNATION.

Selbstverständlich werden Sie mir sagen: „Aber diese Geste ist sinnlos . . . Die liebende Mutter stürzte sich in die Flammen und starb. Hat ihr Tod dem Kind etwa genützt?“ Darauf antworte ich: „Es gibt absolut unnütze Gesten, die von hochgradiger Notwendigkeit sind! Und es ist die Liebe, die so denkt, es ist die Liebe, die so handelt.“

Ich habe eine Frau am Sterbebett ihres Mannes erlebt. Im Koma lag er da, seit Tagen und Wochen, abwesend und ohne Aussicht auf ein Wiedererwachen. Seine Frau saß neben ihm, ihre Hand auf der seinen, seit Tagen und Wochen. Warum blieb sie dort? Ärzte und Schwestern versuchten sie umzustimmen und zur Vernunft zu bringen: „Gehen

Sie heim, ruhen Sie sich aus! Wir sind Tag und Nacht hier, er ist gut bei uns aufgehoben. Was Sie hier opfern, ist nutzlos."

Nein! Nicht nutzlos! Sie liebt ihn, daher ist es notwendig, daß sie jetzt hier ist, daß sie mit ihm ist. Tausendmal mag man ihr sagen, es sei nutzlos (sie weiß es selbst, daß er nicht wiederkommen wird), und tausendmal wird sie antworten: „Ich bleibe!" Ihre Anwesenheit ist notwendig.

Die junge Mutter wird es ebenso gewußt haben. Es war nicht nötig gewesen, ihr zu sagen, daß das Treppenhaus bereits brenne, sie sah es selbst. Aber die Liebe zu ihrem Kind machte es notwendig, daß sie versuchte, durch *jedes* Hindernis hindurchzubrechen, um mit dem Kind zu sein.

Ja, es gibt im Land der Liebe Dinge, die völlig unnötig sind, die keinerlei „Resultat" erkennen lassen, also „nutzlos" sind – und doch sind sie von allerhöchster Notwendigkeit.

Wenn ich an gewisse Arbeiter-Priester denke, die sich freiwillig in den Fabriken plagen, um mit den Arbeitern zu leiden! Wenn ich an Simone Weil denke! Nicht die Präsidentin des Europäischen Parlaments, sondern eine andere Simone Weil. Während des Zweiten Weltkrieges starb sie den Märtyrertod aus Liebe zu ihren Brüdern, den leidenden Fabrikarbeitern, zumindest starb sie an den Folgen ihres Total-Engagements: Sie hatte nicht nur das Arbeitselend, sondern auch freiwillig den Hunger mit ihnen geteilt. Trotz ihrer enormen gesundheitlichen Schwäche und trotz ihrer Universitätsdiplome wurde sie Arbeiterin in einer Fabrik, um das Los der Unglücklichen zu teilen. Sie war Jüdin, starb aber – mit 34 Jahren – als überzeugte Christin. Diese Frau hatte das Mysterium der Liebe verstanden, welches heißt: Mit-Sein, Mit-Leiden. Eine nutzlose Geste? . . . Aber wie notwendig!

Ein drittes Beispiel: Ich denke an einen jungen Mann in Alexandria, der in einer gehobenen Stimmung von Nächstenliebe in ein Heim gegangen war, um die Polio-Opfer zu besuchen. Danach kam er niedergeschlagen zu mir:

> „Ich war bei den Kindern. Ich habe ihnen Geschenke gebracht, habe sie umarmt und mit ihnen gelacht.
>
> Aber wie schmerzlich fühlbar ist doch die Entfernung zwischen uns! Ich fühlte, wie sie es fühlten: Ich war nicht wie sie, ich war nicht gelähmt, ich war gesund. Ich wußte: Dieser Abstand ist nicht zu überbrücken. Kein Weg führt uns zu denen, die leiden."

Und *genau dieser Abstand zwischen Gott und dem leidenden Menschen ist überschritten worden in JESUS CHRISTUS.* Entweder ist Gott LIEBE oder er hört auf, Gott zu sein. Gott kam, denn er ist die Liebe selbst. Er kam als Heiland, als Erlöser in eigener Person. Die Liebe löst solches Tun und Wirken aus, eine solche „Torheit". Jetzt war die Stunde gekommen, da Gott mit dem Menschen sein mußte. Gott mußte leben und leiden wie der Mensch, um alles mit ihm zu teilen. Daher nennt sich unser christlicher Gott Immanuel – „Gott mit uns".

Lange vor der Inkarnation ist ihm dieser Name schon gegeben worden! Wir lesen im Alten Testament die prophetischen Worte des Sehers Jesaja: „Die Jungfrau wird empfangen und einen Sohn gebären, und ihn IMMANUEL benennen, das heißt: Gott mit uns." (Jesaja 7, 14)

Dieser Name strahlt im Herzen des christlichen Mysteriums, meine lieben Freunde! Die Offenbarung des christlichen Gottes heißt IMMANUEL – Gott mit uns.

Bis zum Ende der Zeiten ist Gott mit uns in Jesus Christus: „Seht, Ich bin bei euch alle Tage bis zur Vollendung der Welt." (Mt 28, 20b)

Mit dieser Erkenntnis sind wir ins Zentrum unseres heutigen Themas eingetreten. Die Inkarnation ist die Logik der Liebe. Es gibt zwei Arten der Logik, *die Logik des Verstandes und die Logik der Liebe*.

> „Das Herz hat seine Gründe, die der Verstand nicht kennt."
> (Pascal)

Jene junge Mutter, die aus Liebe zu ihrem Kind in den Tod lief, hatte ihre Gründe, die der Verstand nicht fassen kann. Dieser Gott, der sich unter uns Menschen inkarniert, um sich den menschlichen Lebens- und Sterbebedingungen zu unterwerfen, hatte Gründe, die unser Verstand niemals fassen wird.

Hier muß ich Ihnen einen Text von PASCAL zitieren, der Ewigkeitswert hat. Er erklärt uns die drei Ordnungen der Menschen. Als ich in Frankreich studierte, hatten wir über diesen Text von 2 bis 3 Seiten einen vollen Kurs von drei Monaten belegt! ... Ich werde diesen außerordentlich tiefen und sehr dichten Text geschlossen lesen, also ohne Zwischenkommentare:

> „Ein Sinnbild ist der unendliche Abstand des Geistes von der Liebe, denn die Liebe ist übernatürlich.
>
> Irdische Größe in all ihrer Pracht ist glanzlos für die Menschen, die dem Suchen nach Erkenntnis hingegeben sind.
>
> Die Größe der im Geiste lebenden Menschen ist den Reichen, den Königen, den Feldherrn unsichtbar – allen, die dem Fleische nach groß sind.
>
> Die Größe der Weisheit, die nirgends ist denn in Gott, ist denen unsichtbar, die im Fleische und im Geiste wandeln.
>
> Das sind die drei wesenoverschiedenen Ordnungen. Die

großen Geister haben ihr Reich, ihre Pracht, ihre Größe, ihren Sieg und ihren Glanz und bedürfen nicht der fleischlichen Auszeichnungen, zu denen sie keine Beziehung haben. Nicht mit den Augen werden sie geschaut, sondern vom Geiste her; das ist ihnen genug.

Die Heiligen haben ihr Reich, ihre Pracht, ihren Sieg und ihren Glanz, und sie bedürfen nicht der fleischlichen oder geistigen Auszeichnungen, da sie keine Beziehung zu ihnen haben, denn sie geben ihnen nichts und nehmen ihnen nichts. Sie werden von Gott und den Engeln her betrachtet und nicht vom Leibe her, noch vom neugierigen Geiste; sie haben an Gott genug.

Archimedes würde auch ohne äußeren Glanz die gleiche Verehrung finden. Er hat keine Schlachten geliefert für die Augen, aber er hat allen Geistern seine Erfindungen dargeboten. O, wie ist er voller Glanz vor den Geistern!

Jesus Christus – ohne Reichtum und ohne irgendeine geistige Schöpfung – steht in der ihm bestimmten Ordnung der Heiligkeit. Er hat keine Erfindungen gemacht und kein Reich beherrscht, aber er ist demütig gewesen, geduldig, heilig, heilig, heilig vor Gott und schrecklich vor den Dämonen, ohne Sünde! O, wie ist er in großer Pracht gekommen und in einer wunderbaren Herrlichkeit vor den Augen des Herzens und vor denen, die da schauen die Weisheit!

Es wäre für Archimedes unnütz gewesen, wenn er sich in seinen Büchern über die Geometrie als Prinz gegeben hätte, selbst wenn er es gewesen wäre.

Es wäre für unsern Herrn Jesus Christus unnütz gewesen, wenn er, um in seinem Reiche der Heiligkeit Glanz zu entfalten, als König gekommen wäre, aber er ist wohl gekommen mit dem Glanze seiner Ordnung.

Es ist recht lächerlich, an der Niedrigkeit Jesu Christi Ärgernis zu nehmen, als ob diese Niedrigkeit von derselben Ordnung wäre wie die Größe, die er offenbaren wollte. Man betrachte doch diese Größe in seinem Leben – in seinem Leiden, in seiner Schmach und in seinem Tod, in der Wahl der Seinigen, in seiner Verlassenheit, in seiner geheimnisvollen Auferstehung und in all dem anderen; man wird so viel Größe sehen, daß man keinen Anlaß mehr hat, sich über seine Niedrigkeit zu ärgern, die nicht vorhanden ist.

Freilich gibt es Menschen, die nur die fleischliche Größe bewundern können, als wenn es keine geistige gäbe, und andere, die nur die geistige bewundern, als wenn es keine unendlich höhere gäbe in der Weisheit.

Alle Körper, das Firmament und die Sterne, die Erde und ihre Reiche gelten nicht so viel wie der geringste der Geister; denn er erkennt das alles und sich selbst – und die Körper erkennen nichts.

Alle Körper zusammen und alle Geister zusammen und all ihre Schöpfungen gelten nicht so viel wie die geringste Regung der Liebe, denn sie gehört einer unendlich erhabeneren Ordnung an.

Aus allen Körpern zusammen würde man nicht einen kleinen Gedanken gewinnen können; das ist unmöglich und liegt in einer anderen Ordnung.

Aus allen Körpern und Geistern würde man nicht eine Regung wahrer Liebe hervorbringen können; das ist unmöglich und geschieht in einer übernatürlichen Ordnung."

Dieser Text, der in der Geistesgeschichte des Menschen zu den ROSEN zählt, ist unsagbar wichtig und besonders für unser heutiges Thema.

Nach Pascal gibt es die drei Ordnungen des Menschen, drei Arten von Größe: Die Größe des Körperlichen, die Größe des Geistigen (gemeint ist der Intellekt und die Intelligenz) und die Größe von Weisheit und Liebe.

Die erste Ordnung: Herr und Frau X. leben bis ins hohe Alter im Körperlichen. Ihr Lebensinhalt ist auf materielle Werte gegründet, und sie leben modisch. Sie lieben die Zerstreuung. Ihr Leben orientiert sich am gesellschaftlichen Ruf. In all dem sehen sie die Bedeutung und den Wert ihrer Existenz. Pascal nennt es die Ordnung des Fleisches. Diese Menschen sind so fest verankert im Physischen, daß sie unfähig sind, für etwas anderes zu vibrieren. Sie leben in ihrer eigenen Herrlichkeit, und diese ist ihnen genug.

Die zweite Ordnung: Pascal nennt sie die Ordnung des Geistes (Intellekt, Intelligenz). Ein Mann wie Einstein lebte meilenweit entfernt von der Ordnung des Herrn und Frau X. Existierte sie überhaupt für ihn? . . . Hat er je einen Kamm benutzt und sich gesellschaftsfähig gekleidet? Er erschien in zerknautschten Hosen, stieß überall an, da kurzsichtig, ließ sich gleich in den nächsten Sessel fallen. Man zeigte kopfschüttelnd auf ihn. Nein, er war nicht gesellschaftsfähig. Man sagte ihm, er möge sich doch besser pflegen. Interessierte ihn dieser Hinweis? Interessierte ihn eine teure Krawatte, die genau zum Anzug passen würde? Entschuldigen Sie den Ausdruck, aber auf all das hat Einstein gepfiffen. Er lebte in einer anderen Welt, in einer anderen Ordnung. „Groß" und „wertvoll" waren für ihn – im Gegensatz zu Herrn und Frau X. – ganz andere Dinge, seine Gedanken durchforschten das Universum . . . Wie hätte er sich für die Bügelfalten seiner Hosen interessieren können!

Die Menschen der ersten und der zweiten Ordnung trennt eine Welt, weil zwischen ihren Auffassungen von Größe eine Welt liegt. Und jeder betrachtet den andern als sonderbar. So gewiß auch Einstein die anderen Menschen und nicht nur diese ihn! Wenn er sie diskutieren hörte, wie sie sich über jene Dinge ereiferten, die für ihn überhaupt keine Existenz hatten, dann muß auch er sich gesagt haben: *„Diese Leute sind verrückt."* . . . Zwei Welten, zwei Ordnungen. Pascal lehrt uns, daß eine UNENDLICHE ENTFERNUNG zwischen ihnen liegt.

Die dritte Ordnung: Weisheit des Herzens, Liebe, Nächstenliebe. Pascal sagt, der unendliche Abstand des Leibes vom Geist ist nur ein Symbol für den unendlich unendlicheren Abstand des Geistes von der Liebe, denn diese ist übernatürlich. Sofort fallen uns große Namen ein: Der Pfarrer von Ars, Franz von Assisi, Mutter Teresa von Kalkutta und Jesus von Nazareth selbst.

Der Pfarrer von Ars: ein sehr einfacher Mann vom Lande, der in seinen Holzpantinen herumschlurfte, und der es fast nicht geschafft hätte, Priester zu werden, weil er die meisten Vorbereitungsexamen nicht bestand. Er war unfähig, Latein zu lernen, er war geradezu unbegabt, alle diese Dinge zu behalten. Und wie sah es am Ende seines Lebens um ihn aus? Er war der größte Heilige seiner Zeit und einer der größten Heiligen aller Zeiten. Groß war er! Heilig war er!

Franz von Assisi: Noch schlechter rasiert als Einstein, barfuß! Dabei nichtmal ein intellektuelles Genie, aber ein Heiliger, ein wahrer Heiliger!

Mutter Teresa: Alle kennen Sie dieses runzelige Gesicht dieser kleinen Alten, das im allgemeinen die Blicke nicht auf sich ziehen würde, und doch ist Mutter Teresa unsagbar attraktiv! Woran liegt es? Auch sie ist kein intellektuelles Genie, sie ist von sehr einfachem Wesen, aber groß ist sie, ganz groß, immens groß! Sie ist jenes „ganz andere".

Jesus Christus: Dasselbe Phänomen. Eine andere Ordnung, die nicht jeder von uns erfassen und verstehen kann – damals wie heute. Wir stehen noch in der ersten Ordnung, auf der ersten Stufe – wir Armen! Bestenfalls in der zweiten Ordnung – und auch hier sage ich: wir Armen! Wann werden wir die dritte Ordnung, wenn wir sie schon nicht zu leben vermögen, so doch wenigstens begreifen? Wie lange wird es noch dauern? . . .

Der Gottheit Jesu zuzustimmen, sie bejahen und verkünden, bewirkt im Innern unserer Welt- und Systemwerte eine Revolution. Sobald wir jemand von der Gottheit Jesu sprechen hören, sind wir versucht, die Zeichen seiner Göttlichkeit innerhalb der ersten oder zweiten Ordnung zu suchen, dort, wo wir selber stehen. Unglücklicherweise hat der Alte Katechismus zu dieser religiösen Erziehung beigetragen: „Jesus ist Gott. Beweis: Er hat Wunder gewirkt. Er hat Kranke geheilt, Blinde sehend gemacht, Lahme gehend gemacht, Tote auferweckt. Und das größte aller Zeichen: Er ist selber auferstanden. Also ist er Gott."

O nein, meine lieben Freunde, so geht es nicht. Jesu Göttlichkeit glänzt nicht in solchen Stärkesymbolen, in solchen Zeichen von Macht. Gleich zu Beginn seines öffentlichen Wirkens und bis zum letzten Atemzug am Kreuz hat er es zurückgewiesen, seine göttliche Macht zur Schau zu stellen, um sich damit vor den Menschen „auszuweisen".

Jesus wird geboren, alle göttliche Kraft und Weisheit erscheint als schwaches, hilfloses Kind – und es ist an uns, ihn zu erkennen! Als Gott manifestiert er sich nur denjenigen, die mit dem Herzen sehen, also mit dem BLICK DER WEISHEIT, MIT DEN AUGEN DER LIEBE. Das mögen sehr einfache Schafhirten auf einem Felde sein . . ., oder weise Könige . . ., Menschen, die Zugang haben zur dritten Ordnung. Diese erkennen ihn damals wie heute.

Vor einem Menschen wie Herodes flieht dieser göttliche Jesus. Er verweigert ein Zeichen seiner Macht. Später ist es Satan, der ihn versucht: „Wenn du der Sohn Gottes bist, so sprich zu diesem Stein, er solle sich in Brot verwandeln!" (Matthäus 4, 3) – „Wenn du der Sohn Gottes bist, so stürze dich von hier herab, und Gottes Engel werden dich auf Händen tragen . . ." (Lukas 4, 9 ff./Matthäus 4, 6)

Das ist Jesu Versuchung. Er ist sich bewußt, daß er noch ganz andere Zeichen und Wunder wirken könnte, um im Handumdrehen das Volk zu überzeugen und es für seine Botschaft zu gewinnen. Aber er zog diesem leichten Spiel drei harte Arbeitsjahre vor, die weltlich gesehen schändlich endeten. Und Satan hatte ihm die große Welt-Glorie auf dem Tablett gereicht und ihm das Zepter angeboten. Jesus hatte abgelehnt, er wies einen zeitbedingten Messianismus ebenso zurück wie den „König auf Zeit". Jesus ging durch die Mitte der Verführer und Verführungen hindurch, er ging seinen Kreuzweg, und er ging ihn für uns.

Auch am Ölberg hatte Satan ihn versucht. Wieder fühlte Jesus seine Anwesenheit, die ihn lockte und verführte, jetzt alles aufzugeben. Satan will in dieser Stunde, daß Jesus versagt, und er bringt es fertig, in Jesus eine menschliche Verzweiflung zu schaffen: Jesus in Tränen am Boden . . . Doch er hat keine Macht über ihn: Jesus akzeptiert seinen Weg, er lebt seinen Auftrag durch bis zum absoluten Ziel und Ende. In allen Situationen muß der Versucher zurückweichen:

> „Und Judas nahm eine Abteilung Soldaten und Knechte von den Oberpriestern und Pharisäern und ging dorthin mit Fackeln, Laternen und Waffen.
> Jesus aber, der alles wußte, was Ihn treffen sollte, trat her und fragte sie: ‚Wen sucht ihr?'

‚Jesus von Nazareth!'
‚Ich bin es.' " (Johannes 18, 3–5)

Und was geschieht hier Sonderbares in diesem Moment?

„Als er zu ihnen sagte: ‚Ich bin es!' wichen sie zurück und stürzten zu Boden." (Johannes 18, 6)

Zu Boden! Die Soldaten und Knechte, die ihn festnehmen sollten, stürzen zu Boden samt ihrer Fackeln und Knüppel ... Das ist ein vestecktes Zeichen Jesu: *Wenn ich meine Allmacht zeigen wollte, dann hätte ich genügend Kraft, euch alle zum Teufel zu schicken. Aber ich werde diese Kraft in mir nicht nutzen, sondern ich habe meinen Weg zu gehen und meinen Auftrag zu erfüllen.* Als Petrus dem Malchus das Ohr abschlug, sagte Jesus zu ihm:

„Stecke dein Schwert in die Scheide!
Soll Ich den Kelch nicht trinken,
den Mir der Vater dargereicht hat?" (Johannes 18, 10–11)

... und sie bemächtigen sich seiner. Sie fesseln ihn, führen ihn herum, und machen ihn zum Gespött. Er wird von einem Machthaber zum andern geschickt, von Kaiphas zu Pilatus, von Pilatus zu Herodes, von Herodes zurück zu Pilatus – ein Spielball in ihren Händen. Gelächter, Verhöhnung, Faust- und Stockschläge. Und dann das KREUZ. Der Ewige und Allmächtige festgenagelt an einem Sterbekreuz ... Hohn und Schmährufe begleiten ihn bis in den Tod – die Anwesenheit Satans.

Und dann seine Auferstehung, die wir so gern triumphaler hätten! Glorreicher für unsere zweifelnde Welt! Hätte er sich doch *allen* in seiner Herrlichkeit gezeigt: „Schaut, Ich lebe! Ich bin der Unbesiegbare, obwohl man Mich aus der Welt geschafft und in ein Grab gelegt hat. Ich bin der Herr, der Thron der Welt ist Mir!" – So hätten wir es allzu gern, das wäre allen Christen schmeichelhaft! Sie hätten einen Ausweis: JESUS IST GOTT.

Jesus bediente sich solcher Kampfmittel nicht, und auch wir Apostel sind so unbewaffnet, wie er es war. Ohne Waffen kämpfen wir in dieser Nachfolge. Unaufhörlich fordern die Spötter und ewig Zweifelnden von uns Beweise für die Gottheit Jesu. Aber auf der Ebene von Zeichen und Wundern können wir diesen Beweis nicht liefern, das Wunder seiner Auferstehung einbezogen.

Jesus erschüttert alle Ideen, die man sich von Gott macht! Wenn er mit derselben Machtfülle erschienen wäre wie die politischen Weltgötter seiner Zeit, dann wäre er niemand anderer als einer unter vielen in diesem Pantheon. *Bis ins Letzte erschüttert Jesus die Gottesidee, und wir haben bis heute diese Revolution noch nicht verstanden! Wir suchen am falschen Platz – dort, wo er nicht zu finden ist.*

(Pater Boulad singt aus dem französischen Lied der Karwoche „Gethsemane".)

„Ihr werdet nichts verstanden haben,
Ihr werdet eure Türen verschließen,
Ihr werdet eure Herzen verschließen
Vor der Sonne der Liebe.
Ihr werdet davoneilen, beklagenswerte Menge,
Anderen Horizonten entgegen,
Die ständig vor euch zurückweichen.
Ihr werdet die Schönheit der Botschaft nicht verstanden haben,
Die Ich euch brachte in zitternder Freude.
Ihr werdet nichts verstanden haben,
Ihr werdet glauben, weise zu sein,
Indem ihr die Weisheit
An den Galgen des Kreuzes schlagt."

Nein, wir haben *Gethsemane* noch nicht verstanden, und vielleicht werden wir es nie verstehen. O, dieses erschütternde Lied! . . .
Ich denke, ich muß jetzt Paulus zu Worte kommen lassen, und lese Ihnen einen langen Text aus seinem I. Korintherbrief vor, der sich mit dem Thema „Weisheit und Torheit" befaßt. Denn wir müssen erkennen: Die Geschichte der Inkarnation ist eine Geschichte von Narren und Toren! Wenn wir sie unter dem Gesichtswinkel des Verstandes anlaufen, dann stoßen wir uns an diesem Unerhörten, an diesem „Wahnsinn".

Bitte hören Sie nun konzentriert jedes dieser Paulus-Worte:

„Das KREUZ ist nämlich denen Torheit, die verlorengehen, doch Gotteskraft für uns, die wir gerettet werden.

Steht doch geschrieben: Vernichten will ich der Weisen Weisheit und den Verstand Verständiger verwerfen! (Jesaja 29, 14) Hat Gott denn nicht die Weisheit der Welt zur Torheit werden lassen?

Die Juden fordern Wunder, die Griechen suchen Weltweisheit, wir aber verkünden einen Christus, den man gekreuzigt hat: Den Juden zwar ein Ärgernis, den Griechen eine Torheit, doch allen, die berufen sind, ob Jude oder Grieche, Christus als Gottes Kraft und Gottes Weisheit. Ist doch die Torheit Gottes weiser als die Menschen, die Schwachheit Gottes stärker als die Menschen!

Meine lieben Brüder, schaut doch hin, was für Leute unter uns berufen sind:

Da gibt es nicht viele, die weise sind im Sinne der Welt, nicht viele Mächtige und Vornehme! Sondern was der Welt als töricht gilt, hat Gott erwählt, um die Weisen zu beschämen; und was der Welt als niedrig und verächtlich gilt, ja, was ihr gar nichts gilt, hat Gott erwählt, um das, was etwas gilt, zu nichts zu machen.

So kam ich denn zu euch in Schwachheit und in Furcht sowohl in großem Zagen. Mein Reden und der Inhalt meiner Predigt waren nicht Worte der Überredung voller Menschenweisheit, sondern es waren Beweise von Geist und Kraft, damit euer Glaube nicht auf Menschenweisheit ruhe, sondern auf Gottes Kraft.

Wir künden zwar bei den Vollendeten auch Weisheit, doch nicht die Weisheit dieser Welt, noch die der Mächtigen dieser Welt, die zugrundegehen. Im Gegenteil, wir verkünden als Geheimnis Gottes Weisheit, die zwar verborgen war, die aber Gott vor aller Zeit zu unserer Verherrlichung bestimmt hat.

Keiner der Mächtigen dieser Welt hat sie verstanden, denn wenn sie sie verstanden hätten, hätten sie den Herrn der Herrlichkeit nicht gekreuzigt.

Wir aber haben nicht den Geist der Welt empfangen, vielmehr den Geist aus Gott, damit wir erkennen, was uns von Gott in Liebe geschenkt ward.

Und davon reden wir, und zwar nicht in Worten wie sie Menschenweisheit lehrt, sondern wie der Geist sie eingibt:

Geistiges erklären wir den Geisterfüllten. Der naturhafte Mensch nimmt nicht an, was vom Geiste Gottes kommt; als Torheit kommt es ihm vor! Er kann es auch nicht begreifen, denn geistig will es verstanden sein.

Der geisterfüllte Mensch versteht dagegen alles, während er selbst von niemand verstanden wird."

(I. Korinther 1 f.)

Die Juden wollten Wunder und Zeichen als Beweise und stellten sich damit in die *erste Ordnung nach Pascal.* Sie rechneten und fühlten anders, sie brauchten Machtzeugnisse, entlehnt aus dieser Welt. Die Griechen wollten Weltweisheit, wobei hier nicht die Pascalsche Weisheit des Herzens gemeint ist, sondern der Intellekt, das philosophische Denken! Damit stellten sie sich in die *zweite Ordnung nach Pascal.*

Als der arme Paulus zu den Griechen ging und auf dem Areopag zu den Athenern sprach, fühlte er sich von den Intellektuellen umgeben und erkannte, daß er deren Sprache sprechen mußte. So hat er mit den Griechen Philosophie getrieben, hat versucht, ihnen den Heiland philosophisch nahezubringen. Die klugen Griechen aber haben gegrinst. Er sagte sich: Einmal habe ich bei meiner apostolischen Arbeit meinen Stil geändert – und prompt bin ich gescheitert. Deshalb schrieb er diese Briefe an die Korinther, aus denen wir soeben hörten, und die sich mit dem Problem von Torheit und Weisheit, von Stärke und Schwäche befassen.

Die Stärke Gottes liegt in seiner *Demut,* in seiner *Schwachheit,* in seiner Machtlosigkeit nach Weltmaßstab. Die Stärke Gottes ist in diesem gekreuzigten Mann aus Nazareth zu finden, in der „Torheit des Kreuzes". Ist doch die Torheit Gottes weiser als die Menschen, die Schwachheit Gottes stärker als die Menschen – schrieb Paulus . . . Die Weltkonzepte der Macht sind umgestülpt worden vom Christentum, es gelten seither andere Gesetze, andere Maßstäbe, andere Werte.

> „Die Geschichte ist von einem Zittern durchlaufen worden, als Jesus darin zur handelnden Person wurde.
> Der Kosmos wurde zu einer Hostie, denn das Wort hat Fleisch angenommen von einer lebendigen Frau in diesem Kosmos. Gott ist Mensch geworden, das WORT ist Sohn geworden – ein Menschensohn.
>
> Die Unermeßlichkeit hat sich begrenzt.
> Das Unendliche wurde endlich.
> Das Unerkennbare wurde erkennbar.
> Die Allmacht wurde ein Kind.
> Das Unantastbare wurde Leiden.
> Das Vollkommene bedeckte sich mit Sünden.
> Das Leben floß ein in den Tod.
> Die Liebe wurde Auferstehung.
> Jesus wurde unser Bruder.
>
> All dieses Geschehen ist derart außergewöhnlich, daß es die Menschen verblüffen und irritieren muß. Was sich hier ereignet hat, ist so einzigartig, daß es in gewisser Weise jeden Unglauben rechtfertigt. So dürfen wir nicht erstaunt sein, daß eine große Zahl von Menschen noch immer ratlos ist. Wenn alle Menschen es verstünden und annähmen, das müßte uns erstaunen."
> (Carlo Caretto)

Ja, meine lieben Freunde, *„groß ist das Geheimnis des Glaubens!"* – diesen Satz sprechen wir während jeder Eucharistie. Vor dem Mysterium der Person Jesu ist die Antwort des Menschen nicht einfach, denn seine Antwort setzt eine tiefe innere Bekehrung voraus. Zuvor muß er ein anderer werden, ein neuer Mensch. Diese innere Erneuerung ist notwendig,

> um *Gott* in Jesus Christus zu erkennen und
> um *Jesus Christus* im gewöhnlichsten unserer Mitmenschen zu erkennen!

Und hierfür braucht es eine gewisse Erfahrung in der *Liebe* . . .

Mit dieser Erfahrung kann ein Mensch den existentiellen Schritt seines Lebens tun. Hier beginnt der Weg. Der Glaube an Jesus Christus geht nicht aus Verstandesüberlegungen hervor, sondern im Gegenteil, durch einen Bruch, einen Riß, eine Ablösung. Es muß ein Sprung in den Glauben getan werden, und dieser Sprung verpflichtet den Menschen.

Erst von einem sehr bestimmten inneren Leben ausgehend kann ich sagen: Ja! Du bist der Gottessohn! – andernfalls ist dieser Schritt, dieser Glaube, diese Bekundung nicht möglich. Ein Glaube, der nicht wie eine Quelle aus dem Leben selbst entspringt, ist kein Glaube. Dann spiele ich mir selbst meine Komödie und behaupte, Jesus sei Gott. Eine leere Behauptung, nichts glaubst Du, Du Heuchler! Es gibt nicht wenige, die sich dieser „Leere" sehr wohl bewußt sind und dennoch fleißig die alten Formeln aus dem Katechismus hersagen. Nie hatten sie sich bemüht, wirklich zu leben, um wirklich zu glauben! Um zu sagen, Jesus sei Gott, bedarf es einer Erfahrung Jesu Christi im persönlichen Leben. Es bedarf der Erfahrung in der Liebe, und man muß weit gegangen sein, man muß ein „Fortgeschrittener der Liebe" sein, um in diesem Menschen aus Nazareth Gott zu erkennen. Dann reißt der Schleier. Die Liebe ist der Schlüssel.

Wir sagten, daß der Glaube verpflichte. Erkenne ich Gott in Jesus Christus, dann verpflichtet mich diese Erkenntnis, ihn ständig neu zu entdecken, wiederzuentdecken. Alle Tage neu! Denn erst im Wieder-Erkennen werde ich zur vollen Überzeugung gelangen. Der Glaube ist das Ergebnis einer tief persönlichen Erfahrung, er ist die Frucht oder der Zielpunkt eines Weges, den wir zuvor durchlaufen haben. Der Glaube steht nicht am Anfang dieses Weges, sondern am Ende – und daher ist der Glaube nicht einfach. Wenn ich es aber geschafft habe, dann arbeite ich weiter und vertiefe meinen Glauben durch das Wieder-Erkennen Christi in meinem Leben. Es gibt im Menschen *die existentielle Erfahrung Christi,* die bewirkt – wenn sie tiefgreifend und vollständig war –, daß ich ihn wiedererkenne, sobald er sich vor mir manifestiert. Wenn dies geschieht, dann lebe ich meinen Glauben. Dann verstehe ich Johannes:

> „Er ist das wahre Licht,
> das jeden Menschen erleuchtet." (Johannes 1, 9)
>
> „In Ihm war Leben,
> und das Leben war das Licht der Menschen." (Johannes 1, 4)

Jesus Christus ist jener Anruf zum Sein, jener Appell zum Werden im Inneren eines jeden Menschen, und um dieser einzigartigen Berufung willen, der Gotteskindschaft, hat er seinen Weg zu uns gefunden, ist unter uns als Mensch erschienen, um uns unsere Berufung zu offenbaren.

Ich sage zu Christus:

> „Ja. Du bist es wirklich! Du bist der Gottessohn.
> Ich erkenne Dich wieder.
> Ich bekenne Dich und verkünde Deine Wahrheit.“

Diese Verkündigung ist jedoch nur möglich, wenn sie in meiner tief persönlichen Erfahrung wurzelt. Das Wichtigste für den Menschen ist nicht, in der Welt die Göttlichkeit Jesu zu proklamieren, denn das könnten nur schallende Worte sein. Das Wesentliche ist, daß dieser Mensch diese Erfahrung in seiner Wesenstiefe lebt.

Christi Erscheinen in Fleisch und Blut ist so etwas wie die photographische Entwicklung dessen, was der Mensch ohnehin in seiner Tiefe lebt. Und deshalb sagt man, Jesus Christus sei das *Gericht der Welt.* Dieser Mann erscheint Dir in Deinem Alltag – wenn Du ihn wiedererkennst, bist Du gerettet; wenn Du ihn verkennst oder verkennen willst, bist Du verloren. Nicht er rettet oder verurteilt Dich, sondern es ist Deine ganz persönliche Haltung, die Du seinem Erscheinen gegenüber einnimmst. Diese richtet Dich. Du richtest Dich selbst.

„Das Licht kam in die Welt, doch es gab Menschen, die die Finsternis dem Lichte vorgezogen haben“, und diese haben sich damit selbst verdammt. Es gibt nur die Selbstverdammnis. Andere dagegen haben ihn wiedererkannt und angenommen – und das war ihr Heil. Sie haben sich selbst gerettet. Indem er das SELBSTGERICHT des Menschen bewirkt, ist er das GERICHT DER WELT. „Das Letzte Gericht“ wird nichts anderes sein als dieser nackte und gekreuzigte Mann, sterbend vor dem Hintergrund des Universums, der jede Seele auffordert zum Selbstentscheid.

Die ihn wiedererkennen und bejahen, werden die Geretteten sein, die aber noch immer sagen werden: Nein! Niemals! Ohne mich! Das kann niemand von mir verlangen! – werden die Verlorenen sein. Sie haben sich selbst verurteilt,

> *denn sie haben das Gesicht der Liebe nicht erkannt.*

Das ist alles sehr einfach, und das ist schon alles. Jesus Christus ist demnach die Offenbarung Gottes, und zugleich ist sie die Offenbarung des Menschen. *Der Mensch erfährt in Christus seine Selbstoffenbarung.* Denn nichts, keine Realität, welcher Art sie auch sei, befindet sich außerhalb von Gott; Gott umschließt das totale Sein. Unsere Welt wurde also in Gott erschaffen, und wenn wir uns präziser ausdrücken wollen, dann im Wort, im Sohn, in Christus. „Er ist das Licht der

Welt." Johannes sagt uns über die Inkarnation: „Er kam in sein Eigentum, doch die Seinen nahmen ihn nicht auf." (Johannes 1, 11)

Derjenige, der die Welt selbst ist, erschien jetzt sicht- und greifbar als Person in ihr, also eine Wiederkehr – deshalb spreche ich beim Glaubensdurchbruch des Menschen vom Wiedererkennen. So ist die Inkarnation des Sohnes in unserer Welt nur die äußere Erscheinung, die Sichtbarwerdung einer geistigen Tatsache, die seit dem Schöpfungsursprung besteht.

> „Was von Anfang an gewesen,
> was wir gehört, was wir mit eigenen Augen gesehen,
> was wir geschaut und was unsere Hände berührt haben,
> das künden wir vom WORT DES LEBENS.
>
> Erschienen ist das Leben,
> wir haben gesehen und bezeugen und verkünden euch
> das Ewige Leben, das beim Vater war
> und uns erschienen ist." (I. Johannesbrief 1, 1–2)

Seit dem Ursprung ist Christus, und er kam „zu den Seinen" auf diese Erde, die er seit Anbeginn bewohnt, denn er ist ihr „Licht, das jeden Menschen erleuchtet", er ist „das Leben der Welt". Er ist DAS LEBEN, und er selbst hat es uns wörtlich gesagt, daß er es ist.

Mit anderen Worten, Gestalt und Gesicht annehmend offenbarte er sich den Menschen. Anwesend ist er jedoch schon immer, seit allem Anfang lebt und leuchtet und wirkt Christus im Menschen. „Es ist seine Freude, mit den Söhnen der Menschen zu sein", sagt die Bibel. Die Inkarnation war nur eine vorübergehende Manifestation in Zeit und Raum, die Darstellung einer Wirklichkeit, die seit Ewigkeit in Gott besteht, seit dem Ursprung. Christus ist das ALPHA, es gibt ihn, seitdem es die Liebe Gottes gibt, und diese Liebe Gottes hat sich mit dem Universum vermählt. Christus ist Gottes erste Liebe, und in Christus ist die Welt Gottes erste Liebe. Nicht erst zum Zeitpunkt der Inkarnation hat Gott sich mit dem Menschen verbunden, sondern dieser Bund besteht seit Adam! Dieser Bund geht nicht auf Abraham zurück, sondern auf Adam! Seit den Anfängen der Schöpfung besteht dieser Liebesbund zwischen Gott und der Welt, zwischen Gott und dem Menschen.

Weil die Schöpfung ein Werk der Liebe ist, hat Gott sich gleich im Ursprung der Erschaffung an seine Schöpfung „verloren". Gott hat nicht nur Interesse an seinem Werk, sondern die Schöpfung bewegt sein Herz. Herrlich ist die Bild-Symbolik unserer Bibel über die Erschaffung des Menschen! Gottes Hände greifen persönlich in den Lehm, *und seine Hände schaffen das Einzelstück Mensch*. Gott arbeitet am Menschen, denn er liebt ihn, und daher formt er ihn mit eigener Hand, daher nimmt er ihn ganz nah an sich heran, so nahe, daß der

Gottesgeist in den Menschen übergeht!... Seit dem Ursprung allen Seins hat Gott an diesen Menchen gedacht, seit dem Ursprung liebt und formt er ihn. *Der Mensch ist unendlich wertvoll in den Augen Gottes.*

Hier denken wir erneut an die beiden grundverschiedenen Gotteskonzepte, die der Menschengeist hervorgebracht hat. Der gleichgültige Herrscher und der andere, dessen Herz mit der Schöpfung vibriert, dessen Herz mit dem Herzen des Menschen klopft und mit allem, was in der Welt vor sich geht.

Gott leidet und Gott empfindet Freude. O, es gibt die göttliche Freude über unsere Umkehr, über unsere Reue, über unseren Dank, über unser Erkennen. Denken wir an die schreckliche Prüfung Abrahams, die er wohl bestand, und erinnern wir uns an die Jubelworte Gottes in GENESIS 22! Gott war glücklich über den totalen Glauben Abrahams und segnete ihn und versprach, diesen Glauben auf der Erde zu mehren wie Sandkörner am Meeresufer und Sterne am Himmelszelt... Die Gottesfreude!

Und seit der Sturheit und Untreue des israelischen Volkes zornt und leidet er, und die Leute sagen: „Welch ein Unsinn! Gott ist unveränderlich wie die Sonne, Gott bleibt Gott."

Nein! Nein! – Gott ist ja so viel größer als unsere intelligenten Vorstellungen. Seine unendliche und unfaßbare Größe besteht genau darin: zu lieben, zu leiden, mit uns zu sein. Sein göttliches Herz springt mit dem menschlichen, und es weint mit dem menschlichen. Seit dem Ursprung vibriert Gott mit dem Menschen, denn er ist einen unauflöslichen Ehebund mit ihm eingegangen. Gott und Mensch bilden eine Einheit, wir haben ein Schicksal. Gottes Los ist an das Los des Menschen geknüpft, daher ist die Inkarnation das Ergebnis jenes Dramas, das Gott seit dem Ursprung zitternd mit dem freien Menschen lebt. „Und das WORT ist Fleisch geworden und hat unter uns gewohnt." (Johannes 1, 14a)

Das war die logische Folge, meine lieben Freunde! Wenn Gott göttlich ist, dann bedingt diese Eigenschaft in streng logischer Folge die Inkarnation.

Sie kennen den berühmten Paulus-Text an die Philipper: „Obwohl Er sich in der Gestalt Gottes befand, wollte Er dennoch nicht gewaltsam an Seiner Gottesgleichheit festhalten; vielmehr entäußerte Er sich, nahm Knechtsgestalt an und ward dem Menschen ähnlich." (Philipper 2,6–7)

Das ist die Gesamtbewegung, von der wir sprachen. Gott trat ein in unser Fleisch und Blut und lebte das Leben der Menschen, und indem er es lebte, nahm er es voll auf sich. Seitdem wissen wir, daß Gottes Los an unseres gebunden ist.

Christus selbst hat es uns offenbart: Wir sind die Glieder seines

Leibes. *Und daher rechtfertigt die christliche Offenbarung den Respekt, den wir jedem Menschen gegenüber fühlen und auch zeigen sollen.* Täglich, täglich muß man sich sagen: – Jeder Mensch verdient meine Achtung, denn jeder hat seine Christuswürde –, das ist die christliche Botschaft! Die Würde des Menschen..., nie war sie ein solch begehrtes Diskussionsthema wie heute, und nie hat man den Begriff so verunglimpft wie heute. Meine Freunde, ich will Ihnen sagen, daß *nur das Absolute Gottes das Absolute des Menschen begründet.*

Nirgendwoanders liegt die menschliche Würde begründet als in der Tatsache der Inkarnation Gottes, durch welche Jesus Christus in meinem Nächsten zu mir spricht:

> Ich bin's! Wenn du ein Haar dieses Kopfes berührst,
> dann berührst du Mich.

Indem unsere Epoche den Sinn für Gott verliert, verliert sie zugleich den Sinn für den Menschen. Denn die Würde des Menschen und das Absolute des Menschen werden nicht aufrechterhalten, wenn Gott selbst in Jesus Christus, der hinter jedem Menschen steht, nicht mehr erkannt wird, wenn diese Wahrheit geleugnet wird:

> „Ich war hungrig, und ihr habt Mich nicht gespeist;
> Ich war fremd, und ihr habt Mich nicht beherbergt;
> Ich war nackt, und ihr habt Mich nicht bekleidet;
> Ich war krank und im Gefängnis, und ihr habt Mich nicht besucht.“ (Matthäus 25, 42 f.)

„Ich bin es – Gott! – Ich bin in jedem Menschenwesen anwesend.“ So ist es, meine Freunde, *wer einen Menschen berührt, berührt Gott.* So nah, so erreichbar ist der Schöpfer fernster Sternenräume... Groß ist das Geheimnis des Glaubens. Und das meinte ich, als ich von der bestimmten Haltung sprach, die der Mensch einnehmen muß, um Jesus Christus zu erkennen. Erst dann kann sich dieser ihm offenbaren. Unsere persönliche Haltung ihm gegenüber geht durch unsere Verhaltensweise, die wir den einfachsten und bescheidensten unserer Brüder gegenüber einnehmen, hindurch!

Wie sähe er heute aus, wenn er käme, dieser Jesus Christus? Ich denke, er käme in derselben Demut und Unauffälligkeit wie damals in Palästina. Vielleicht als Ihre Putzfrau, die sich durch die Woche schuftet. Vielleicht als ein Fabrikarbeiter, unbeachtet, wenn nicht gar mißachtet von vielen. Vielleicht als ein Busfahrer. Der UNbekannte, der UNerkannte, der ÜBERgangene. Solange wir nicht eine unendliche Achtung für jeden unserer Brüder empfinden, solange kann sich auch Jesus Christus in uns nicht offenbaren. Solange kommen wir gar nicht in die Lage zu sagen: *Jesus Christus ist Gott.*

Ich war einmal höchst unangenehm über mich selbst überrascht, und leider war es nicht das einzige Mal. Deshalb sage ich heute abend: WIR SIND NOCH KEINE CHRISTEN.

Eine Bettlerin klopfte in Kairo an die offenstehende Tür meines Büros. Ich sah sie, fühlte mich gestört, stand nicht auf, ließ sie nicht eintreten, sondern sagte ihr nur, sie möge sich etwas gedulden, ich sei im Moment beschäftigt. Einen Augenblick später parkt draußen ein langer Wagen, und herein tanzt die Mutter einer unserer Schüler – charmant, gewandt, im netten Kleid: „Bonjour, Père Boulad!“... Ich springe auf, begrüße sie, lasse sie Platz nehmen, habe plötzlich Zeit und gebe ihr sämtliche Auskünfte, die sie über ihren Sohn haben will.

Danach nehme ich mich ins Selbstgericht. Ich nenne mich Christ? Ich bin Priester? Ordenspriester? Ich predige und halte Vorträge?... Wenn Jesus Christus vor mir stünde, würde ich ihn jemals erkennen, oder ließe ich ihn stehen und warten, empfände ich ihn als Belästigung?

Den GÖTTLICHEN FUNKEN im Blick der geringsten unserer Brüder erkennen, das ist der Glaube! Das ist *Christ-Sein,* und zwar lange bevor wir die Messe besuchen, lange bevor wir das Evangelium lesen, lange bevor wir das Glaubensbekenntnis sprechen. Das ist *Christ-Sein* noch vor der Taufe!

> CHRIST-SEIN heißt:
> Das Absolute Gottes im Blick eines Menschen
> erkannt zu haben, der nach Weltschätzung
> zu den geringsten unter uns zählt.

Dafür müssen wir uns aber einer Bekehrung unterziehen, einer vollständigen inneren Umwandlung, tief bis in den Kern hinein wie eine Metamorphose. Unser Herz muß sich verwandeln, unser Leben muß sich ganz verändern! Wir müssen uns von Grund auf neu gestalten wollen, um den *wahren Glauben* wiederzufinden. Und in diesem Augenblick wird für uns das Unfaßbare, das ganz Unmögliche, das Undenkbare, das Absurde, zur Offenbarung:

> In UNS erleben wir die Inkarnation,
> In UNS erkennen wir den Gott-Menschen.

Dieser Ablauf ist nicht nur ein Vielleicht, eine eventuelle Möglichkeit, sondern er ist garantiert. Er ist garantiert, weil er unumgänglich ist, weil er unbedingt notwendig ist, folgerichtig, *von höchster Vernunft.*

Für den Christen ist die Behauptung „Jesus ist Gott“ kein theoretisch aufgestellter Lehrsatz, der erklärt, wer Jesus ist, sondern diese Behauptung zeigt an, wer Gott ist.

Wir stehen vor zwei Göttern. Der erste ist ein Götze, eine Illusion, ein gewaltig dominierender Pharao. Vor diesem Gott bin ich nichts anderes als ein zitternder, schweigender, leidender Sklave. Es ist die Religion der Angst. Der Atheist hat diesen Gott entthront. Aber es gibt den anderen Gott: ein kleines Kind auf Stroh – ein Vagabund ohne Bleibe und Habe – ein nackter Mann an einem Kreuz.

Vor diesem Kreuzesthron verneige ich mich, ohne mich zu erniedrigen. Vor dieser Krippe verbeuge ich mich, ohne zu erröten. Er ist der einzige Gott, den ich annehmen kann und den ich anbeten will. Nicht, weil er der Stärkste ist, sondern weil er der Demütigste und Schwächste ist, weil er sich uns als ein „Geringster unter uns" gezeigt hat. Er manifestierte vor den Menschen nicht seine Allmacht, sondern er demonstrierte seine Ohnmacht, und in dieser Schwäche wurde er unser Bruder. Er ist der ganz hingegebene Gott, *da er ein Liebender ist.*

Vor Dir verneige ich mich, Jesus,
Du schwaches Kindlein auf Stroh,
vor Deiner Ohnmacht.
Dich allein bete ich an, denn ich habe in Dir
den absoluten Höchstwert der Existenz erkannt:
die Liebe.
In Dir wurde mir die vollkommene und endgültige
Offenbarung Gottes zuteil.

WER IST JESUS CHRISTUS?

Wem gelingt es, sich diesen armen Zimmermann vorzustellen, der wie kein anderer die Geister und Herzen seit 2000 Jahren bewegt, dessen Wesen bis zur Stunde atemlos diskutiert wird, und über den eine Weltbibliothek ins Unendliche wächst? ... Wer ist dieser Mensch, dessen einzelne Worte und Gesten und jeder Schritt seines Lebens mit Zahlen bezeichnet wurden und in 551 Sprachen gelesen werden? ... Unbegreifliches Geheimnis für Christen und Nichtchristen! ... Bis zum heutigen Tag forderst du die Atheisten heraus. WER BIST DU? ...

Meine lieben Freunde, um zu wissen, wer Jesus Christus ist, müssen wir wissen, wer wir sind. *Was ist der Mensch?* Eine Parallel-Frage zu unserem heutigen Thema oder ein und dieselbe Frage, denn um zu wissen, was der Mensch ist, brauchen wir wiederum die Erkenntnis Jesu Christi. Jesus nennt sich Menschensohn, er ist die höchste und letzte Offenbarung des Menschen, der vollendete Mensch. Was aber meint dieser Menschensohn, wenn er zugleich von sich sagt, er sei der Sohn Gottes? Auf der Suche nach einer Antwort auf das Rätsel Jesus Christus müssen wir zwei Lichtkegel aufblenden: den einen vom Menschen auf Gott, den anderen von Gott auf den Menschen. Beginnen wir mit dem Menschen. WAS IST DER MENSCH? ...

In der Tiefe des Menschen lebt ein grundsätzliches Verlangen, das ein Wesenselement seiner Natur bildet, es ist das Verlangen nach dem Absoluten, das Verlangen nach Gott. Der Mensch ist jenes Wesen, das sich nur vollenden kann, indem es sich selbst übersteigt; es vollendet sich nur in etwas anderem, und das betrifft innerhalb der Schöpfung ausschließlich den Menschen. Im Gegensatz zu allen anderen Kreaturen, in denen die Möglichkeit angelegt ist, sich selbst heranzubilden und zu vervollkommnen, fehlt dem Menschen diese Eignung. Die menschliche Natur erfordert für ihr Ziel etwas *anderes* als sie selbst.

Beispiele:
Eine Palme trägt mit Beginn ihrer Existenz alle Möglichkeiten in sich, eine Palme zu werden, die sich im Winde wiegt und uns süße Datteln beschert. Von dem kleinen Keimling wird nicht mehr verlangt, als ein schöner Baum zu werden mit reichem Fruchtstand. Ist dieser Zeitpunkt eingetreten, hat die Natur der Palme sich vollendet. Die Bestimmung einer jungen Katze erschöpft sich darin, eine schöne und kluge Katze zu werden, die sich auf die Kunst des Mäusefangens versteht, die zufrieden schnurrt, wenn ich sie streichle, und die hübsche und gesunde Junge in die Welt setzt, die sie leckt und säugt.

Darin vollendet sich die Katze. Und so steht es mit allen anderen Kreaturen unseres Planeten.

Äußerlich sind wir nicht viel mehr als ein Tier, ein Säugetier, organisch unterscheidet uns nichts. Aber einen grundlegenden Unterschied gibt es, der nicht von morphologischer Ordnung ist, es ist jene Sehnsucht des Menschen nach dem Unendlichen. Keine andere Kreatur leidet an diesem Verlangen, als nur der Mensch – aber dieses Verlangen ist es, das ihn zum Menschen macht! Diese Berufung des Menschen übersteigt bei weitem seine Natur; er trägt nicht in sich die Mittel zu seiner Vollendung; seltsam steht es um ihn, dessen Ziel höher liegt, als er reichen kann, da es das Absolute ist. Daher spricht man von der übernatürlichen Berufung des Menschen.

Thomas von Aquin bekundet gleich zu Beginn seiner berühmten „Summa theologica", die Berufung des Menschen sei keine natürliche, sondern eine übernatürliche, denn „Ziel und Ende des Menschen ist Gott". (Thomas von Aquin)

Wir erkennen den Widerspruch, und dieser Widerspruch bildet das ganze Problem des Menschen. Es begegnet uns bereits auf den ersten Seiten des Schöpfungsberichts: „Und Gott sprach: ‚Lasset uns Menschen formen als Unser Bild nach Unserem Gleichnis!' "

Im Widerspruch dieser Zeile liegt die Bedeutung. Er ist ein Appell, eine Forderung, er zeigt uns den Weg. Im Gegensatz zu allen anderen Kreaturen wurde der Mensch nach dem Bilde Gottes geschaffen, das heißt im Stand vollkommener Reinheit. Die göttliche Berufung wurde von Gottes Hand ins Innerste des Menschen eingepflanzt als ein starkes Sehnen, als eine Notwendigkeit, als die letzte Bestimmung des Menschen. Sie ist der ständige Anruf Gottes an den Menschen, hier korrespondiert er mit der Menschenseele.

Das Bildnis Gottes dürfen wir nicht in unseren Gesichtern suchen, allenfalls nehmen wir den göttlichen Geist in den Augen unserer Mitmenschen wahr; tatsächlich aber müssen wir das Bild Gottes in diesem grundsätzlichen Verlangen nach dem Absoluten suchen, das uns eingeprägt wurde wie ein Dämon in unserer Tiefe. Dieser Dämon bewirkt, daß der Mensch unersättlich ist. Das menschliche Herz ist ein Gefäß ohne Boden. „Wie klein der Mensch doch ist, und wie groß ist, was er in sich trägt!" (Mikhail Naima)

Ein libanesischer Dichter fühlt den Widerspruch zwischen dem Maß des kleinen Menschenherzens und dessen immenser Sehnsucht in all seinem Wünschen und Streben, das in Wahrheit brennender Durst nach Gott ist. Nach dem Bilde Gottes geschaffen sein heißt „gottfähig sein", fähig und würdig der Vergöttlichung. „Du hast uns für Dich geschaffem, so wird mein Herz nicht ruhen, bis es ruht in Dir."
(Hl. Augustinus)

Irrtum und Sünde des Menschen ist das ständige Ein- und Nachfüllen von „Ersatzstoffen" in dieses gotteshungrige Herz. Damit wird es vorübergehend gesättigt und eingeschläfert; und dabei scheitert der Mensch in seiner Bestimmung, denn seine geistige Sehnsucht wird geschwächt und verschüttet. Wann wird der Mensch verstehen, daß dieser brunnentiefe Hohlraum in ihm, diese *wichtige Leere* ein Ruf ist, sein persönlicher Anruf Gottes?

Wir sagten, daß erst die Sehnsucht den Menschen zum Menschen macht. Das Tier kennt nur das Bedürfnis, das es seiner Natur entsprechend erfolgreich zu stillen vermag. Zwischen dem Bedürfnis des Tieres und der Sehnsucht des Menschen liegt die ganze Entfernung der beiden Kreaturen. Schnell ist ein Tier wunschlos gesättigt, das Verlangen des Menschen aber reicht unendlich tiefer. Von der Natur her läßt es sich nicht befriedigen, denn es ist ein Appell an die Unendlichkeit. Hier liegt der grundsätzliche Unterschied. Gott läßt es nicht zu, daß sein Ebenbild Mensch auf diesem Niveau zufriedengestellt wird, er höhlt den Menschen dagegen von innen her aus, um ihn wach zu halten.

Dabei denke ich an gewisse Gebetserfahrungen. Wer sich ins Gebet begibt und erwartet, daß Gott sich „in ihn einfüllt", damit er gesättigt werde, mag bitter enttäuscht werden. Das Gebet, wenn es ein nacktes, wahres Gebet ist, gehört zu den furchtbarsten geistlichen Übungen, die ich kenne. Das Gebet mag uns vollständig ausleeren. Wenn es ein wahres Gebet ist, dann ist es der kostspieligste Akt im Leben des Menschen. Und wenn Sie mich fragen: „Dann ist Beten ja eine Qual!", dann sage ich: Nein, denn diese Erfahrung der Gottesleere gehört nicht zur Kategorie von Sinnleere, Angst und Unruhe, sondern zur Ordnung der religiösen Sehnsucht und des Strebens. Es ist sehr, sehr wichtig, daß der Mensch auf seinem Wege zu Gott in diesem tiefen Verlangen verbleibt. Es darf weder zugeschüttet, noch unterdrückt werden, sonst stirbt der innere Mensch. *Wer das Verlangen tötet, tötet den Menschen.* Ich will meine Sehnsucht, ich will an ihr leiden, ich will, daß sie mich aushöhlt und dehnt, damit sich meine Seele vergrößert! Ich will, daß mein Verlangen mich innerlich spannt und an manchen Tagen zerreißt. Ich will dieses Verlangen, denn dieses Verlangen bin ich.

Ich will, ohne die asiatische Philosophie zu verurteilen, kein wunschloses Nirwana, das demjenigen versprochen wird, der methodisch sein Verlangen löscht und es mit den Wurzeln aus sich entfernt und vernichtet.

So haben wir zwei Formen von Heiligkeit:

– Die Heiligkeit der halbgeschlossenen Augen, den Kopf gegen den eigenen Nabel geneigt. Der Mensch im Zustand der Abwesenheit, er ist sich selbst abwesend – ein todesähnlicher Schlaf . . .

Wir kennen alle die Bronze- und Steinskulpturen aus Asien.

– Die Heiligkeit der aufgerichteten Gestalt, das Gesicht gespannt und nach vorn gerichtet, die Augen wach, sie „schauen" das Kommende. Der ganze Mensch ist Erwartung . . .

Das sind die Steinplastiken der christlichen Kathedralen, gewisse Heilige sehe ich vor mir: Johannes den Täufer oder Jesaja.

. . . Zwei Menschentypen, zwei Arten von Heiligkeit. Hier die Abtötung des Verlangens, des Sehnens und Erwartens, um nicht mehr leiden zu müssen; und dort die Bejahung und die Hingabe an meine Sehnsucht, in der ich mich ausdehne und wachse – dem „Unmaß" meines Herzens entsprechend.

Nach dem biblischen Schöpfungsbericht spürt der Mensch sofort dieses Sehnen nach dem Göttlichen. Vor dem Baum der Erkenntnis stehend weiß er, daß es gerade diese verbotene Frucht ist, die ihm das geben wird, wonach seine Seele so sehr verlangt. Die Verführung lockt und schmeichelt: „Sobald ihr davon eßt, gehen euch die Augen auf, und ihr seid wie Gott." (Genesis 3, 5a)

Trotz der Verwarnung glaubt der Mensch vor seiner Erfüllung zu stehen; er glaubt, er kann es selbst, indem er nur die Hand ausstreckt und sich nimmt, was er braucht. Und er tut es. Das Ergebnis: „Da gingen beiden die Augen auf und sie erkannten, daß sie nackt waren." (Genesis 3, 7a)

Nacktheit bedeutet sein wie das Tier, zurück zum Tierstatus also. Gefühl der Nacktheit symbolisiert den Geschmack des Nichts nach der Sünde, der jetzt durchgekostet werden muß. Der Mensch fühlt sich in der Sünde kleiner, als er ist, nackt und deprimiert. Anstelle der Fülle, die er genießen wollte und des Reichtums, den er ernten wollte, findet er sich entblößt sich selbst gegenüber – und vor Gott, denn Adam schämte sich jetzt vor seinem Schöpfer und versteckte sich. Adams Selbsterkenntnis nach dem Genuß der Frucht offenbarte ihm, daß er jetzt „klein und häßlich" ist. Das wurde dargestellt in unserer Legende durch die Nacktheit.

Und hier beginnt das Drama der menschlichen Sünde. Sie werden sich mit Recht fragen: „Warum ‚fällt' der Mensch, wenn er sich nach dem Göttlichen streckt, das ja doch seine Berufung ist, wie wir soeben hörten. Warum sündigt er, wenn er seinen Weg beschleunigt?"

Hier stehen wir am entscheidenden Punkt. Der Mensch will in eigener Regie seine Vollendung bewerkstelligen. Er raubt sich sein Glück gewaltsam und versucht sich in Besitz dessen zu bringen, das ihm nur in der *Gnade* gegeben werden kann – daher das Pflückverbot im Garten Eden. Er ignoriert die Tatsache, daß seine Berufung weit über das hinausführt, was in seiner Kraft und Möglichkeit liegt, und er versucht es eigenmächtig zu verwirklichen. Seine Sünde ist die Sünde des Hochmuts. Er wollte sein göttliches Verlangen irdisch stillen und degradiert damit das Heiligste in seinem Herzen zur bloßen Bedürfnisbefriedigung. Die Hand ausstreckend, sich diese Frucht nehmend und essend . . ., so einfach glaubte er, in seiner Seele jene Leere zu füllen, seine Sehnsucht nach Gott.

Und so verhält es sich noch heute mit dem Menschen.

Die Versuchung Adams ist unsere Versuchung. Sie wiederholt sich prompt jedesmal, wenn wir den Raum dieses Sehnens in uns durch ein Gut ersetzen, das nur ein Bedürfnis sättigt. Wir verwechseln das Göttliche mit dem Geschöpflichen. Wir wollen die Gottesleere in uns mit irdischen Dingen aufwiegen und ausgleichen, und wir verstehen nicht, daß uns das niemals gelingen wird, da dieser Raum ein himmlischer ist, das heißt, *diese Leere in uns ist unendlich,* und Endliches kann sie nicht füllen. Und das hat der Mensch bis zum heutigen Tag noch nicht verstanden.

Der menschliche Fuß ging über zum Mond. Die Erde reicht dem Menschen nicht mehr aus, auch im Weltraum zieht er jetzt seine Bahn. In der Raketentechnik sucht der Mensch Raum und Zeit zu überwinden in seiner tiefen Suche. Dasselbe gilt für den Mikrokosmos: Unsere erste atemberaubende Atomforschung ist schon Geschichte. Das griechische Wort „atomos“ bedeutet „unteilbar“; aber auch diese Grenze hat der Mensch überschritten und spaltet immer kleinere Teilchen in diesem Unteilbaren, um dort ein Universum nach dem anderen zu bewundern und zu berechnen. Neben dem Makrokosmos und dem Mikrokosmos ist es das organische Leben der Zelle mit ihren Chromosomen und Genen. Auf allen Gebieten geht die unendliche Suche weiter, denn das Ziel ist unendlich! Das Absolute ist die Unendlichkeit, und des Menschen Kennzeichen ist seine Suche.

Der Mensch ist ein Weg, er ist Transzendenz, er ist diese Bewegung selbst, die sich ausrichtet nach ETWAS ANDEREM. Im Grunde ist der unerlöste Mensch, das heißt der ziellos Suchende, ein Unmensch in all seiner Unruhe und Existenzangst. Die Angst ist das Grundthema unserer zeitgenössischen Literatur außerhalb der Kirche.

Auch im ganz gewöhnlichen Alltag manifestiert sich das Absolute des Menschen: Der Mensch lügt und liebt auf absolute Weise, er haßt und arbeitet auf absolute Weise. Das Zeichen des Absoluten ist in ihn eingebrannt. Wir nannten es einen Dämon, *denn der Mensch ist „besessen“ vom Absoluten.*

Ein Tier hört auf zu fressen, wenn es gesättigt ist. Der Mensch ißt sich krank, und manch einer trinkt sich zu Tode.

Vor einer halben Stunde ging die Sonne unter, und die Vögel haben ihre Köpfchen ins Gefieder gesteckt. Der Mensch arbeitet besessen bis Mitternacht weiter, und viele arbeiten sich zu Tode.

Das Absolute im Haß! Wenn der Mensch haßt, dann aber wirklich! Um seine Mitmenschen zu quälen, hat er die Folterkammern erfunden, und es gab oder gibt sie in allen Ländern der Erde.

Das Unmaß in der Lust am Geld! Fragen Sie jemanden, der sein langjähriges Ziel erreicht hat – er hat eine Million auf der Bank –, ob er nun zufrieden sei ... Von allem will der Mensch mehr, unendlich mehr.

Und der „Wahnsinn" der Liebe! Kein Tier liebt, wie der Mensch es tut. Er liebt absolut. Dabei erfährt er eine Freude, die von übernatürlicher Ordnung ist, denn die Liebe schleudert ihn über sich selbst hinaus ins Übermenschliche! ... In der Liebe bescheidet sich der Mensch schon ganz und gar nicht auf ein bestimmtes Maß, auch hier ist er vom „heiligen Unmaß" gekennzeichnet.

Des Menschen Rastlosigkeit und Maßlosigkeit ist ein Griff in den Himmel. Der Traum, den Himmel zu erobern und Gott dort zu ergreifen, ist so alt wie die Welt, und wir finden diese Legenden in allen Religionen. Auch im griechischen Mythos des Prometheus liegt diese Botschaft. Der Titane Prometheus ist auf einen hohen Berg gestiegen, um dort der Gottheit das Feuer, den Blitz, zu stehlen, die absolute Waffe, die Atombombe des Herrn. Der Mensch hält Ausschau nach der geheimen Gottesmacht, um zu werden wie er, Gott. Und eine Legende dieser Art endet wie die andere, der Mensch scheitert. Der Mensch ist nicht imstande, seinen Hunger auf diese Weise zu stillen. Alle Religionen suchen den Himmel zu gewinnen, und in diesem Ziel sind alle Religionen wahr:

Der Judaismus ist wahr, das Christentum ist wahr, der Islam ist wahr, die Naturreligionen sind wahr, der Hinduismus ist wahr, der Buddhismus ist wahr – alle Religionen sind wahr in ihrem ernsten Streben, sich mit Gott oder Göttern zu vereinen. Sichtbaren Ausdruck findet dieses Verlangen im Sakralbau rund um den Globus. Die chinesischen Pagoden – Türme bis zu 12 Stockwerken! Die Zikkurats – die enormen Stufentürme der alten Babylonier! Die ägyptischen Pyramiden! Die schlanken Minarette der moslimischen Moscheen! Die Ausmaße christlicher Kathedralen Europas! Alle sind sie in einem Gedanken vereint, so weit wie möglich in den Himmel vorzustoßen und sich Gott dabei zu nähern. Weshalb thront wohl auf dem islamischen Minarett ein Halbmond? Der Halbmond ist das arabische Symbol für den Himmel, und ich kann keinen Sinn-Unterschied sehen zu einem christlichen Glockenturm – vielleicht kennen Sie den Campanile neben dem Dom von Florenz.

Der Mensch hat eine Ergänzung für seine Seele nötig, um sich zu verwirklichen. Zwischen ihm und seinem innersten Selbst, das heißt zwischen seinem natürlichen Wesen und seinem höheren Verlangen, zwischen dem, was er ist, und dem, was er werden soll, besteht eine weite Entfernung. In der theologischen Sprache nennt man diese fehlende Komponente GNADE; ein Wort, das noch nicht hinreichend verstanden wurde. Nur mittels der Gnade kann der Mensch zu seiner Bestimmung gelangen. Und hier erscheint uns das Mysterium Jesus Christus. *Jesus ist die Antwort Gottes auf die Sehnsucht des Menschen. Jesus ist Gnade. Jesus ist Heilsgeschehen.* Jetzt ist es nicht mehr der Mensch, der sich mühsam zum Himmel reckt und ihn um jeden Preis berühren will, sondern jetzt ist es der Himmel, der sich gnadenvoll hinabsenkt bis zum Menschen.

Ich zitiere ein schönes Wort zu diesem kosmischen Geschehen, erkannt und bekannt von einer Jüdin: „Wir können keinen einzigen Schritt zum Himmel tun, sondern Gott überschreitet das Universum und kommt zu uns.“ (Simone Weil)

Zwischen Schöpfer und Geschöpf besteht ein unüberbrückbarer Abgrund, und alle Religionen sind ergreifende und sehr ernst zu nehmende Versuche der Menschheit, diese Distanz zu überwinden. Aber einzig und allein das Christentum „operiert“ in umgekehrter Richtung: Gott begibt sich unter die Menschen – Immanuel, „Gott mit uns“. Das Wesentliche des christlichen Mysteriums besteht in dieser göttlichen Geste, in diesem erlösenden Schritt! Gott kam und schlug sein Zelt unter uns auf. Das ist das Christusmysterium, meine lieben Freunde.

Deshalb nennt man Christus den „PONTIFEX“. Für uns ist ein Pontifex im allgemeinen jener mächtige Kirchenmann in feierlichem Ornat, aber dieses Wort geht auf eine andere Bedeutung zurück. Im Lateinischen heißt es „Brückenmacher“, und jetzt verstehen wir es besser. Ein Mann, der eine Brücke baut, arbeitet an einer Verbindung zwischen zwei Ufern, er vermittelt. Ein Priester ist ein Brückenbauer, ein Mittler; er verbindet das Gottesvolk untereinander.

Auf die gut verständliche Frage: „Was für ein Spiel treibt Gott mit uns? Er schuf diese tiefe Sehnsucht als Leere in unserer Seele, und dann schaut er unseren vergeblichen Anstrengungen zu, diese Leere zu füllen? Ist das realistisch?“ antwortet Ihnen die christliche Offenbarung: ... Dein Verlangen ist ganz real, und so real wie es ist, so real erfüllbar ist es auch in Jesus Christus.

Vor 2000 Jahren kam Gott zu den Menschen, und das ist die Frohe Botschaft. In unserer Mitte wurde der Erlöser geboren. Keine Verdienste haben wir gegenüber unseren Brüdern, den Moslems, den Hindus, den Juden, den Atheisten. Wir sind nichts als Träger dieser Frohen Botschaft, daß Gott zu allen Menschen kam. Der Himmel hat sich mit der Erde verbunden, und deshalb bin ich Christ. Im Heilsgeschehen der Menschwerdung Gottes liegt für mich die Begründung, weshalb ich Christ bin.

Künstler aller Zeiten „schauen“ diese Wahrheit: In der christlichen Kunst schweben Engel um die Krippe Jesu.

Die Engel symbolisieren die Gottheit in diesem kleinen Menschenwesen. Gott kam und wurde einer von uns. Der Schrei der Menschheit nach Gott hat sich nicht in kosmischen Weiten verloren, sondern wurde beantwortet in diesem KIND VON BETHLEHEM.

Streng genommen gibt es also keinen anderen Pontifex als jenen einzigen, der diese Brücke zwischen Himmel und Erde schlug, Jesus Christus. Es gibt keinen andern als ihn. Wie aber hat er diese Brücke konstruiert, aus welchem Material? Eine falsche Frage, denn er IST diese Brücke selbst. In ihm ist dieser Brückenschlag zu finden, in seinem Wesen, in seiner Person. Warum? . . . Weil Jesus Christus vollkommen Gott und vollkommen Mensch ist. Es ist wesentlich, daß er beides ist, und nur deshalb interessiert er mich, denn darin liegt seine Heilswirkung.

Er selbst betonte es, daß er beides ist, Gottessohn und Menschensohn, und das ist es, was der menschliche Intellekt nicht begreifen will, und so verfolgen wir im Zuge der gesamten Kirchengeschichte Irrlehren, die sich selbst noch in zwei Lager spalten. Die einen behaupten: Jesus war nichts anderes als ein Mensch, ein wahrer Mensch, ein großer Mensch, aber er war nicht Gott. Er war Gott nur ähnlich, er war ihm nicht wesensgleich.

Das sagten die Ebioniten und die Arianer, das sagte der Monarchianismus und der Adoptianismus, das sagt der theologische Rationalismus und der liberale Protestantismus und andere. Man beruft sich auf die spirituelle Weisheit Jesu und will sich damit genug sein lassen. Und wenn die Kirche auch hier stehenbliebe, dann unterscheidet sich das Christentum nicht von den anderen Religionen. Überall beginnt eine Religion mit einem außergewöhnlichen Menschen, der eine tiefpersönliche Erfahrung gemacht hat und diese seinen Mitmenschen offenbaren will. Er will sie mitnehmen auf seinem Weg zu Gott. *Und die Kirche sagt hierzu:*

> Falsch! – Jesus Christus ist wahrer Gott und wahrer Mensch.

Auch ich sage:

> Danke! Ich brauche keinen weiteren Meister des Gedankens, denn meine Bibliothek hat schon überreichlich davon. Zu viel Weltweisheit ist schon zusammengetragen worden, sind wir nicht längst übersättigt?

Und dann gibt es die andere Irrlehre, die genau das Gegenteil behauptet:

Jesus Christus ist einzig und allein Gott, seine menschliche Natur bestand nur in der Erscheinung, sie war eine Illusion für die Menschen. In Wirklichkeit hatte sein Körper keine Dichte, keine Substanz.

Nur eine Natur, nur das fleischgewordene Wort Gottes, aber nichts Menschliches war in der Person Jesu . . ., das lehrte zum Beispiel der Monophysitismus. *Und auch hier sagt die Kirche:* Falsch! – Jesus Christus ist wahrer Gott und wahrer Mensch.

Auch ich sage:

Mich interessiert kein Messias, der ein Phantom ist. Ich glaube nur an unsere Erlösung, wenn Jesus Christus aus Fleisch und Blut bestand wie ich selber.

Und ich denke an den Zweifel des Thomas nach der Auferstehung Jesu: „Dann sagte Jesus zu Thomas: ‚Lege deine Finger her und sieh Meine Hände, reiche deine Hand und lege sie in Meine Seite und sei nicht ungläubig, sondern gläubig!“ (Johannes 20, 27)

Und Jesus bat um ein Stück Bratfisch und eine Honigwabe und aß vor den Augen der Jünger, um ihnen zu zeigen, daß selbst sein auferstandener Leib Konsistenz hatte und kein Gespenst war.

„Betastet Mich und überzeugt euch, daß Ich es bin. Ein Gespenst hat doch nicht Fleisch und Bein wie ihr an Mir seht.“

(Lukas 24, 39)

Und das nennt man: „Die Vereinigung der beiden Naturen“ – die göttliche und die menschliche Natur vereint in einer Person. Das ist Jesus Christus. Alle christologischen Irrtümer entlang der Geschichte klopfen nur auf einen der beiden Aspekte und lassen den andern sachte unter den Tisch fallen. Entweder macht man aus Christus einen herrlichen Menschen und verbietet ihm mehr zu sein, oder man verkündet ihn als reinen Gott. Und wenn man sich nach diesen auseinanderlaufenden Tendenzen richten wollte, dann könnte man die Welt nach ihrer Glaubensspaltung aufteilen in Orient und Okzident, in Ost und West. Der Orient neigt mehr zu der zweitgenannten Häresie, das heißt, er verkündet gern einen gottbetonten Christus, von Jesu Menschsein wird möglichst wenig gesprochen. Je nach der persönlichen Note wird der Menschensohn verblaßt dargestellt, umgangen bis totgeschwiegen. Der Westen dagegen verfährt mit Jesus Christus in umgekehrter Richtung. Er neigt zu der Behauptung, Jesus sei ein großer Mensch gewesen und nicht mehr, göttlich war er nur vergleichsweise. So verfolgen wir gegenwärtig bei einigen westlichen Theologen eine Renaissance dieser Irrlehre, die Christus auf das rein menschliche Niveau reduziert; und das will man dann mit allen Sorten von hochwissenschaftlichen und hochkomplizierten theologischen Studien beweisen. Am Ende solcher Arbeiten haben die Autoren den Wesenskern aus dem christlichen Mysterium herausgenommen. Wir hören gewisse Namen aus Westeuropa, besonders aus Holland und Deutschland, die dann und wann Schlagzeilen machen und die Menschen verunsichern. Verständlicherweise reagiert Rom entsprechend, wenn jemand eine nicht zu akzeptierende Form der christlichen Botschaft in der Welt verbreitet.

Paradoxerweise trifft sich die „westliche Richtung" mit dem Islam, wenn es darum geht, Jesu Wesen zu erklären. Der Moslem sieht in Jesus Christus einen sehr großen Meister, einen der größten Propheten – aber keinesfalls mehr. Streng weist der Islam die Gottheit Jesu zurück. Und ich sage: Wenn Jesus seine göttliche Natur einbüßen würde, wäre das Christentum beendet, *und Jesus hat es gewußt!* Er wußte, daß man ihn später vielfach nur für einen Propheten halten wird, daher ist die Schlüsselfrage, die er eines Tages an seine Jünger stellte, die Frage nach dieser Wesenserkenntnis. Er wollte und brauchte diese Glaubensversicherung von seinen Aposteln. Die direkte Frage Jesu an seine Jünger war, für wen die Leute ihn hielten. Petrus antwortete ihm:

> „DU BIST DER CHRISTUS, DER SOHN DES LEBENDIGEN GOTTES.
>
> Darauf sprach Jesus zu ihm:
> ‚Selig bist du, Simon, Sohn des Jonas. Nicht Fleisch und Blut hat dir das geoffenbart, sondern Mein Vater, der in den Himmeln ist. Und ich sage dir:
> Du bist Petrus, auf diesen Felsen will ich Meine Kirche bauen, und die Pforten der Hölle werden sie nicht überwältigen. Ich werde dir die Schlüssel des Himmels geben; was immer du auf Erden binden wirst, das wird auch in den Himmeln gebunden sein, was immer du auf Erden lösen wirst, das wird auch in den Himmeln gelöst sein!'
> Sodann gebot er seinen Jüngern es niemandem zu sagen, daß Er der Christus sei." (Matthäus 16, 16–20)

Das sind Jesus-Worte aus tiefer Herzensfreude, Freude über den Glauben des Petrus. Du bist es, Petrus, das heißt „Fels" – du hast mich erkannt! Auf dem Felsen deiner Erleuchtung, auf dem Felsen deiner Wahrheitsschau werde ich meine Kirche errichten, denn dann steht sie fest und wird gefeit sein gegen die Angriffe des Widersachers.

Wenn die Kirche nicht auf diesem Sockel stünde, hörte sie auf, Kirche zu sein, es gäbe kein Christentum mehr, und die Evangelien verlören ihre Gültigkeit. In Fleisch und Blut steht Jesus hier vor Petrus, ein

Mensch wie Petrus selbst, aber Petrus sieht b e i d e s, er schaut durch bis zum Grund – Petrus erkennt die beiden Naturen Jesu.

Wir könnten auch sagen: Auf die Christus-Freude *Ich-bin-erkannt-Worden* ist unsere Kirche gebaut. Hier nahm unsere unvergleichliche Heilsgeschichte ihren Anfang.

Nicht nur für Petrus, sondern für jeden von uns gibt es zwei Ebenen, auf denen wir Christus begegnen: die Ebene des Phänomens, das heißt das Greif- und Sichtbare der historischen Gestalt Jesu von Nazareth, und die Ebene des Glaubens und der Offenbarung; und wir müssen ihn – wie Petrus – auf beiden Ebenen erkennen.

Auf jene Frage: „Wer ist Jesus Christus?" gibt es daher weniger eine verbale Antwort unsererseits als unsere Hoffnung, der Fragende möge „den gewissen Blick" bekommen, um vom sinnlichen Sehen zur geistigen Schau zu gelangen, um damit hinter dieser Person aus Fleisch und Blut den inkarnierten Gottessohn zu erfassen. *Und das ist der Glaube.*

DER GLAUBE ist dieser Sprung zwischen dem Zimmermann aus Nazareth und dem menschgewordenen Gottessohn, dem ewigen Logos. Und der Glaube ist ein *Angebot an den freien Menschen.*

Ein freier Akt darf vollzogen werden, der sich im Innern des Glaubens, im Innern des Glaubensaktes als vollkommen und unendlich wahr erweist. Der Glaube rechtfertigt sich nur in der praktischen Erfahrung, die man macht. Mit dem Glauben steht es wie mit der Liebe. Niemand kann die Liebe erklären oder belegen, man kann sie nicht nachweisen, man kann sie nicht rechtfertigen. Man muß sie leben. Nur aus der Tiefe der gelebten Liebe heraus versteht man sie.
So hinterlassen alle Arten von Glaubensrechtfertigungen einen schalen Geschmack von Unzufriedenheit zurück, denn der Glaube kann sich nicht nach außen hin beweisen. Man versteht ihn nur an Leib und Seele. Im vollzogenen Glaubensakt selbst erkenne und verstehe ich den Glauben. Daher sollte man unseren Diskussionspartnern den Sprung in den Glauben empfehlen, den Sprung ins Unbekannte. Erst von dort aus wird sich manches klären, und unsere Wege werden sich mit Sicherheit treffen.
Dieses Geheimnis vermittelt uns Johannes und gleich in mehrfacher Wiederholung in seinem berühmten 6. Kapitel. Aber der selbstherrliche Mensch ist verstopft und vernagelt für eine solche Botschaft, er ist – wie Adam und Eva – verbohrt in eigene Ideen, und nach diesem Johannes-Kapitel sollte er es wirklich verstanden haben! „Und Er sprach zu ihnen: Ihr nehmt daran Anstoß? Und wenn ihr den Menschensohn nun dahin auffahren seht, wo Er zuvor war? Der Geist ist, der lebendig macht, das Fleisch nützt nichts. Die Worte, die Ich zu euch gesprochen habe, sind Geist und Leben. Doch es sind einige unter euch, die nicht glauben." (Johannes 6, 61b–64)

Normalerweise kann es zwischen Schöpfer und Geschöpf keine Verbindung geben und auch keine wirkliche Verständigung, weil das Geschöpf den Abgrund zwischen sich und seinem Schöpfer nicht überspringen kann. Gott aber kann es, und Gott tat es. Die *Inkarnation* ist dieser „Sprung zu uns", diese Distanzvernichtung in der Gestalt Jesu Christi, denn er vereint in sich die göttliche und die menschliche Natur. Nur deshalb. Wenn wir das Wort „Natur" umgehen wollen, das besonders bei uns im gegenwärtigen Ägypten zum Sprengkörper geworden ist – unsere Brüder, die orthodoxen Christen, akzeptieren nicht das Wort „Natur" im Zusammenhang mit dem Wesen Jesu –, dann sagen wir eben mit ihnen: „In Jesus Christus besteht in unauflöslicher Einheit die Gottheit und die Menschheit", denn das ist richtig, und wir wollen keine theologischen Differenzen nähren. Wir katholischen Christen meinen, wenn wir von den beiden Naturen Jesu sprechen, ganz genau dasselbe. Daher ist der wahre Name Jesu „Immanuel" (Gott mit uns), und er ist der wahre Weg. Paulus schreibt an die Hebräer, daß uns „durch den Vorhang hindurch, das heißt durch Christi Leib, der neue Weg aufgetan sei".

Inkarnation – Eucharistie – Erlösung . . . Die Trennwand ist eingezogen. Himmel und Erde berühren sich endlich! Das WORT hat durch den Akt seiner Menschwerdung die Menschheit geheiratet, *und beide wurden ein Leib.* Möge der Mensch niemals trennen, was Gott vereinigt hat!

Weshalb ist die Ehe ein Sakrament? Weil der Priester den Segen gab? Weil die Ringe geweiht wurden? O nein, der Priester mag in einem Fall den Segen nicht gegeben haben, und trotzdem leben diese beiden Menschen die vollkommene Ehe, sie leben das wahre Sakrament.
Auch der Heide, der Hindu und der Moslem heiraten vor Gott. Das Wesentliche des Ehesakraments ist nicht der priesterliche Segen, sondern die Liebesvereinigung von Mann und Frau in Unauflöslichkeit, da diese die Mensch-Gott-Vereinigung in Jesus Christus symbolisiert. Die Ehe ist das Zeichen, durch das der Mensch in der Ehe das verwirklicht, was Christus in seiner Inkarnation verwirklicht hat. Es ist vollzogen – und für alle Zeit. Diese Liebesbindung ist in Fleisch und Blut besiegelt worden: am Kreuz.
Niemand kann den Menschen wieder scheiden von Gott, da beide Welten in Jesus Christus eins wurden. Das ist unsere Heilsbotschaft.

> „Darum läßt ein Mann Vater und Mutter und hängt sich an sein Weib, und beide werden ein Leib." (Genesis 2, 24)
>
> „Dieses Geheimnis ist groß, ich meine aber in seiner Beziehung zu Christus und der Kirche." (Paulus an die Epheser 5, 32)

Liebe Freunde, für *jede menschliche Liebe* gilt dieses Sakrament. Jede wahre Liebe zwischen zwei Menschen ist die existentielle Erfahrung dieser „höheren Vereinigung", die sich in Jesus Christus vollzieht und verzehrt, einmal und für immer, und die darin zur höchsten Vollendung gebracht wird. Das ist die stille Verkündigung einer Liebe . . .

Jetzt verstehen wir auch, weshalb die Kirche die Scheidung nicht anerkennen kann. Trennung des Unauflöslichen in Jesus Christus ist Vorgehen gegen Gott. Hier trennt der Mensch, was in Gott bereits verschmolzen ist, er ermächtigt sich zu einem Schritt, der seiner unwürdig ist im Rahmen seines Vergöttlichungsprozesses und der ihn nur hemmen wird auf seinem Weg zum Ziel.

Auch Ostern und Himmelfahrt sind Zeichen dieser Unauflöslichkeit. Jesu Auferstehung und sein Aufstieg zum Vater sind genau die Zeichen, daß er seinen Leib (sein Menschsein, die Menschheit also) mitnimmt in die Sphäre Gottes. Auf ewig ist die Menschheit eingeschmolzen in den Gottesbereich, in unauflöslicher Einheit leben wir in Christus beim Vater.

Einige unter Ihnen werden mit der koptischen Messe vertraut sein. Ich erinnere deshalb an die starken Worte vor der Kommunion, die mich immer sehr bewegen: „AMIN – AMIN – AMIN . . . O'MEN – O'MEN – O'MEN... usw."

Ich übersetze aus dem Arabischen: „JA – JA – JA . . . ich glaube – ich glaube – ich glaube, und ich werde es bis zu meinem letzten Atemzug bekunden, daß dies (die Hostie) der lebenspendende Leib Deines einzigen Sohnes ist, geboren aus der Jungfrau Maria."

Ja, ein Stück Erde dieser Welt, aus uns nahm er diesen Leib, von unserer Rasse, aus Maria nahm er ihn, um alles Leben zu heiligen und zu verewigen. Menschheit und Gottheit sind untrennbar eins geworden, auf immer und ewig.

> „Ich glaube in voller Wahrheit, daß sich die Gottheit keinen Moment mehr von der Menschheit lösen wird – nicht für einen Augenblick." (Koptische Messe)

Mich beeindrucken die Kopten in der Wortwahl ihrer Glaubensverkündigung. Ja, unauflöslich ist die Verbindung von Gott und Mensch in Jesus Christus. In ihm leben wir.

> „Euer Leben ist mit Christus in Gott verborgen. Erscheint dann einmal Christus, unser Leben, dann werdet ihr gleichfalls mit ihm in Herrlichkeit erscheinen." (Paulus an die Kolosser 3, 3b–4)

Gott ist treu! Fürchte Dich nicht! Hab niemals Angst! Gott folgt Dir bis in die Hölle, denn seine Liebe ist ewig. Seine Liebe sprengt in ihrer Weite, Tiefe und Dichte alles, was wir uns vorzustellen vermögen. Das Einssein der beiden Naturen in Jesus, dieses Einssein von Gottheit und Menschheit, ist das grundsätzliche und heilbringende Wesen unseres Erlösers, es ist das *Herzstück des Christusmysteriums*.

Wenn wir noch nicht verstanden haben, daß „unser Reich nicht von dieser Welt ist", das heißt unsere Bestimmung ist von übernatürlicher Ordnung, dann haben wir noch nicht verstanden, was der Mensch ist. Und es ist einer der großen und tragischen Irrtümer des zeitgenössischen HUMANISMUS, den Menschen dort festzubinden, wo er steht, und sein ins Unendliche strebendes Wesen aus seiner Natur her erklären zu wollen. Dabei verstrickt man sich in ein Schlingengewirr von Widersprüchen und wird das Menschsein nie begreifen. Auf weltlich-natürliche Untersuchungsweise kann man keine höhere Einsicht erlangen und verstehen, daß der Mensch in einer höheren Berufung steht, die ihn weit über sich hinaustragen soll. Die religiöse Sehnsucht bildet sein Wesen, ob er es weiß oder nicht. Der Mensch wäre nicht Mensch ohne diesen Stoß von innen, diesen Antrieb zum Absoluten.

In Jesus Christus erfüllt sich dieser Traum des Menschen, der so alt ist wie seine Existenz. Was wir seit Anbeginn erträumten, wird uns nun angeboten, es verschenkt sich an uns. Die Frucht jenes Baumes von Eden, nach der der Mensch seine Hand streckte, sie brach und nahm, wird jetzt als freie Gabe dargereicht vom Baum von Golgotha, vom Kreuz.

Die Kreuzesbalken waren Teile von Baumstämmen gewesen, an denen man vor den Toren der Stadt die Verurteilten kreuzigte. An einen solchen Baum also war Jesus geschlagen worden, und alle Kirchenväter verwendeten sorgfältig den Ausdruck „die Frucht am Baum" für den Gekreuzigten, um die Parallele zu jener anderen Frucht an einem anderen Baum deutlich zu machen, von der Gott gesagt hatte: „Sobald du davon ißt, bist du des Todes." (Genesis 2, 17b)

Jetzt aber, die zweite Frucht betreffend, sagt Gott zu den Menschen etwas ganz anderes: „Nehmet hin und esset, das ist Mein Leib, hingegeben für euch." (Lukas 22, 19, Matthäus 26, 26)

Während jeder Eucharistiefeier wird dieses Gotteswort an uns gerichtet. Ein erster Baum, dessen Frucht zu kosten uns bei Todesstrafe untersagt war, und nun ein zweiter Baum, dessen Frucht zu essen wir verpflichtet sind um unseres Lebens willen – des ewigen Lebens.

Im Akt der Inkarnation, durch den das Wort Gottes die menschliche Natur Jesus von Nazareth an sich zog, ist die Tür zum Gottesreich geöffnet worden. Wer aber das wahrhaft göttliche 6. Kapitel des Johannesevangeliums noch nicht tief genug durchmeditiert hat, dem glaube ich seine ewig wiederkehrende Frage: „Haben die Menschen denn nun automatisch Anteil an der Gottheit, die in Jesus ist? Ist durch die Inkarnation seine göttliche Natur an alle Menschen übergegangen, oder muß man selbst handeln?"

Nein, meine lieben Freunde, automatisch geht die Fülle Gottes, die in Jesus ist, nicht an den Menschen über, sondern nur, wenn er sich für die Gnade öffnet, wenn der Mensch seine Hand ausstreckt und darum bittet, wenn der Mensch diesem angebotenen Leben zustimmt und es in sich aufnimmt.

Daher ist die Eucharistie die Verlängerung der Inkarnation; einfacher gesagt: Die Menschwerdung Gottes reicht bis in unsere Messe hinein, bis zur Kommunion des einzelnen Menschen.

Der Akt der Inkarnation, in dem das WORT eine Menschennatur an sich zog und diese mit seiner göttlichen Fülle durchtränkte, geht bei der Kommunion auf den einzelnen Menschen über, *wenn er es will.*
Das WORT fragt den Kommunizierenden: „Was ich durch meine Menschwerdung in meinem Wesen zur Einheit brachte, mag auf dich übergehen und sich auch in dir vollziehen. Möchtest du es?" Dabei reicht der Priester dem Menschen die Hostie – sie ist ein Angebot, und sagt: „Der Leib Christi", und der Mensch nimmt die Hostie entgegen und antwortet: „Amen!"

Mit diesem „Amen" nehme ich die Fülle des substantiellen und ewigen Lebens in mich auf und werde teilhaftig am Mysterium der Inkarnation. Jeder Mensch, liebe Freunde, der während der Eucharistiefeier sein „Amen" zur Hostie gibt, wiederholt das „Fiat" Mariens bei der Verkündigung, jenes: „Es geschehe!"

Maria hatte ihr „Amen", ihr „Ja", ihr „Ich nehme an!" im Namen der ganzen Menschheit gegeben, und die Folge war gewesen: „Das Wort ist Fleisch geworden und hat unter uns gewohnt, wir haben seine Herrlichkeit gesehen." (Johannes 1, 14a)

Das WORT nahm von Maria Fleisch an und wohnte in ihr. Sie repräsentiert die gesamte Menschheit, und doch geht es nicht automatisch! Jeder von uns muß dieses „Fiat", dieses „Ja", dieses „Amen" wiederholen, für seine eigene Person muß er es noch einmal aussprechen und ihm voll zustimmen, denn die Fülle Gottes ist ein Angebot. Die Gnade Jesu ist ein Angebot. Die Hostie ist ein Angebot. Wenn ich zum Leib Christi „Amen" sage, *dann geschieht etwas, dann vollzieht sich etwas in mir:* Jesus geht in mich ein und ich in ihn, wir werden eins, und ich habe durch ihn und in ihm Anteil an der Gottheit.

Sie sehen, wir können eine sehr feine Logik im Christentum erkennen. Wir sind von der menschlichen Natur ausgegangen: Der Mensch ist ein Wesen der Sehnsucht, es ist eine Sehnsucht nach dem Unendlichen, und das betrifft jeden Menschen, ganz gleich wer er ist. Mit unserer Weltbeobachtung sahen wir, daß der Mensch nicht imstande ist, dieses Verlangen aus sich heraus zu stillen. Er empfindet in sich mehr Leere, als er sättigen kann. Das wiederum ist sein innerer Anruf, der ihn hochreißt und übersteigt und übersteigen soll. Entweder ist die Welt und alle Existenz absurd, oder die Inkarnation ist notwendig. Ich bin überzeugt, daß sie notwendig ist – allein auf Grund der Wesensstruktur des Menschen. Die Menschwerdung Gottes verwirklicht unsere Berufung, vergöttlicht zu werden, und dieses Geschehen dehnt sich von der Inkarnation bis in die Kirche, wo sie den einzelnen Menschen in der Hostie persönlich erreicht. Hier darf der Mensch endlich sein himmlisches Schicksal unterzeichnen . . . „Bemüht euch nicht um die vergängliche Speise, vielmehr um die Speise, die zum ewigen Leben vorhält, die der Menschensohn euch geben wird; Ihn hat Gott, der Vater, ja besiegelt." (Johannes 6, 27)

Das ganz außergewöhnliche 6. Kapitel des Johannes! . . . Jesus predigt in der Synagoge von Kapharnaum, und wie ein Refrain kehrt stark betont das Wesentliche wieder:

> „Nicht Moses gab euch das Himmelsbrot, sondern Mein Vater gibt euch das wahre Himmelsbrot. Der ist das Gottesbrot, der aus dem Himmel kommt, und der Welt das Leben schenkt." (Johannes 6, 32f)

Hier offenbart sich alles.
Etwas vollkommen anderes, etwas Subtileres, Höheres und viel Größeres wird dem Menschen angeboten, etwas, das jenseits seiner Natur und Möglichkeit liegt, daher nennt es Jesus „Himmelsbrot".

Welch ein Wort! Und wer es annimmt und in sich aufnimmt, den kann Jesus auferwecken und dem Himmel zugehörig machen.

> „Das Brot, das aus dem Himmel kommt, ist solcher Art, daß keiner stirbt, der davon ißt.
> Ich bin das lebendige Brot, das aus dem Himmel gekommen ist. Wer von diesem Brot ißt, wird ewig leben."
> „So ist es der Wille Meines Vaters, daß jeder, der den Sohn sieht und an ihn glaubt, das ewige Leben habe. Ich aber werde ihn auferwecken am Jüngsten Tag." (Johannes 6, 50–51a/40)

Hier stehen wir im Lazarus-Mysterium. Es gibt wohl kaum eine erschütterndere Szene aus Jesu Leben als beim Tode des Lazarus in Bethanien: „Und Jesus weinte." (Johannes 11, 35)

Weinend ging Jesus zum Grab des lieben Freundes, „es war schon der vierte Tag", und er ließ den Stein wegnehmen. Dort stand er in seiner großen Einfachheit und tat nichts als nur das eine, daß er „mit lauter Stimme rief":

„Lazarus, komm heraus!" (Johannes 11, 43)

Da beugte sich der Tod, denn er hatte eine Stimme vernommen, die nicht von einem Menschen kam – und er gab sein Opfer frei:

„Und der Tote kam heraus." (Johannes 11, 44a)

Bedeutend ist hier zu wissen, daß Lazarus zu Lebzeiten Jesus gekannt, erkannt und geliebt hatte. Die drei Geschwister – Jesu Freunde – glaubten an ihn. Martha sagte: „Ja, Herr, ich glaube, daß Du der Christus bist, der Sohn des lebendigen Gottes, der in die Welt kommen soll." (Johannes 11, 27)

Lazarus war demnach schon vor seinem Tod jenseits, *jenseits von Tod und Leben in Christus.* Das ist wesentlich zu beachten, denn: „Ich bin die Auferstehung und das Leben. Wer an Mich glaubt, wird leben, auch wenn er gestorben ist." (Johannes 11, 25)

Ich muß mir sagen: Ich bin ein Mensch, ich habe in mir Tod und Leben, und Jesus hat die Schlüssel. Dort am Grabe stehend, ein Mensch wie all die andern um ihn, befiehlt er in der Kraft seiner Göttlichkeit eine Auferweckung. Ich sage dir: Komm heraus! Ich bin das inkarnierte Wort, ich bin das fortbestehende Leben, das ewige Leben, komm!
Jesus zeigt das Wunder dieser Auferweckung nur wenige Tage vor seiner eigenen Auferweckung durch den Vater, die dann zur endgültigen Verkündigung wurde: Ich bin das unbesiegbare Leben. Und deshalb glaube ich an Christus und nicht an Moses und Mohammed, und nicht an Buddha und Konfuzius und nicht an Marx, denn keiner von ihnen sagt mir, er sei *das Leben* und *sein Leben sei in mir.* Christus ist das einzige Wesen, das durch seine Person Gott zu den Menschen brachte. Und das ist meine Begründung, weshalb ich Christ bin, *denn mit ihm habe ich alles.*

„An jenem Tage werdet ihr verstehen, daß Ich in Meinem Vater bin und daß ihr in Mir seid und Ich in euch bin."
(Johannes 14, 20)

So spricht keine andere Weisheit dieser Erde zu mir. Das sagt mir kein Philosoph, wenn er mir seine Lehre anbietet. Glücklicherweise aber gibt es Philosophen, die es verstanden haben und es proklamieren, zum Beispiel PASCAL.
Pascal hat uns ganz außerordentliche Gedankentiefen über das Christentum hinterlassen, über unsere „göttliche Religion".

Das Christentum ist nicht nur die einzige Religion, in der Gott sich in eigener Person an den einzelnen Menschen verschenkt, sondern es ist auch die einzige Religion, die dem Menschen seine absolute Transzendenz offenbart, seine göttliche Dimension. Es offenbart dem Menschen Gott und führt ihn in diesem Offenbarungsgeschehen weiter zur Selbsterkenntnis. Jetzt entdeckt der Mensch sich selbst, jetzt entdeckt er bewußt das Absolute in sich, das ihn als Gottesgeschöpf ausweist und fordert. Jetzt versteht er sich.

Was nützt denn dem Menschen sein ruheloser Tanz um sich selber?
Im Tierreich gibt es sehr intelligente Arten, die kaum einen anderen Stil leben als viele von uns: Die vertikale Komponente fehlt beiden, sie ist nicht vorhanden. Was nützt aber dem Geistwesen Mensch sein ewiges Mehr im Horizontalen, das ihn in Wahrheit nicht einen einzigen Aufwärtsschritt voranbringt? Wir leben in einer wohlorganisierten Welt der verfeinerten Technik und glauben an unseren Fortschritt. Bald werden wir umgeben sein von reiner Elektronik, von Super-Videotheken ... und was ist das Nächste? Unsere Autos werden noch 200 km/h fahren und die Flugzeuge 10.000 ..., und dann? Auf der Erde reizt nicht mehr viel, daher kreisen wir im Weltall; und der Tag kommt, wo wir Besuche machen werden auf diesem und jenen Planeten ..., um dort nichts als kahle Felsen zu finden – Materie!
Der Mensch wähnt sich groß durch seinen Intellekt und huldigt dabei im Götzentempel. Er fühlt sich „erhoben“ durch seine Leistungen und „fortschrittlich“. In Wirklichkeit aber dreht er sich im Kreis, eingeschlossen in sich selbst kreist er am Boden. Und wie viele unter uns fühlen diese Schwere, und sie werden müde von der Leere dieses fruchtlosen Spiels. Die Transzendenz muß auf einem ganz anderen Niveau gesucht werden, damit wir steigen können. Gesucht? Längst hat jemand den Kreis aufgebrochen, wir nennen ihn deshalb den „Erlöser“, den „Retter“.

> „Furchtbares tu, was wir gar nicht erwarten;
> und komm herab, daß Berge vor Dir beben!“ (Jesaja 64, 1)

Das ersehnte sich schon 700 Jahre vor der Inkarnation Jesaja, es ist der ewige Schrei nach Gott, der Schrei der unerlösten Kreatur. Ich stelle mir diesen Propheten vor: Seine Hände erhoben, die ganze Gestalt auf Gott gerichtet, die Augen schauen die Möglichkeit der „Ankunft von drüben“, das Herz brennt. Die christliche Erwartung ... Und es geschah! In einem Punkt von Raum und Zeit hat Gott sich inkarniert, ja, „er kam herab“ und machte die Erde beben ... Wenn alle Religionen wahr sind als Wege zu Gott, so ist nur eine wahr als Weg Gottes zu den Menschen. Der „unüberbrückbare Abgrund“ wurde von Gott her geschlossen. Die Sphäre Gottes berührt an dieser heiligen Stelle die Sphäre des Menschen. Seitdem das WORT Fleisch annahm in jenem Kind von Bethlehem, besteht in beiden Richtungen die ständige und in die Ewigkeit mündende „Verständigungsmöglichkeit“ zwischen beiden Welten. Brauchen wir auf weitere Wunder zu warten?

Sie werden sich selbst diese Frage schon gestellt haben:

„Warum hat Christus sich so unerkennbar inkarniert, warum auf so versteckte und geheime Weise?“

Ich glaube, daß es sich hier um ein *Evolutionsgesetz* handelt. Jede neue Wirklichkeit, die in die Welt tritt, erscheint zunächst „incognito“ und daher unbemerkt. Erst sehr viel später wird man sich über die Bedeutung dieses Ereignisses klar und erkennt die Neuheit.

Beispiele: Das organische Leben auf diesem Planeten begann vor etwa drei Milliarden Jahren irgendwo in einem Sumpf, Gott weiß wo. Einige Megamoleküle hatten sich zu etwas zusammengeschlossen, das wir „das Leben“ nennen, und das aus diesem Moorbad unter sehr bestimmten Temperaturen und unter einer sehr bestimmten kosmischen Bestrahlung hervorgegangen war. Aus einer chemischen Reaktion also entsprang das Leben. Für uns heute abend ist es unwesentlich, wie es genau geschah und auch wann genau, das überlassen wir den Wissenschaftlern, die den genauen Prozeß beschreiben können. Für uns ist „die Erscheinung an sich“ interessant und die Tatsache, daß es unauffällig aus einem Versteck hervorging. Hätte es damals Kameras gegeben, die die Ursuppe ständig fotografierten, sie hätten ganz gewiß den Aufsprung des Lebens versäumt . . .!

Aber wie stark war dieser Lebenskeim! Ausgehend von den Meeren breitete er sich rasch und unaufhaltsam aus, überwand tödliche Hindernisse und vervielfältigte sich in Unsummen. Bald lag ein biologisches Netz über der Erde, das wir die „Biosphäre“ nennen, und damit hatte das Leben die Erde erobert.

Rückblendend fragt man sich: So unauffällig und versteckt hat das alles begonnen? Ja, so unauffällig und versteckt hat das alles begonnen. Niemand hätte es voraussehen können; niemand, der beim Erwachen des ersten Lebens Zeuge gewesen wäre, hätte es geglaubt. Niemand hätte geglaubt, daß diese neue Erscheinung in Zukunft die Erde besitzen werde. Aber dieses zarte, kaum wahrnehmbare Etwas besiegte die Materie, weil es ein Versprechen in sich trug, eine ganz neue Wirklichkeit, die dem Mineral weit überlegen und von einer ganz anderen Ordnung war als die Substanzen der Ursuppe.

Das Leben ist Zuversicht.
Dasjenige, das in der Welt noch unerkannt versteckt liegt, wird eines Tages das Auffälligste sein.

Dasjenige, das in der Welt als zart und schwach betrachtet wird, ist in Wirklichkeit schon das Stärkste und wird den Sieg davontragen.

Gerade in der ganz geheimen und schwachen Erscheinung liegt eine Kraft, die die anderen Kräfte herausfordert. Ein kleiner Erlebnisbericht als Beispiel:

Ich lebte im Libanon und sah dort eines Tages an einem Hang ein unscheinbares Pflänzchen, das sich seinen Weg zwischen zwei Felsblöcken bahnte. Ich stellte mir dieses Nichts eines Samens vor, der zwischen den Blöcken eine kleine Vertiefung mit ein paar Krumen Erde gefunden hatte, um dort Wurzeln schlagen zu können. Ich stellte mir auch das Gespräch dieser wuchtigen Blöcke vor über diesen kleinen Schwächling zwischen ihnen: „Was für ein nettes Pflänzchen hat sich zu uns gesellt! Wie zart, wie harmlos!"

Ja, es ist zart und schwach – und STARK zugleich, da das Leben in ihm ist. Gleich zu Beginn, noch als Samenfrucht, war es den massiven Felsen überlegen, und der Tag wird kommen, wo es sie auseinandersprengen wird. Die Überlegenheit des Lebens ist sein Versprechen an die Materie.

Eines Tages fand ich an dieser Stelle nur noch einen Felsblock, an dessen Seite ein Baum gewachsen war, noch jung – aber wie stark! Der andere Block war den Abhang hinuntergerollt. Ein schwacher Lebenskeim hatte das verursacht . . .

Ein Weltgesetz! Der kleine Sämling absorbiert die materielle Erde, um sie in sein Wesen zu verwandeln und zu herrschen. Das ist das Lebensversprechen und das Lebensgesetz.

Steigen wir eine Stufe höher und beobachten wir dasselbe Gesetz bei der *Erscheinung des Menschen:*

Als der Mensch vor vier oder fünf Millionen Jahren auf der Erde erschien, hätte wiederum keine Kamera etwas Besonderes bemerkt, nichts hätte sie einfangen können, denn auch hier folgte der Übersprung vom Tier zum Menschen unauffällig, ja unsichtbar. Am Tage X entdeckte eine höhere Affenart die höhere Intelligenz in sich, und es folgte im Aufleuchten des Geistes eine tiefe innere Verwandlung. Der Mensch war erschienen. Äußerlich unterschied er sich anfangs keineswegs von seinen Brüdern, den Affen, aber er trug in sich ein ganz und gar phantastisches Versprechen, denn ein neues Reich war angebrochen. Erst rückblendend glauben wir es, weil wir selbst den Beweis erbracht haben: Durch seinen Geist hat der Mensch die Erde verwandelt und die Welt erobert, und heute greift er schon nach den Sternen . . . Und all das trat langsam aus einem Versteck hervor, eine unbemerkte Geburt . . . Wo es geschah – vielleicht in Kenia? –, das überlassen wir wieder den Wissenschaftlern, uns interessiert wiederum nur, daß es geschah und daß es unauffällig geschah. Ein unsichtbarer Geistfunke hat ein Feuer entfacht und einen Weltbrand ausgelöst. Wer hätte es voraussagen können? Vorausdenken? Wer hätte es glauben können, wenn er damals dem allerersten Menschen begegnet wäre?

Bei Jesus dasselbe Phänomen. Sein Erscheinen hatte nichts Auffälliges.

Eine neue unbemerkte Geburt. Auf dieselbe Weise wurde auch der göttliche Funke geboren, und ein neues Reich hatte begonnen, versteckt im Anonymen: Unbeachtet, unerkannt in einem Stall am Wegrand. Hätte es Radio und Fernsehen gegeben, man hätte an diesem Tage nichts Besonderes zu melden gehabt. Kein Sprecher hätte verkündet: „Dritter Punkt der heutigen Nachrichten: Jesus Christus, Sohn Gottes, ist heute in Bethlehem zu Judäa geboren worden." Nein, man hätte statt dessen eine Belanglosigkeit vom Hofe des Kaisers Augustus gebracht.

Wir erkennen den „roten Faden". Was mit dem kleinen Samenkorn zwischen den Felsblöcken geschah, wiederholte sich bei der Erscheinung des Geistwesens „Mensch", der inzwischen mit dem Leben „spielt" und es hoffentlich beherrscht ... Es wiederholte sich wiederum beim Phänomen Jesus Christus. Dieses Wesen hat durch seinen Gottesgeist ein anderes Feuer, ein anderes Licht in dieses Leben gebracht, das den Erdkreis erfüllt. Die feurigen Zungen, die am historischen Pfingsten auf die Apostel niedergingen, sind nur ein Symbol dieser Wahrheit. Ein neues Reich, das Christentum, wurde geboren und hat die Menschheit erfaßt wie damals die Biosphäre die materielle Erde.

Welch ein Mißverhältnis zwischen Ursache und Wirkung! Welche Ungleichheit zwischen der Bescheidenheit des Anfangs und des Umfangs des Resultats ...!
Übertrage es jeder auf sein persönliches Leben! Im Verborgenen keimen die großen Entscheidungen. Wenn ich an meine Priesterberufung denke ..., diese „Geburt" war ebenso „unsichtbar" – und doch so stark, daß ich mich noch heute an diesen Tag, und sogar an die Uhrzeit erinnere! Der 8. Mai 1947 um 3 Uhr nachmittags auf unserer Terrasse in der Ambroise-Ralli-Straße in Alexandria-Ibrahemia. Das Haus hielt Mittagsruhe, und um 3 Uhr regte sich in mir jener Keim, im Versteck meines Herzens. Ich war 16 Jahre alt ... Während des ganzen kommenden Jahres hat keine Menschenseele darum gewußt.

Wir können die Geburten der Reiche verfolgen: Nach dem Mineralreich, dem Pflanzenreich und dem Tierreich das Reich des Menschen, und nun das Gottesreich: „Das Reich Gottes ist schon zu euch gekommen" (Matthäus 12, 28b), sagte Jesus und meinte unmißverständlich in diesem Zusammenhang seine Person. Man sollte sich diese enorme Stufenleiter der Entwicklung von der Materie zum göttlichen Geist verbildlichen, meine lieben Freunde! Die aufsteigende Linie führt direkt ins Gottesreich hinein, die gesamte Bewegung kulminiert in Gott. Und dieses neue Reich hielt mit Christus Einzug in unsere Welt. Diese Stufe ist die wesentlichste aller Entwicklungsphasen, und dieses NEUE REICH betrifft jeden einzelnen Menschen dieser Erde, *alle Menschen sind einbezogen in den Heilsplan, alle soll der Vergöttlichungsprozeß erfassen.*

Es ist schon unglaublich, daß dieser sanftmütige, barfüßige Wanderer von seinem Volk wie ein Übeltäter zurückgewiesen, zum Tode verurteilt und verlassen von seinen Freunden, derjenige ist, der die Geschichte aufteilt in zwei Zeiten. Jedes Lexikon, gleich welcher Kultur, zeigt ihn als Achse der Geschichte, denn jedes Ereignis und jeder Name in diesem Lexikon wird zeitlich in Beziehung gesetzt zu diesem Mann: „Vor Christus" oder „nach Christus". WER BIST DU? Warum nicht Ramses II. oder Alexander der Große, warum nicht Cäsar oder ein anderer? WARUM DU? Du warst von allen der Unauffälligste, fast im geheimen hast Du gewirkt, und Du bist nicht alt geworden, nur 33 Jahre. Keine Macht und keine Waffen hast Du gebraucht, und Deine Mitmenschen bezeugen uns Dein Scheitern. Warum bist Du die Achse der Geschichte geworden? . . . Aber nicht wir sollten fragen, denn das Christusmysterium fordert uns heraus, es befragt uns.

> „Jesus Christus, den beide Testamente als ihr Zentrum betrachten, das Alte Testament als seine Erwartung und das Neue Testament als sein Vorbild." (Pascal, „Pensées")

Ja, 2000 Jahre vorausgesagt wurde er, und nun folgen ihm die Menschen seit wiederum 2000 Jahren! Wer ist dieser Vorausgesagte, der so präzis die Prophezeiungen erfüllte? Finden Sie mir einen anderen! Wer ist dieser Mann, der wie kein anderer die menschliche Geschichte veränderte? Finden Sie mir einen anderen!
Wenn es heute eine Macht in der Welt gibt, die dem Kommunismus und dem Materialismus die Stirn bieten kann, dann ist es die Kirche! Wahre Macht ist nicht von physischer Ordnung, und es ist auch nicht nukleare Kraft. In der Bergpredigt verkündet Christus im Zuge der Seligpreisungen: „Selig die Sanftmütigen, denn sie werden das Land erhalten." (Matthäus 5, 5)
Und die furchtbare Versuchung des modernen Menschen besteht darin, Gewalt mit Gewalt zu beantworten. Nur die *Sanftmut* kann aus diesem Teufelskreis herausführen, nur Jesus Christus, wenn an sein Wort geglaubt wird, daß die Zukunft denen gehört, die bescheidenen Herzens sind. Nehmen wir es an? Nein, wir bewundern noch immer den Erfolgsglanz, den Star, den starken Gewinner. Und in dieser Gesellschaft hätten wir obendrein auch noch den Messias als einen unter den „wirklich Großen", damit er uns Christen Ehre mache . . . Aber in diesem Augenblick beugt Christus sich zu uns und sagt:

> „Seid getrost, Ich habe die Welt überwunden."
>
> (Johannes 16, 33b)

Wer bist Du, daß Du das sagen kannst? . . . Was der Welt am schwächsten erscheint, das ist in Wahrheit das Stärkste, und das ist das Geheimnis um Jesus Christus.

Als er unter uns erschien, fand er eine für ihn vorbereitete Welt. Er selbst ist die Vollendung eines langen Weges der Menschheit. Generationen vor ihm haben ihm seinen Weg geebnet, er kam „in sein Eigentum“ zur präzisen Stunde, zu „seiner Stunde“. Vor ihm mußte Echnaton erscheinen und Moses, dann Sokrates und Aristoteles. Die griechische Antike mußte ihr Genie hervorbringen und das Mittelmeerbecken befruchten. Das Alte Rom mußte zu seiner Blüte gelangen und seinen rationalen Staatsstil für die Welt erfinden, bevor Jesus kam. Ein ganz bestimmter Rahmen war bereit, um jenes kleine Kind von Bethlehem zu empfangen. Und dieses Kind zog die Geister und Mächte der Vergangenheit an sich, und zusammen mit ihm bildeten sie eine vollkommen neue Wirklichkeit. Einen ganz außergewöhnlich schönen Text gibt es bei Charles Péguy nachzulesen: „Les pas des légions avaient marché pour lui“, der uns in dichterischer Form diese Tatsache vor Augen führt. Christus erschien und nahm Besitz von dieser Welt, um sie umzugestalten, um sie neu zu gestalten, um ein neues Reich werden zu lassen, sein Reich. Er gab der alten Welt einen neuen Geist, seinen Geist. Das Christentum findet eine fertige Welt wie lockere Erde vor und gestaltet sie von Grund auf neu – wie ein Same, der in eine reiche Erde fällt, jetzt alle Elemente dieser Erde in sich verbindet, um „etwas Neues“ hervorzubringen. In der neuen Pflanze sind jene Erdelemente zwar enthalten, aber sie sind zu einer völlig anderen Einheit, zu einer neuen Struktur, zu einer Synthese verbunden. Der Geist Jesu hat diese bereits existierenden Weltteile in seiner Person zu einer neuen Einheit gebracht, die man jetzt das Reich nennt. Jesus wußte, wer er war und was er tat, und er offenbarte uns seine Sendung. In all seiner extremen Bescheidenheit verkündete er, was nur ein Wahnsinniger oder ein Heiliger Gottes verkünden kann:

> „Ich bin der Weg, die Wahrheit und das Leben,
> niemand kommt zum Vater als durch Mich.“ (Johannes 14, 6)

Wer bist Du, um das behaupten zu können? Dieses *„Ich bin“* ist neu! Die anderen sagen mir: „ich habe einen Weg, ich habe eine Idee, ich habe eine Lehre, ich habe die Wahrheit.“ Und wie viele sagten das schon! Aber „Ich bin die Wahrheit“ – das sagte nur Christus. Ich bin der Weg. Ich bin die Wahrheit. Aber ihr werdet noch lange Zeit nach anderen Wegen suchen und anderen Ideologien nachlaufen und euch dabei verlaufen. Noch lange Zeit werdet ihr anderen Denkern und Führern glauben, und ihr werdet den Weg und die Wahrheit nicht finden. Ich bin der Weg. Ich bin die Wahrheit.

Christus ist das kosmische Leben, er ist das Leben der Welt, er ist das Leben aller Wesen dieser Erde. Er ist das Leben der Bäume in stillen Wäldern, und er ist das wimmelnde Leben in Kairos Straßen. Ich muß erkennen: Ich habe nur mein Leben, Jesus aber ist das Leben. Und der Mensch muß demütig anerkennen, daß er die Unsterblichkeit nicht als ein Recht in sich trägt. Da werden Sie mir sagen: „Aber die alten Ägypter und andere Völker haben doch bereits gesagt, der Mensch sei unsterblich!"

Von Rechts wegen unsterblich? Eine Selbstverständlichkeit? O nein, von Rechts wegen ist der Mensch ein Wesen des Todes. Ich sterbe endgültig. Das lehrt auch Paulus: „Ich bin ein zum Tod verurteiltes Wesen." Meine Unsterblichkeit ist wie meine Gesamt-Existenz reine Gnade, und es wird kein anderes Leben für mich geben, wenn ich es nicht schon heute in mir habe. Du magst Deine Toten einbalsamieren mit raffinierten Methoden wie die alten Ägypter, Du magst sie tiefgefroren aufbewahren wie manche moderne Amerikaner, Du magst das Leben biologisch verlängern auf 150 Jahre . . . Danke! Nicht für mich! Ich nehme das Angebot Christi an, nur seins, denn mit ihm gehe ich auf ein völlig anderes Leben ein, auf ein Leben über dem Leben, auf ein höheres, ein ewiges – auf das wahre Leben. Ich glaube an sein Angebot: *Ich bin das substantielle Leben, die Quelle, und ich gebe es demjenigen, der mich aufnimmt.*

Wer wagt, eine solche Überzeugung zu haben, eine solche Behauptung zu machen? Von keiner anderen menschlichen Gestalt hörte ich je eine solche Anmaßung, dazu vollkommen emotionslos auf die selbstverständlichste Art. Wer das sagte, wußte wer er war, er sprach von seiner Person, deshalb in der Ich-Form. Die christliche Botschaft ist nicht das Evangelium, sondern sie ist JESUS CHRISTUS, *eine Person.*

Die einzige Religion, die sich mit einer Person gleichsetzt und nicht mit einem Buch, ist die christliche Religion. Das Christentum ist keine Doktrin, sondern eine Person, ein Wesen, UND DIESES WESEN IST SCHON DIE GANZE OFFENBARUNG.
Es gibt einen Mann, der über die modernen Kommunikationsmittel sagt: „Das Medium ist die Botschaft" (McLuhan), und das übertrage ich auf Jesus Christus. Er ist das Medium, also ist er die Botschaft selbst. Sich zum Christentum bekehren, heißt nicht ein Lehrgebäude unterschreiben, sondern es heißt: In Jesus Christus eindringen, ihn lieben und aus ihm leben!

> „Ich bin die Tür, wer durch Mich eingeht, der wird gerettet werden, er wird ein- und ausgehen und Weide finden."
>
> „Ich komme, damit sie Leben haben, ja, damit sie es überreichlich haben. Ich bin der gute Hirte." (Johannes 10: 9, 10b–11a)

Sehr bestimmend, fast kategorisch erklärte er uns, daß er die „Tür" und der „Weg" sei. Sucht nicht woanders – ihr sucht umsonst – kommt zu mir und tretet ein – nur hier könnt ihr vereint werden – hier ist das Reich – ich bin es. Die Menschheit sucht heute intensiver denn je ihre EINHEIT, meine lieben Freunde, und gerade dabei zersplittert sie sich, weil sie auf verstreuten Wegen sucht. Führer schwirren wie Eintagsfliegen um uns, Kometenblitze nur, so schnell verschwunden wie erschienen, und das geht vom Anfang der Geschichte bis zum heutigen Tag. Und seit 2000 Jahren sagt uns Jesus, daß er DER GUTE HIRTE sei – oder: „Ich bin der Weinstock, ihr seid die Rebzweige." (Johannes 15, 5a)

Er sagt uns, daß er allein der Menschheit, die auf der Suche nach ihrer globalen Einheit ist, den Geist einflößen kann wie der Weinstock den Zweigen den Saft. Durch seinen fruchtbaren Gottesgeist fügt er die vielverzweigte Menschheit zur organischen Einheit. Er weiß, daß die Staats- und Weltparlamente, die Tagungen, Kongresse und Komitees mit all ihren Gesetzen und Statuten diese menschliche Einheit nicht zuwegebringen werden. Das Gutgemeinte bleibt stecken, oder es ist von vornherein Lüge ... Die Zeitungen unserer Epoche wie aller Epochen sind voller Lügen! Und wie viele Falschmeldungen servieren uns zusätzlich Rundfunk und Fernsehen! Eine einzelne Nachricht mag sich aus einer ganzen Kette von Falschinformationen zusammensetzen, und das Resultat wird dann ausgestrahlt für Millionen ... mit dem Ergebnis: Man treibt den Menschen in die depressive Angst oder man macht ihm falsche Hoffnungen mit all diesen „Neuheiten" und „Neuigkeiten" ... Im Grunde genommen ist jede Neuigkeit alt, uralt, denn alles dreht sich im Kreise, und nichts führt heraus als Jesus allein.

Ich werde euch zur Einheit führen können, denn ich kam nicht, um euch 10 neue Gebote zu bringen mit neuen Gesetzen, sondern um euch den Geist zu bringen und die Liebe zu schenken.

Solange unsere Menschheit nicht den Geist und die Liebe Christi erkennt, solange wird sie ihre Einheit – und damit den Weltfrieden – nicht finden. Geist und Liebe Christi müssen erkannt und verwirklicht werden, dann eint er alle Völker dieser Erde zu einem Leib. Deshalb glaube ich an Christus, denn er bedeutet Zukunft.

Er hat das vorletzte und das letzte Wort. Er ist jene Kraft, nach der die Menschen heute mit ganzer Seele streben, auch wenn es ihnen noch nicht bewußt ist.

Aus diesem Grunde durchreise ich in Kürze den Sudan, um dort eine Tür für Jesus Christus zu öffnen, denn ich glaube, daß ihm allein diese Welt gehört und die Zukunft dieser Erde. Wir sind sein. Es genügt, daß man in einem bestimmten Maß von Christus erfaßt worden ist, um ihn notwendigerweise überall zu verkünden. Man muß es.

Heute, auf dem Wege nach hier, traf ich einen alexandrinischen Priester, der mich fragte, wohin ich ginge. Ich sagte: „Ins Markus-Kollegium, ich werde einen Vortrag halten." Er fragte: „Worüber denn? Welcher Titel?" Als ich antwortete: „Wer ist Jesus Christus?", da sagte er schmunzelnd: „Ach was! ... Sind Sie noch immer dort?"

Ja, meine lieben Freunde, ich bin noch immer dort. Als moderner Priester verkündet man heute vermutlich Marx, Althusser, Freud – aber nicht mehr Jesus Christus. Jesus Christus ist überholt, vorbei, der Saal wäre leer! . . . Nun, dieser Saal ist nicht leer, und ich vermute, daß die Frage nach Jesus Christus nicht überholt und vorbei ist. Ich glaube an ihn, ich glaube mit Sicherheit, *daß er die einzige Antwort auf eine Welt ist, die sich im Karneval dreht.*

Er wußte es. Er wußte, wer er ist. Er wußte, was er verkündete. Er wußte, was er anbot. Er wußte, warum er es anbot.

Ich bin der Weg, die Wahrheit und das Leben
Ich bin die Tür
Ich bin der gute Hirte
Ich bin das Haupt, ihr seid die Glieder
Ich bin der Weinstock, ihr seid die Rebzweige
Ich bin der Sohn des lebendigen Gottes
Ich bin der Menschensohn
Ich bin die Auferstehung und das Leben
Ich bin das ALPHA und das OMEGA
Ich bin der Erste und der Letzte
Ich bin der Lebendige.

Seine Worte! In großer Einfachheit hat er diese ungeheure Wahrheit in seine Reden geflochten. ICH BIN ES, KEIN ANDERER.

Meine Freunde, der Tag der Selbstentscheidung muß im Leben eines Menschen kommen, an dem er seine Religion frei wählt, an dem er sich intensiv und ehrlich befragt, weshalb er Christ ist. Er kann nicht durch elterliches Vorbild und Erziehung einmal und für immer im traditionellen Erbe stehenbleiben, sondern er muß seine Wahl treffen. Das ist lebenswichtig für ihn. Und es ist gut, daß die indischen Gurus und Yogis gegenwärtig die halbe Welt durchwandern, da unsere christliche Jugend durch diesen Denkanstoß vor ihre persönliche Wahl gestellt wird; der einzelne wird „erweckt" und genötigt, sich auseinanderzusetzen. Wenn er es ernst nimmt, dann stellt er sich bald die einzig wichtige Frage:

„Warum bin ich Christ?"

Und alle Christen, die sich mit Yoga und asiatischen Meditationspraktiken beschäftigten oder sorgfältig den Koran Allahs studieren, werden früher oder später erkennen, warum sie Christen sind. Die Antwort auf alle anderen Religionen und Philosophien und Ideologien ist von christlicher Seite in ihrer Einfachheit erschütternd:

„Weil Gott Mensch geworden ist, deshalb bin ich Christ."

Der Mensch ist frei. Er mag diese Tatsache annehmen und bejahen, oder er mag sie zurückweisen und leugnen. Es steht ihm frei. Und wenn ich denen glauben wollte, die mir die Möglichkeit der Menschwerdung Gottes auszureden versuchen, dann sage ich: „So ist der Mensch nicht nur ein Bündel von Fragezeichen, sondern ein Irrtum der Natur, ein Ungeheuer." Ohne die Inkarnation, ohne „GOTT MIT UNS" bleibt die Menschheitsfrage ungelöst. Niemals wird es eine Antwort geben. Ich wähle das Christentum bewußt, weil es eine Religion jenseits aller Religionen ist. Ich will Christ sein, weil das Christentum nicht eine religiöse Idee ist unter anderen, sondern eine TATSACHE.

Außerdem glaube ich unerschütterlich an Christi Versprechen, die er uns gab, denn Gott ist treu. „Wer könnte uns je von der Liebe Christi trennen?", fragt Paulus. Weder Tod noch Leben! Keine Not, keine Angst, kein Leid und kein Schmerz, keine Enttäuschung, keine Feindschaft, keine Verfolgung. Über all das triumphieren wir in Jesus Christus, der uns liebt, jeden von uns.

DIE ERLÖSUNG

Wir haben von der Dreifaltigkeit gesprochen und in diesem Mysterium eine innere Logik gefunden, die sich klar zu erkennen gibt, auch wenn sie sich nicht selbst erklärt. Wir haben von der Inkarnation gesprochen, und auch im Zentrum dieses Mysteriums fanden wir eine innere Logik, und wir erkannten sogar die Notwendigkeit der Menschwerdung Gottes. Logik der Dreifaltigkeit, Logik der Inkarnation. Auf dieselbe Weise können wir von einer *Logik der Erlösung* sprechen. Entdecken wir nun gemeinsam, wie sich auch die Erlösung als etwas wesentlich Notwendiges in das christliche Mysterium einfügt.

Ich denke, daß es zwei Arten einer Erlösungslogik gibt. Zunächst haben wir die *äußere Logik,* in der man dieses Mysterium als eine Konsequenz der Erbsünde unter dem Zeichen einer strafenden Gerechtigkeit darstellt, durch die Gott seine persönlichen Ansprüche auf Wiederherstellung und Sühne befriedigt. So lautet die traditionelle Doktrin, die uns im Katechismus gelehrt wird und die wir heute Abend sehr wahrscheinlich kritisieren, wenn nicht sogar ausklammern werden, wenn ich so sagen darf.

Es gibt noch die andere Logik, *eine innere,* die wir jetzt gemeinsam zu entwickeln suchen, und das ist die Logik der Liebe.

Der Schlüssel zum Dreifaltigkeitsmysterium war die Liebe. Der Schlüssel zum Mysterium der Inkarnation war die Liebe. Dieser Schlüssel allein wird uns auch das Mysterium der Erlösung öffnen, denn Gott ist Liebe. Wenn jenes große Wort wirklich Sinn und Bedeutung hat, dann öffnet es uns alle Türen. Das Wort GOTT IST LIEBE ruht tief am Grunde aller christlichen Mysterien.

Gehen wir zunächst zurück zur *äußeren Logik der Erlösung* und erinnern wir uns daran, wie die Tradition sie erklärt: Gott hatte in die Paradiesmitte einen Baum gesetzt und zum Menschen gesagt: „Sobald du davon ißt, bist du des Todes." (Genesis 2, 17b) Der Mensch war hochmütig, er aß dennoch von der verbotenen Frucht, und Gott strafte ihn in seinem Zorn: „So trieb der Herr den Menschen aus dem Garten Eden." (Genesis 3, 23a) Ein Engel mit Feuerschwert bewachte die Gartenpforte. Weitere Strafen folgten, Mensch und Erde sind verflucht, der Mensch ist sterblich geworden, er leidet; Schmerz und Tod werden seine Partner.

Doch jener Fall blieb nicht des Menschen einziger Fall, sondern er sündigt weiter. Die Geschichte einer wuchernden Sünde zieht sich durch die Kapitel der Genesis, bis Gott mit einem erneuten Strafgericht antwortet: die Sintflut. Er setzt die Erde unter Wasser und ertränkt außer Noah und seiner Familie ihre Bewohner. Aber auch das zweite Gericht reicht dem Menschen nicht aus. Die Sünde erstarkt intensiver denn je, bis Gott Feuer und Schwefel auf Sodom und Gomorrha wirft; und wir finden im Fortlauf des biblischen Berichts alle Arten von Katastrophen als göttliche Strafgerichte über der Menschheit. Gott – der ewig Zornige, der Rachsüchtige, der unaufhörlich Strafende.

Gott fordert für die menschliche Sünde eine Rückvergütung nach dem Maß des Vergehens, ein Lösegeld zum Loskauf der Schuld; so sieht der Mensch sein verhängnisvolles Schicksal und versucht durch Opfer den Gotteszorn zu mildern: Er opfert Schafe, Kälber, Stiere – Gott aber zeigt sich unersättlich. Er fordert noch mehr Opfer, noch mehr Blut, wie ein Vampir, der Blut nötig hat, um seinen Zorn darin zu ertränken. Das Opferblut der Tiere genügt ihm bald nicht mehr, eines Tages fordert er von Abraham das Blut seines einzigen Sohnes, das jedoch, wie wir wissen, nur ein Glaubens- und Gehorsamstest gewesen war. Was hätte Gott auch dieses Menschenblut genützt?

Das Sündenkonto des Menschen ist ins Maßlose angestiegen und stellt jetzt eine derart tiefe Beleidigung Gottes dar, daß selbst Menschenblut nichts mehr begleichen könnte. Es bedarf jetzt eines Opferaktes nach Gottesmaß. Der angestiegene Preis, der gezahlt werden muß, muß der Schuldenlast voll entsprechen, demnach kann nur ein Gott noch helfen. Die logische Folge (wir sprechen von der äußeren Logik!) ist die Inkarnation des Gottessohnes auf Erden. Christus kommt, leidet und stirbt, um alle Menschenschuld zu sühnen. Ein Vergehen von unendlicher Dimension erfordert eine Vergütung von ebenfalls unendlicher Dimension, eine maßgerechte. Gott zürnt, Gott fordert Vergeltung, denn er ist verletzt in seiner Würde. MENSCHWERDUNG, PASSION und KREUZ ist auch Erlösungswirken durch Blutopfer, aber nur das Blut des Gottessohnes vermag das gestörte Gleichgewicht wieder herzustellen. Gott ist befriedigt, als er das Blut des Sohnes sieht und dessen Tod erhält. Seine Ehre ist gerettet.

Ich weiß nicht, meine lieben Freunde, was Sie von diesem Gotteskonzept halten. Hat man uns Gott nicht so dargestellt, als wir Kinder waren? Ist es nicht der Gott vieler düsterer Predigten, die wir kennen? Ist es nicht der Gott des alten Katechismus und vieler frommer Bücher, die wir lasen? Leider ja! Und daher ist es gut verständlich, daß viele moderne Menschen angesichts eines solchen Gottesbildes über ihren Glauben steigen und ihn aufgeben. Sie verabschieden sich von einem solchen Gott und bezeichnen sich als Atheisten.

Ich möchte mit Ihnen heute abend über die andere Logik, die innere Logik der Erlösung sprechen, es ist die Logik der Liebe.

Diese *Liebeslogik* Gottes kennt keine rachsüchtige Justiz für die Beleidigung seiner Ehre, die nach Sühne dürstet. Nein, es ist eine Logik innerer Ordnung, die eine Wunde betrifft. Nicht die Gottesehre ist verwundet, sondern die Gottesliebe. Dieser Sichtwechsel wird unser bisheriges Konzept von der Erlösung erschüttern. Es ist etwas vollkommen anderes als jene Tragikomödie, die uns von der Tradition gespielt wurde.

Ich möchte versuchen, das Erlösungsmysterium in sechs verschiedenen Dimensionen darzustellen, und dabei wird es sich um *sechs Notwendigkeiten* handeln:

- Die Erlösung ist eine Notwendigkeit der Liebe.
- Die Inkarnation führt zur Notwendigkeit des Kreuzes.
- Durch sein Wesen selbst ist Jesus notwendigerweise Erlöser.
- Jesus muß sterben, aufgrund unserer Sünde ist es notwendig.
- Die notwendige Erlösung in ihrer Koexistenz zur Geschichte.
- Auf Golgatha bricht notwendigerweise das Herz Christi.

Die Erlösung ist eine Notwendigkeit der Liebe:

„Lieben“ bedeutet mit dem andern sein wollen, wie der andere sein wollen. Wenn Gott Liebe ist, dann muß er notwendigerweise die Nähe des Menschen suchen und sein Schicksal teilen. In seinem Sohn sandte Gott seine Liebe und verband sich mit dem Menschen. Der christliche Gott hat in Wahrheit mit dem Menschen gelebt – Immanuel –, für die Liebe Gottes war es eine Notwendigkeit. „Und das Wort ist Fleisch geworden und hat unter uns gewohnt.“ (Johannes 1, 14a)

Er ist Fleisch geworden, weil wir Menschen fleischliche Wesen sind, und er hat unter uns gewohnt, weil er mit uns und wie wir sein wollte. Es mußte geschehen, daß Gott das Leben des Menschen teilte, denn er liebt ihn. Es mußte auch geschehen, daß Gott Leid und Tod mit dem Menschen teilte, weil er ihn liebt. Diese Notwendigkeit, konsequent durch alles hindurch und bis zum Absoluten der Liebe zu gehen, war eine dem Inkarnationsgeschehen eng verbundene Notwendigkeit. Gott wollte ganz mit dem Menschen sein, ganz, bis ans Ende seiner sterblichen Existenz. Der miteinbezogene Tod Gottes am Kreuz war sein vollkommener Einsatz, nichts Menschliches ist in göttlicher Distanz umgangen worden, nicht einmal der menschliche Tod.

Ich las einmal eine Szene in dem Buch „Die 25. Stunde“ von Virgil Georghiu, die ich nie wieder vergessen habe. Bitte hören Sie:

> „Trajan betrat den Raum, der Prokurator folgte ihm. ‚Du bist ja aufgeweicht!‘ sagte er. Trajan errötete und sah auf seine schlammigen Schuhe und auf seine Kleidung, von der das Wasser aufs

Parkett tropfte. Er war völlig durchnäßt, aber ganz unnötigerweise ...

Moritz hatte ganz allein das junge Mädchen aufgehoben und zum Wagen getragen. Seine Hilfe war nicht notwendig gewesen, und doch hatte er die ganze Zeit im strömenden Regen neben ihm gestanden. Jetzt analysierte er sein Verhalten und wußte, daß er es in Zukunft in ähnlicher Situation wieder tun werde, ebenso! Es ist jene Notwendigkeit, das Leid mit dem Mitmenschen zu teilen, selbst wenn unsere Hilfe ohne jeden praktischen Wert und demnach nutzlos ist, denkt Trajan.

Der Priester trat ein. Auch er war durchnäßt. Das Wasser rann aus dem Haar übers Gesicht. Er hatte Moritz wie seinen Sohn begleitet, obwohl Moritz auch ihn nicht gebraucht hatte.

So verhält sich Gott, denkt Trajan. Die ganze Erschaffung des Universums war eine unnötige Geste. Gott schuf Dinge ohne praktischen Nutzen, aber das sind die schönsten Dinge. Die Existenz des menschlichen Lebens ist nicht notwendig und sie hat keinen ersichtlichen Sinn – wie meine Geste oder die des Priesters neben Moritz. Doch dieses innige Tun hat seine Größe. Trotz seiner Nutzlosigkeit hat es höchsten Wert."

Die nutzlose Geste der Schöpfung ist eine höchst notwendige Geste. Die nutzlose Geste der Inkarnation ist eine höchst notwendige Geste. Die nutzlose Geste des Erlösungsopfers ist eine höchst notwendige Geste.

Dem äußeren Anschein nach ist Gott völlig umsonst auf Erden erschienen, und umsonst hat er seinen Tod unter uns erlitten. Aber es geschah und mußte geschehen im Rahmen der Liebeslogik Gottes.

Trajan und der Priester wollten mit Moritz sein, ihm beistehen aus Mit-Leid, und so ist es auch bei einem Begräbnis, wo die Gegenwart der Anwesenden außerordentlich notwendig ist. Dieses Mit-Sein ist nutzlos und zugleich von höchster Notwendigkeit.

Jesu Passion! Es mußte geschehen, daß Christus litt, denn er mußte mit dem Menschen in dessen Leiden stehen, das ist die Notwendigkeit der Liebe. Das Wort „muß" oder „es muß sein" kehrt wie ein Refrain im Evangelium wieder, gesprochen von ihm selbst. Sein Leiden muß sein.

Meine lieben Freunde, wer nicht liebt, der wird auch diese Geste nicht begreifen können. Wer niemals wirklich liebte, wird niemals wirklich verstehen. *Nur die Liebe versteht die Liebe,* jenes tiefe Verlangen nach dem Miteinandersein, nach dem Sein-Wollen wie der andere, nach dem Mit-ihm-leiden-Wollen, nach dem Mit-ihm-sterben-Wollen.

Ich denke auch an gewisse unsterbliche Romane – groß, klassisch, wunderbar! Das Mädchen stirbt in den Armen ihres Geliebten, und er stirbt mit ihm. Seine Liebe kann vor dem Tod nicht stehenbleiben, er will Leben und Tod mit diesem Wesen teilen, da er es – im wörtlichen Sinn – unendlich liebt. Er will mit ihm sein und ihm dorthin folgen, wohin es jetzt geht. Es muß sein ... Das ist der Liebestod in der Literatur, wir kennen ihn alle, und alle wissen wir, daß es diesen Grad von Liebesfähigkeit wirklich gibt ... Ist der Tod dieses Mannes notwendig? Hätte er nicht ohne dieses Mädchen leben können? ... Ganz offenbar war es nicht möglich.

So liebte uns Jesus Christus. So sehr hat Gott die Welt geliebt, daß er leben und leiden und sterben wollte wie diese Welt – wie der Mensch. Seine Geste ist logisch, aber es ist eine vollkommen andere Logik als diejenige, von der wir eingangs sprachen.

Die Inkarnation führt zur Notwendigkeit des Kreuzes:

Das Kreuz ist das folgerichtige, notwendige Ziel der Menschwerdung Gottes. Inkarnation und Kreuz stellen ein und dieselbe Bewegungslinie dar, sie sind ein und derselbe Akt. Der Akt, in dem Gott sich bei uns inkarniert, ist nur der Beginn eines Geschehens, das sich bis nach Golgotha spannt. Eine göttliche Handlung ist der Lebensweg Jesu, und das bedeutet: Einmal hat er seine Hand ins Spiel gesetzt, und diese Hand mußte notwendigerweise auch den bitteren Kelch umfassen. Der Akt seiner Zustimmung, sich selbstvergessend dem Vater auszuliefern, ist ein Akt kindlichen Gehorsams, kindlicher Liebe und Hingabe. Diese Ganz-Bereitschaft läßt ihn in den Willen des Vaters eintreten, und damit betritt er einen Weg, dessen Ziel ihm noch unbekannt ist, aber er hat ihn blind unterzeichnet. Sein Ja ist ein vollkommenes Ja.

> „Siehe, Ich bin da, um Deinen Willen zu erfüllen."
> (Hebräer 10, 9a)

Von diesem Geist, der ihn von innen her bewegte, ließ Christus sich bis zur letzten Stunde seines Lebens führen. In vollkommener Hingabe ging er einer Zukunft entgegen, die er in dieser furchtbaren Form ganz gewiß nicht wollte, denn er war Mensch geworden, aber

> „Er erniedrigte sich selbst, ward gehorsam bis zum Tode, ja bis zum Tod am Kreuz." (Philipper 2, 8)

An dieser Stelle werde ich einen Essay von mir vortragen, in dem ich aufzeigen wollte, daß die Inkarnation und die Erlösung ein und dieselbe Wirklichkeit darstellen. Man spricht heute auch häufig von der „erlösenden Inkarnation", denn Jesu Leben ist EINE Gotteshandlung.

Inkarnation und Erlösung

Der vermittelnde Charakter Christi ist eingeboren in seine Person, er bildet ihr innerstes Wesen. Christus ist als Gott und Mensch zugleich derjenige, der die Brücke schlägt zwischen uns und unserem Schöpfer.

Diese Mittlerschaft, die Christus zwischen uns und Gott sichert, darf nicht als ein mehr oder weniger selbstverständlicher, rechtmäßiger Schritt neben dem Vater angesehen werden, sondern als die ontologische Wirklichkeit seines Wesens. Paulus sagt uns, daß sich diese Vermittlung durch das Blut seines Kreuzestodes verwirklichte:

„Er ist das Abbild des unsichtbaren Gottes, der Erstgeborene vor aller Schöpfung, denn in Ihm ist alles erschaffen, was in den Himmeln und auf Erden ist, das Sichtbare und das Unsichtbare.

Er ist das Haupt des Leibes, der Kirche. Er ist der Anfang und der Erstgeborene von den Toten, um so den Vorrang von allen zu besitzen.

Und Gott gefiel es, daß die ganze Fülle in Ihm wohnte und Er auf Ihn das All auf Ihn hin versöhne, was auf Erden und im Himmel ist, indem Er durch sein Blut am Kreuz Frieden stiftete." (Kolosser 1, 15–16a, 18–20)

Was will uns Paulus über die Bedeutung des Opfers von Golgotha sagen? Was bedeutet es uns in der Vermittlung, die Christus uns sichert?

Es stellt die Krönung und Vollendung der Vermittlung dar, und das in einem ganz wahren Sinn. Die Erlösung ist im Moment der Inkarnation schon vollkommen verwirklicht worden. Die bedingungslose Vollbereitschaft, diese Ganzhingabe des WORTES an den Vater und des Menschen Jesus an das WORT, die den Akt der Inkarnation bildet, ist schon in sich erlösend und ausreichend, um die Brücke zu schlagen.

Der Gehorsam der Inkarnation enthält in sich bereits das Heil der Welt, da es ein bedingungsloses JA gegenüber dem Vater ist. Das Kreuz wird dann nur als sichtbare Krönung eine historische Darstellung werden.

Dieser Kreuzesgehorsam ist kein anderer als der der Inkarnation, hier aber „dramatisiert", historisch vollzogen und bis ins Letzte „unterzeichnet".

Durch diesen Gehorsam Jesu sind wir losgekauft und errettet worden, durch ihn hat sich die Vermittlung zwischen Gott und uns verwirklicht. Es war der Gehorsam gegenüber dem Gottesplan im Akt der Inkarnation und im Tod auf Golgotha.

> So genommen ist das Leben Jesu zwischen zwei Gehorsamsakte gestellt, die einen Zustand fortwährender liebender Unterwerfung unter den Vater darstellen – und das ist das Wesen der Person Jesu. (Henri Boulad, Essay 1964)

Jesus ist Sohn. Er liebt den Vater so sehr, daß er sich ihm rückhaltlos überantwortet. Dein Wille geschehe. Sein ganzes Tun und Denken wird von diesem Geist geführt. Wie oft heißt es im Evangelium: „. . . und der Geist erfüllte Ihn . . ., und der Geist befahl ihm . . ., und der Geist trieb Ihn . . ."

Der Geist – das ist jenes gehorsame Verhalten gegenüber dem Vater, es ist jene Offenheit und Gelehrigkeit zu jedem Augenblick, es ist Total-Bereitschaft. Aus diesem Geist heraus wirkt der Gottessohn. „Es mußte geschehen, daß Christus litt . . .", sein Leiden ist einbezogen, und es bildet den Abschluß eines Weges, zu dem er eine „Blanko-Signatur" gegeben hatte im Akt der Menschwerdung.

Durch sein Wesen selbst ist Jesus notwendigerweise Erlöser:

Erinnern wir uns noch einmal an das Thema unseres letzten Abends: „Wer ist Jesus Christus?" Die Inkarnation bricht die menschliche Sphäre an einer Stelle auf, es ist Jesus Christus, der Pontifex. Eine Passage ist geschaffen worden, durch die der Mensch Gott erreichen kann.

Heute sage ich noch deutlicher: Inkarnation ist nicht nur Brückenschlag, sondern erlösende Inkarnation durch Jesu zweifaches Ja als Konsequenz seines Wesens: Sein Leben besteht darin, den Willen des Vaters zu erfüllen und sein Werk zu vollenden. Diese totale Selbstaufgabe bildet den Wesenskern Christi, durch sein Wesen selbst ist Jesus unser Retter. Im bedingungslosen JA der Inkarnation öffnete er sich ganz und ließ sich vollkommen von Gott erfassen und durchdringen. Er wurde Mensch. Alle Fülle Gottes floß durch sein bedingungsloses JA der Inkarnation in Jesus ein. Jesus ist das auserwählte Gefäß für die Fülle Gottes, und er reicht uns diese Fülle weiter in der Logik der Erlösung, das heißt in der *Logik des Kreuzes*. Sein zweites Ja war notwendig, um dieses Gefäß zur Menschheit hin zu öffnen, damit sie teilhaben könne an der Gottesfülle, die in Christus ist. „Aus seiner Fülle haben wir alle empfangen: Gnade um Gnade." (Johannes 1, 16)

Jetzt, hier am Kreuz, vollendet sich sein Ja der Inkarnation, indem er sich auslöschte – für uns.

> Christus ist nicht nur das Empfangsgefäß, das nach „oben" weit geöffnet ist, um die Fülle Gottes aufzunehmen, sondern er ist zugleich das zerbrochene Gefäß, das zerschlagen wird, um nach „unten" sich zu öffnen.

So wird Christus zum Kanal der Gnade, zwischen Gott und der Menschheit. Göttliches Leben ergießt sich über die Erde.

Und wo finden wir jetzt Christus?
Wir finden ihn nur noch in seiner Wirkung, denn auf Golgotha hat er sich weggegeben. Nach seiner Selbstvernichtung ist er nichts als eine Tür, eine offene Tür. „Ich bin die Tür" (Johannes 10, 9a), und wir wissen, daß eine offenstehende Tür Leere bedeutet, daß sie „nichts" ist, sie bedeutet offener Durchgang, eine Verbindungsmöglichkeit zwischen zwei Bereichen. Vollkommen hat Jesus sich entäußert, um reine Kommunikation zwischen dem Wesen Gottes und dem Wesen des Menschen zu sein – reine Transparenz.

Schon während des letzten gemeinsamen Mahles findet das Erlösungsmysterium statt, hier geschieht schon die Kreuzigung, als er seinen Leib den Jüngern reicht und sagt: „Nehmet hin und esset, das ist Mein Leib" (Matthäus 26, 26b), denn das ist sein JA an uns, die Menschheit. Nehmet! Ich bin es! Nehmt Mich in euch auf! Hier vollzieht sich in Wahrheit die Vergöttlichung des Menschen, schon hier während der ersten Kommunion in der Geschichte, meine lieben Freunde. Was mit der Inkarnation in Nazareth begann, findet in Jerusalem seine Vollendung. Erkennen wir die Logik in Jesu Leben und Auftrag? „Alles muß sich erfüllen, und so mußte Christus leiden", ja er *mußte*.

Jesus mußte sterben – auf Grund unserer Sünde war es notwendig:

Glauben wir vor allem niemals, daß Jesus in jedem Fall unseren Preis zu zahlen hatte! Ich werde Ihnen eine andere Logik dieser Notwendigkeit zeigen. Der folgende Textinhalt wiederholt sich immer wieder:

> „Alles muß sich erfüllen, was im Gesetze des Moses, bei den Propheten und in den Psalmen über Mich geschrieben steht. Es steht geschrieben, und so mußte Christus leiden..." (Lukas 24, 44b, 46a)

Wir haben den Eindruck, daß Gott vor langer Zeit das Drehbuch zu diesem Drama um Jesus geschrieben hatte, und nun muß es sich erfüllen, weil es so geschrieben steht. Der Text liegt fest und geht nun in Szene, ein geistiger Entwurf wird in reales Geschehen umgesetzt, und damit werden gewisse Textstellen „erfüllt". Jesu Leben wäre demnach unabwendbares Schicksal, das unerbittlich auf ihm lastet. Ist das die Wahrheit? ... Zuweilen sieht man einen Film laufen und weiß genau, daß das Ende des Stückes längst beschlossen ist, fixiert auf die letzten Meter der Filmspule, und doch zittern die Zuschauer und hoffen bis zuletzt auf einen besseren Ausgang, einen schöneren, einen glücklicheren. Was jedoch kommen muß, ist längst vorhanden, denn es steht geschrieben – in der Spule. Haben wir nicht diesen Eindruck beim Lesen der beiden Testamente? Wurde nicht alles vorausgesehen, vorausgesagt, und man hatte stillschweigend zu warten? Christus wird dem Text gemäß erscheinen, und dem Text gemäß wird sich sein Schicksal entfalten. Ist das die Wahrheit . . .?

O, nein! Falsch! Jeden Augenblick wurde Christi Leben neu erfunden – und zwar von uns allen! Er hat nicht gewisse Dinge erfüllt, weil sie vorausbestimmt worden waren, sondern er hat sie in freier Entscheidung erfüllen müssen – auf Grund der ihm gegenüberstehenden menschlichen Freiheiten. Seine Freiheit und die der Menschen trafen notwendigerweise aufeinander. Rückwirkend betrachtet hat der damalige inspirierte Prophet geschaut und niedergeschrieben, was zwangsläufig kommen mußte. Eine Notwendigkeit. Das müssen wir verstehen.

Wir Menschen haben sehr häufig die Tendenz, Ursache und Wirkung miteinander zu verwechseln, also zu vertauschen. Ich sage „nein" zu der Behauptung, daß Jesus etwas verwirklichen mußte, weil es so geschrieben stand. Er mußte sich dem gegenseitigen Kräftespiel der Freiheiten gemäß verhalten, die ebenso geschrieben standen, da vorausschaubar.

Auf dieselbe Weise diskutieren irrtümlich viele Menschen – und das ist die berühmte Argumentation auch in unseren Schulen, in allen Klassen, und in allen Jahrgängen wiederholt sie sich ohne Ende:

> „. . . aber wenn Gott mein Schicksal bis zur letzten Stunde kennt, dann bin ich nicht frei! Wenn Gott die Zukunft der Menschheit kennt, dann ist niemand frei, sondern wir werden durch seine Vorsehung bestimmt."

Und immer und immer wieder heißt es, dem Fragenden begreiflich zu machen, daß der Mensch ganz frei ist:

> „Gott kennt Dich bis in die Urtiefen Deiner Seele, und er schenkt Dir alle Freiheit. Aber er „sieht" Deine zukünftige Wahl, weil es in ihm keine Zeit gibt. Gott ist zeitlose Ewigkeit. Liebend schaut er auf Dich und kennt Deine freie, ganz persönliche Wahl, bevor Du Dich selber kanntest. Er kennt Dein Ziel – und niemals liegt ein Zwang auf Dir. Er respektiert Deine Freiheit. Du bist frei, alles zu tun, alles zu unterlassen.
> *Das ist Gottes Vorauswissen und nicht seine Bestimmung.*"

Auf dieselbe Weise war auch Jesu Leben zu jeder Minute von freipersönlicher Wahl getragen, er war absolut frei, auch in seinem Gehorsamswillen gegenüber dem Vater. Aber er mußte zwangsläufig – auf Grund seines Wesens – die systematische Opposition von seiten der Welt durchkosten, durchleiden. Das Wort „Welt" verwende ich hier im starken johanneischen Sinn, gemeint ist das gegnerische Element gegenüber dem Lichte Gottes. Die Finsternis hat ihn nicht erkannt, nicht aufgenommen, nicht verstanden, nicht gewollt, schreibt Johannes. „Das Licht leuchtete in der Finsternis", „... aber die Menschen wollten lieber die Finsternis als das Licht ..." (Johannes 1, 5a; 3, 19b)

Ist es nicht logisch, daß dem strahlenden Christuslicht eine menschliche Absage erteilt wird, wenn es sich in einer Welt des Egoismus und der Dunkelheit manifestiert? Mußte es nicht so sein? Sagen wir, bitte, niemals, es mußte so geschehen, weil Gott so entschieden hatte.

So weiß auch ich sehr genau, daß meine Worte bei gewissen Menschen niemals fruchten werden, denn sie verschließen sich der Botschaft. Ich weiß das vorher; ich weiß, ich werde nur ein verhaltenes Lächeln ernten oder gereizten Widerspruch. Nichts wird man verstehen, was ich zu erklären mich bemühe. Über meine Worte wird man auch meine ganze Person ablehnen. Bevor ich beginne, weiß ich, daß ich abgelehnt werde, und dennoch spreche ich mit diesen Menschen, o ja ...

Wir überzeugten Christen machen alle diese Erfahrung, ohne Ausnahme. Wenn wir das Evangelium in seiner ganzen Deutlichkeit und Schonungslosigkeit verkünden, dann muß es von der Mehrzahl der Menschen abgelehnt werden. Es muß logischerweise und notwendigerweise so sein, denn das Evangelium schockiert. Da es ein höheres Niveau im Menschen ansprechen will als das gewöhnliche, muß es ein Stein des Anstoßes sein. Es provoziert alle unsere Denk- und Lebensgewohnheiten, es fordert uns heraus und wirft uns innerlich durcheinander. Aus dieser unserer ganz persönlichen Erfahrung können wir durchaus verstehen, daß es für Christus ebenso sein mußte. Er wurde abgelehnt.

Der Gottessohn mußte leiden, aber er kam nicht zu diesem Zweck! Er kam, um uns in Liebe miteinander zu vereinen. Er kam, die Menschen untereinander zu versöhnen und um sie in eine einzige Familie zusammenzuführen. Das war seine Mission auf Erden, seine Botschaft an die Welt, sein Ziel. Wenn die Menschen damals diese weltrettende Botschaft angenommen hätten, wenn sie ihre Herzen für die Seligpreisungen der Bergpredigt geöffnet hätten, wenn sie sich bewußt zu dieser lichtvollen Offenbarung bekannt hätten, dann wäre das Gottesreich auf Erden schon vor 2000 Jahren erblüht. „Am Ende der Zeiten" wird das Gottesreich regieren, aber theoretisch hätte es schon zu Lebzeiten Jesu beginnen können, theoretisch ..., praktisch „mußte" es anders kommen. Die erste und die zweite Erscheinung des Herrn sollte eine einzige sein, ein Ereignis. Aber es lag eine Entfernung zwischen ihnen, und das ist die Sünde des Menschen. Die Entfernung ist der Widerstand und der Widerspruch des hochmütigen

Menschen gegenüber der Christuserscheinung, der Christuswahrheit. Der Mensch weist den Heiland zurück, der sein Leben „heilen“ will.

Nein, wenn alles in der Welt im Einklang mit dem Willen Gottes verlaufen wäre, dann hätte der Gottessohn nicht leiden und sterben müssen. Wunsch und Wille des Vaters ist die Liebe seiner Kinder untereinander, ihre Vereinigung in der anhaltenden Liebe, sodaß das Reich Gottes auf Erden sei.

„Dein Reich komme, wie im Himmel so auf Erden“,

damit die Liebe überall regiere. Aber unter uns Menschen wuchert der Hochmut, der Egoismus, die kleinliche Gemeinheit, die gewalttätige Bosheit; Engherzigkeit und Engstirnigkeit bestimmen das Leben. Die Liebesbotschaft Christi traf auf systematischen Widerstand, und der tiefe Sinn der Nächstenliebe ist vielfach bis zur Stunde unverstanden geblieben. Entrüstet spricht man zuweilen von der Halsstarrigkeit des israelischen Volkes im Alten Testament, diese aber hält bis heute an und betrifft uns alle. Unsere Undurchlässigkeit gegenüber dem einfallenden Licht ist durch Jahrhunderte beständig, sie ist menschlicher Alltag. Das Licht sucht sich bahnzubrechen in der Finsternis, die Liebe sucht unseren Panzer des Egoismus aufzubrechen, aber Licht und Liebe treffen auf verschleierte Augen und versteinerte Herzen . . .

Im Evangelium hören wir vom blinden Mann am Wegrand. Erkenne ich mich dort? Dieser Blinde bin ich auf meinem Wege über diese Erde. Ich bin derjenige, der weder sieht noch hört. Christus heilte den Blinden, den Taubstummen und den Lahmen, um uns allen zu sagen:

> „Alle miteinander seid ihr Gelähmte, Taube und Blinde auf euerm Weg!“

Das ist das Drama Jesu Christi. Die wenigen Wunder haben prophetischen Charakter und prophetischen Sinn! Weshalb sagt man im Arabischen für Wunder „Zeichen“ („a'ya“)?
Jesu Wunder sind Zeichen für das Gottesreich, meine lieben Freunde; das Reich, das wir ersehnen und vorbereiten. Denn eines Tages wird alle Welt hören und sehen und verstehen. Das Licht wird endlich geschaut, erkannt und angenommen werden, und alle werden sich aufrichten und tanzen in diesem Licht.

Christus wußte, was kommen mußte. Die breite und massive Ab- und Gegenwehr spitzte sich zu bis zur Vernichtung seiner Person, und diese war logisch. Das notwendige Ende hieß „Kreuz“, es wurde verursacht durch die Gegenreaktion, die sein Erscheinen hervorrufen mußte. Sein Lebensweg auf dieser Erde fand ein logisches Ende.

Für Gott war es vorauszusehen, daher sagen wir „es stand geschrieben“. Angesichts des anhaltenden Falls des Menschen mußte es so kommen. Das Gottesreich bleibt Erwartung, und es kann nicht eher zum Durchbruch kommen, bevor das Herz des Menschen sich nicht wandelt und bekehrt. Und jedermann fragt: „Wann wird das sein? Wann ist die Wiederkunft des Herrn?" Niemand weiß es. „Aber warum weiß es niemand?" Weil niemand als Gott allein die Wahl der Menschheit kennt, die Wahl des einzelnen – jetzt, heute, morgen und in aller Zukunft.

Wird der Wahnsinnskrieg im Libanon zu Ende gehen? Wann? Der Mensch wird es entscheiden. Angst und Unruhe in Polen, werden sie zu größeren Konflikten führen? Der Mensch wird es entscheiden. Gibt es einen neuen Bürgerkrieg im Sudan? Der Mensch wird es entscheiden. Wird die Menschheit sich in Bruderliebe verbinden? Der Mensch muß es wollen, anstreben und vollbringen. Nichts ist uns vorbestimmt, wir sind nicht eingemauert in überirdische Pläne, sondern freie Wesen, gänzlich frei! Der Mensch wirkt die Geschichte. Deinen Himmel mußt Du Dir auf Erden selber schaffen, und zwar mit eigener Hand.
Du wählst, Du entscheidest!

Es war logisch verständlich, aber es war nicht selbstverständlich, daß Jesu Leben unter uns dieses tragische Ende fand. Es hätte besser verlaufen können. Alle Menschen, die ihn gesehen, gehört und persönlich erlebt haben, hätten einhellig sagen können: Ja! Er hat recht! Laßt uns lieben! Laßt uns teilen!

Alle hätten seine Herrlichkeit erfassen können, und es hätte nicht am Kreuz enden dürfen. Aber der Mensch hat sich seiner Liebesqualität entsprechend verhalten, deshalb mußte es so enden. Eine furchtbare Tragik.

Die notwendige Erlösung in ihrer Koexistenz zur Geschichte:

Das ist eines meiner bevorzugten Themen, auf das ich immer wieder zurückkomme. Auch heute abend will ich es unbedingt in unsere Gedankengänge fügen. Wir Menschen sind erschaffene Wesen und denken und empfinden daher zeitlich. Die Geschichte erscheint uns als eine Kette zeitlich aufeinanderfolgender Ereignisse. So gab es die Schöpfungsstunde und nach einigen Milliarden Jahren passierte dem lieben Adam die Erbsünde. Nach einer weiteren Zeitspanne fand die Inkarnation statt und 33 Jahre später die Erlösung. Eine solche Zeitkette ist jedoch ein künstliches und daher falsches Gedankengebilde des menschlichen Geistes, der die Geschichte in Stücke zerlegt ... Je tiefer man jedoch schauen lernt und zu einer Gesamtschau gelangt, um wahrhaft theologisch zu reflektieren (jeder Laie vermag das zu lernen, wenn er wirklich will), um so deutlicher wird klar, daß diese vier Einzelereignisse koexistent zur Gesamtheit der menschlichen Geschichte sind, ja sogar zur allumfassenden Geschichte des Universums.

Wann fand die Schöpfung statt? Gewiß, sie hat zu einer sehr bestimmten Stunde begonnen, aber sie dauert an und wird andauern, denn bis zum heutigen Tag ist sie noch nicht an ihr Ziel gelangt. Wir befinden uns im Zustand des Geschaffenwerdens, wir stehen im Schöpfungsprozeß. Erst dann wird der Mensch vollkommen erschaffen sein, wenn die Geschichte in ihr geistiges Ziel mündet. Dasselbe gilt für das Universum, das erst am Endpunkt aller Entwicklung vollendet sein wird. Johannes spricht in seiner Geheimen Offenbarung von den „Neuen Zeichen", die dann sichtbar werden, und von einer „Neuen Erde". Wir müssen uns die Schöpfung als eine dynamisch fortschreitende Bewegungslinie vorstellen, die alle Geschichte umfaßt und sie an ihren Höhepunkt gelangen läßt.

Und die Inkarnation? Es gibt nur einen geschichtlichen Ablauf in dieser Welt, die Vergöttlichung des Menschen und die Vergöttlichung des Kosmos.

Und wenn sich die Inkarnation als ein bestimmter geschichtlicher „Punkt" in Zeit und Raum manifestiert hat, dann bedenken wir, daß ihr der wirkende Gottesgeist voranging, der bereits „über den Gewässern der Urflut schwebte". Und derselbe Gottesgeist schuf den Menschen seit Anbeginn, das heißt, bevor dieser physisch sichtbar wurde, „Ihm zum Bilde schuf Er ihn". Dieses Menschengesicht, seit Anbeginn geschaffen als Gottesgleichnis, wird eines Tages offenbar werden, klar und vollkommen wird es sich zeigen in seiner Vollendung! Dann hat der Mensch die Fülle seines inneren Wachstums erreicht, dann ist er vergöttlicht, und dann wird alle Schöpfung aufgehoben und zusammengefaßt werden in Jesus Christus. Dann wird in ihm die Menschheit wahrhaft vereint sein als ein Leib, als ein Geist – und das ist die Vollendung der Geschichte. Der Leib Christi, der wir sind, erreicht erst volles Maß an Fülle und Vollkommenheit „zur letzten Stunde", und bis dorthin spannt sich die Inkarnation. Sie ist eine koexistente Bewegung, das heißt sie geht mit unserer Geschichte mit.

Dasselbe betrifft die Erbsünde. Wir haben den armen Adam herausgelöst aus dem ganzen Gefüge und machen ihn seither für alle Katastrophen verantwortlich. Adam war jedoch nur das Anfangsglied jener Sündenkette, an der wir alle beteiligt sind. Paulus schreibt davon an die Römer: „Durch einen Menschen kam die Sünde in die Welt und durch die Sünde der Tod, und so ging der Tod auf alle Menschen über, denn alle hatten ja gesündigt." (Römer 5, 12)

Alle! Paulus spricht nicht von Adam allein! Die Erbsünde, die auch „Ursünde" genannt wird, ist nicht Ursünde, weil sie chronologisch am Anfang der Zeiten steht, sondern weil sie ontologisch, fest verankert im Herzen des Menschen zu finden ist. Sie ist so alt wie der Mensch, der sich seiner Freiheit bewußt wurde, und nur im Geschichtsablauf kann sie langsam überwunden werden.

Diese Sünde ist Widerstand, und wir finden diesen sogar im Innern der Materie, die ihn an den Menschen „vererbt", und der ihn dann vorzüglich auszuspielen weiß in allen Formen von Egozentrik und Egoismus. Höhere Bestimmung des Geistwesens Mensch, dem Gottesgleichnis, ist jedoch die Überwindung dieses Widerstandes. Der Mensch soll lernen, sich zu öffnen, aber er bleibt in seiner Sünde stehen. Sie ist jener Verschluß des menschlichen Herzens gegenüber der Gnade, die um dieses Herz wirbt. Sie ist die Abwehr gegen das Angebot der Liebe, das ihm gemacht wird. Sie ist die Verweigerung, sich für die Mitmenschen zu öffnen und sich ihnen hinzugeben. Das ist koexistente Sünde entlang der Geschichte.

Und schließlich die Erlösung. Seit Anbeginn wirkt die Erlösung. Seit Anbeginn sucht die Gnade, durch den Betonwall des menschlichen Egoismus hindurchzudringen und gewisse Zonen des Herzens zu erreichen, die wirklich verstehen können. Seit Anbeginn werden wir Menschen angesprochen von Gott, unserm Schöpfer, der uns sucht. Seit Anbeginn „verfolgt" uns die Gnade bis in unser letztes Versteck, denn wir wollen uns ihr entziehen.

Seit Anbeginn ist die Erlösung am Werke, und bis zum Ende aller Zeiten wird sie aktiv sein, um uns heimzuholen. „Bis ans Ende der Welt liegt Christus in der Agonie." (Pascal)

O, das ist wahr! Nur ein Erleuchteter kann das sagen! Und man könnte Pascal durch einen anderen Autor ergänzen, der gesagt hat: „Seit Beginn aller Zeiten befindet sich Christus in der Agonie."

Seit Anbeginn wird Christus gekreuzigt, denn seit Anbeginn wird er zurückgewiesen, und dieser Widerstand wird anhalten, bis die Wahrheit – am Ende der Zeit – erkannt wird, bis die Welt-Ignoranz überwunden ist und sich alles vollenden kann. Christus wurde nicht nur ein einziges Mal vor 2000 Jahren gekreuzigt, sondern anhaltend täglich und stündlich wieder, in jedem einzelnen leidenden Menschenwesen. Christus leidet in Gefängnissen und Folterkammern, in Hospitälern und Flüchtlingslagern, in Konzentrationslagern und an Kriegsfronten. Ohne Unterbrechung wird Christus wiedergekreuzigt, und sein Erlösungswerk ist ständige, furchtbare Gegenwart. Paulus versteht das genau, und er schreibt an seine Mitbrüder und Mitkämpfer, die Kolosser:

„Ich ergänze an meinem Leibe für Seinen Leib, die Kirche, was dem Leiden Christi mangelt." (Kolosser 1, 24)

Auf Golgotha bricht notwendigerweise das Herz Christi:

Eine letzte Dimension, die noch einmal Vorangegangenes zusammenfaßt. Hier am Kreuz konzentriert sich in einem einzigen Punkt von Raum und Zeit alles, was jemals gelebt worden ist, alles, was in diesem Augenblick gelebt wird, und alles, was jemals gelebt werden wird – von der gesamten Menschheit und dazu alle Ereignisse des Universums: *das Kreuz*.

Dieser Punkt ist der Tod Jesu Christi. Aber gehen wir noch tiefer als das sichtbare Kreuz von Golgotha: Wir haben versucht, dieses Leiden Gottes zu erkennen, das sich in der ganzen Geschichte ausbreitet, bis in jeden Nerv und jede Ader. Einesteils müssen wir es so sehen, und es ist die ganze Wirklichkeit, andererseits aber sammelt sich dieses Leiden gleichzeitig in einem Brennpunkt, wo es überdimensional erlebt und erlitten wird. Dieser Brennpunkt ist das Herz Christi, das Herz des historischen Jesus von Nazareth, der in Bethlehem geboren wurde, in Nazareth gelebt hatte und jetzt in Jerusalem stirbt. Das Gesamtleiden der Menschheit – vergangenes, gegenwärtiges und zukünftiges – lebt hier auf und konzentriert sich im Herzen Jesu, das die Menschen so sehr geliebt hatte. In diesem Herzen wird das Leid und der Tod der gesamten Menschheit zusammengezogen. Dabei denken wir an die Offenbarung, die der heiligen Marguerite-Marie Alacoque zuteil wurde und die man unglücklicherweise religiös verkitscht hat, da man sie mißverstand. Diese Offenbarung betrifft jedoch das Zentralgeheimnis unseres Christentums:
Das Herz Jesu hat eine Last getragen, die so schwer war, daß es daran zerbrechen mußte.

Schließen Sie für einen Moment Ihre Augen und denken Sie an einen Tag trostloser Einsamkeit. Denken Sie an eine Erfahrung tiefer seelischer Not, wobei Sie sich fast zu Tode geweint haben. Denken Sie an gewisse Enttäuschungen und die darauf folgenden Höllennächte, in denen kein Nerv zur Ruhe kam. Denken Sie an die Erfahrung bitterer Reue und welches Leid sie Ihnen brachte. Denken Sie dabei: Er hat es durchlebt, mein Leid und alle meine Schmerzen. Wirklich, wahr und lebendig, physisch wahr und real und keineswegs im analogen Sinn –, denn er sagte vor der Kreuzigung: „Das ist mein Leib." – Wir sind der Leib Christi.

> „Er trägt unsre Leiden, erduldet unsre Schmerzen.
> So ist er denn durch unsre Schuld zerfleischt,
> durch unsre große Verschuldung so zerschlagen."
> (Jesaja 53, 4a.5a)

Unser Leiden hat ihn erstickt, zerstückt. Es hat sein Herz gespalten. Das ist keine Bildersprache, sondern bittere Wirklichkeit. „Ecce homo!", ruft vom kleinen Balkon des Jerusalemer Gerichtssaales Pilatus, als er den halbnackten, geschundenen und verhöhnten Jesus erblickt. Diese Worte rufend, weiß er ja überhaupt nicht, was er da sagt. „Ecce homo!" O, Pilatus! DER Mensch stand vor Dir, die Gesamtheit aller Menschen konzentriert in diese Gestalt unter Deinem kleinen Balkon. Meine lieben Freunde, dieser Balkon ist im heutigen Jerusalem noch zu sehen . . .

Die ganze Menschheit lag unsichtbar auf den Schultern dieses Mannes, und das bedeutet zugleich jeder individuelle Tod. Jeden unserer Tode hat er durchlebt, jeden einzelnen, und jedes menschliche Leid, gleich welcher Art, jedes einzelne, hat sich in seinem Herzen verdichtet – bis es brach . . ., und Sie werden mir dennoch sagen: „Bildlich! Eine Stilfrage, die Erlösung zu interpretieren."

O, nein . . . Ich las einmal eine medizinische Analyse über den Tod Jesu am Kreuz, über die Beschaffenheit seines Herzens und den Lanzenstich. Es wurde nachgewiesen (soweit man das kann), daß Jesus keinen normalen Kreuzestod durch Ersticken gestorben war, sondern daß sein Herz physisch geplatzt und zerrissen ist aufgrund seines untragbaren psychischen Leids. Diese Annahme wird meines Erachtens durch Jesu Verzweiflungsschrei, den uns das Evangelium übermittelt, unterstrichen. Die menschliche Weltgeschichte in all ihrem Leid, ihrer Schuld und ihrem Schmerz brannte in einem Punkt von Zeit und Raum: IN DIESEM HERZEN. Daher ist das Mysterium des Herzens Jesu in seiner Tiefe von uns kleinen Menschenkindern niemals auszuloten. Es ist von unergründlicher, weil unendlicher Tiefe.

Wer könnte je in Worten sagen oder in Gedanken fassen, was Jesus dort gelitten hat? Alle Geißel- und Dornenwunden, alle Faust- und Nagelschläge sind nichts gegen dieses innere Leid; sie sind äußere Zeichen eines unendlich tieferreichenden Dramas. Und das ist das Drama des Menschen.

Ich stelle mir einen immensen Trichter der Geschichte vor, in dem alles Negative dieser Welt aufgefangen und gesammelt wird, um jetzt in Jesu Brust zu schwemmen und bis in sein Herz hinein. So göttlich dieses Herz war, so menschlich war es auch, und es ist am Bösen dieser Welt zugrunde gegangen. Das ist das Mysterium des Christustodes von Golgotha.

Niemand ist jemals gestorben wie er. Auch wir sterben, aber wir sterben anders, wir sterben menschlich. Auch wir leiden, aber wir leiden anders, wir leiden menschlich. Unsere Leidenskapazität entspricht unserem Bewußtseinsgrad als Mensch. Selbstverständlich gibt es sehr tiefes menschliches Leid, und es gibt die schrecklichsten Todesarten, und dennoch, es ist ein Mensch, der dort stirbt, und er stirbt nur seinen Tod allein. Hier am Kreuz aber starb Gott in einem Augenblick den Tod aller Menschen zu allen Zeiten.

Für uns entspricht der Tod unserem Wesen. Durch die Ursünde innerlich verletzt, sind wir dem Tod geweiht. Der Tod ist eine Folge jenes inneren Harmonie-Bruchs im Menschen und bildet somit das fatale Ende eines organischen Prozesses: unabwendbarer Zerfall. In Jesus aber bestand kein innerer Bruch, sein Wesen war rein und sündlos, er lebte in der vollkommenen Gottesharmonie – daher auch keine Todesfolge aufgrund natürlichen Kräfteschwunds, keine Erscheinung inneren Zerfalls. Jesus war, wie Guardini sagt, innerlich unversehrt. Keinesfalls hätte er sterben müssen. Der Tod ist für ihn ein Geschehen, das er in Freiheit auf sich nahm – eine Liebeshandlung. Gewiß ist es auch „Bestimmung" für ihn, aber es ist die Liebe, die ihn bestimmt, die „Fatalität der Liebe", ganz in freier Wahl. Er selbst sagte es: „Niemand entreißt Mir Mein Leben, freiwillig setze Ich es ein. Ich habe Macht, es hinzugeben, und Ich habe Macht, es wiederzugewinnen. Das ist der Auftrag, den Ich von Meinem Vater erhalten habe." (Johannes, 10, 18)

Ein Fremder ist für ihn der Tod, niemals hätte er ihn kosten müssen, daher war er so unauslotbar schwer für ihn. Aber er hatte ihn auf sich genommen, wie er die Sünde der Welt auf sich genommen hatte. Die Sünde des Menschen und der Tod des Menschen sind untrennbar voneinander und mußten von Jesus zusammen aufgenommen werden.

Knieend am Ölberg wußte er, daß der Tod nahte und daß er zugleich Wahl bedeute, und freiwillig ging er nach Jerusalem – in den Tod hinein. Er mußte den Welttod und den Menschentod als Konsequenz globaler Sünde auf sich nehmen, und an diesem Gewicht ist sein Herz gebrochen. *Niemand ist gestorben wie Er, niemand.* Wir Menschen wissen nicht im vollen Sinn, was Sterben bedeutet, weil wir nicht das Leben sind. Wir *haben* für eine Zeit lang unser persönliches Leben, er aber *ist* das Leben. „Ich bin der Weg, die Wahrheit und das Leben." (Johannes 14, 6a)

„Erschienen ist das Leben, wir haben gesehen und bezeugen und verkünden euch das ewige Leben, das beim Vater war und uns erschienen ist." (1. Johannesbrief 1, 29)

Das Leben war in der Welt erschienen, alle Fülle des Lebens dieser Erde und alles Leben des Kosmos. Glauben wir nicht, daß damit nur das spirituelle Leben gemeint ist oder das psychische Leben, nein, gemeint ist das gesamtmenschliche, das tierische und das biologische – und noch mehr – alles ist IN IHM, alles IST ER. Ich denke an die üppigen Tropenwälder, an die ganz unglaubliche afrikanische Vogelwelt, an die springenden Antilopen und Gazellen, wie ich es im Sudan erleben durfte – alles ist er, Christus. Und dieses Leben war erschienen und starb an einem Kreuz. Das Leben in seiner keimenden Kraft, seinem Aufsprung und seiner Blüte, das quecksilbrige Leben unserer Kinder, das starke und unendlich vielfältige Leben der vier Milliarden auf diesem Planeten und alles andere Geschaffene, das mit dem Menschen lebt – all das sammelt sich in Jesus, IN SEINEM HERZEN.

Meine lieben Freunde, wenn dieses totale Leben in seiner unerschöpflichen Vielfalt, Tiefe und Fülle dem Tod gegenübersteht, der es nimmt und bricht, dann haben wir die vollendete Tragik, und daher ist niemals ein Mensch gestorben wie Jesus Christus. Niemals werden wir wissen, in welche Abgrundtiefe unser Erlöser gestürzt war, als er mit lauter Stimme rief: „Vater, in Deine Hände empfehle ich Meinen Geist.“ (Lukas 23, 46)

Jesu Tod bedeutet die tiefste Tragik allen Weltgeschehens, keine andere Tragik neben dieser, denn hier auf der „Schädelstätte“ von Jerusalem wurde *das substantielle Leben* hingerichtet. Nie werden wir Menschenkinder diesen Tod voll begreifen können, niemals, denn wir sind zu klein, es ist nicht möglich. Unser Menschenmaß entspricht nicht der Größe, ein solches Mysterium in seiner Tiefendimension zu erfassen und Jesu Leiden „zu verstehen“ . . .

Niemals wird es einen Menschen geben, der wie Jesus stirbt, und niemals wird das geheimnisvolle Leid dieses Herzens, das so sehr geliebt hatte, von einem Menschen nachempfunden werden. Niemand weiß von diesem Schmerz, der zum Zusammenbruch dieses Herzens führte – und zum Klageruf des Gekreuzigten.

DIE SCHÖPFERISCHE ENERGIE DES LEIDENS

DENISE LEGRIX wurde ohne Hände, ohne Arme, ohne Füße und ohne Beine geboren – ein Rumpf mit einem Kopf. Furchtbare Perioden mag diese Frau durchlebt haben, und doch ist es ihr eines Tages gelungen, ihre Verzweiflung zu überwinden. Über Radio Luxemburg appellierte sie an die Welt, ihr bei der Gründung eines Behindertenzentrums zu helfen; und sie hatte Erfolg – sie gründete mehrere Zentren! Diese Frau, Sinnbild menschlicher Ohnmacht, ohne Glieder – aber mit einem Mund – benutzte diesen Mund für ihre Ziele. Sie sprach, sie diktierte Bücher, sie organisierte. Vor allem aber nutzte sie Radio und Fernsehen und kam zu folgenden Resultaten:

Sie gründete zwei Etablissements für Rekonvaleszente und zur Wiederanpassung Kranker und Behinderter, und sie baute drei Heime mit vielen Millionen Franken für neurologische Fälle und eine Beratungsstelle für Hilfesuchende. Diese Frau hätte sich sehr wohl sagen können: „Ich bin ein menschliches Wrack, ein Krüppel, ich habe in dieser Welt nicht das geringste zu leisten, im Gegenteil, ich bin angewiesen auf andere Menschen, um zu existieren. Mir bleibt nichts anderes, als in einem Pflegeheim dahinzuvegetieren." Und doch hat diese Frau ihr Werk geleistet durch nichts als durch ihren Willen.

Denke ich dagegen an jene Großzahl von Menschen, die alles haben, Arme, Beine und alles Notwendige, um eine wirkliche Leistung zu vollbringen, jedoch nicht wissen, was sie mit ihrem Leben anfangen sollen, sich dahinschleppen lassen und nicht ein einziges Mal im Leben etwas Schöpferisches tun ... und steht man dann dieser Frau und ihrem außerordentlichen Werk gegenüber! Niemand hat etwas von ihr erwartet, und ihre permanente Verzweiflung hätte jeder verstanden. Aber nein, trotz dieses furchtbaren Schicksals hat sie sich engagiert und sich einer ungewöhnlichen Eigenleistung verschrieben. Bei diesem Vergleich sage ich mir, daß das Leiden nur für diejenigen ein Hindernis bildet, die sich anhalten wollen, denn es gehört zu den Geheimnissen des Leidens, daß in ihm schöpferische Kräfte schlummern. Diese geheimen Kräfte befähigen den Menschen, dem Leiden die Stirn zu bieten, stärker als das Leid zu werden und es zu überwinden. Hier sprechen wir von der *schöpferischen Energie des Leidens.*

In Kairo lernte ich einen Blinden kennen, der sein Augenlicht seit dem Zweiten Weltkrieg verloren hat. Er erzählte mir seine Geschichte: Zunächst kämpfte er gegen sein Schicksal und versuchte, sich in

England heilen zu lassen – jedoch ohne Erfolg. Dann kämpfte er weiter, in anderer Richtung, nämlich gegen die Verzweiflung. Er überwand sie, indem er schöpferisch tätig wurde. Er gründete in Kairo ein Blindenheim, das ich besuchte, und er formulierte seinen inneren Weg sehr präzise:

> „Es kam der Tag, an dem ich meine Verzweiflung hinter mich legte, denn ich hatte verstanden, daß man stärker als die Verzweiflung werden muß. Jetzt wollte ich mich in einem positiven Werk engagieren."

In „Paris Match" sah ich ein Photo eines jungen amerikanischen Mädchens, jetzt 26 Jahre alt: Jonnie Ericson. Dieses Mädchen war Reiter- und Schwimm-Champion gewesen, aber eines Tages brach es sich bei einem schlecht kalkulierten Sprung die Wirbelsäule. Gewiß ging auch Jonnie Ericson durch entsetzliche Wochen und Monate, in denen ihr bewußt wurde, daß sie nun für den Rest ihres Lebens gelähmt war... Aber auch sie entdeckte jene geheime Kraft. Sie entschied sich, mit dem Pinsel zwischen den Zähnen malen zu lernen. Heute malt sie Postkarten und verkauft sie und erhält sich damit selbst. Doch nicht nur das hat sie entdeckt, sondern noch viel mehr: Sie fand ihren Glauben wieder, sie fand die Freude wieder – und ein wunderbares Lächeln! Mehr noch: Sie teilt diese Erfahrung mit anderen, indem sie Vorträge hält vor Jugendlichen. Sie spricht mit ihnen über den Sinn des Lebens, über das Leiden, über die Freude und über den Glauben. Ihre Karten, die sie mit dem Mund malt, signiert sie mit „P.T.L.", das heißt „PRAISE THE LORD" (Gelobt sei Gott).

Wer glaubt, daß das Unglück, der Schmerz und das Schicksalsleid den Menschen zerstören können, der weiß nicht, daß in ihm die ungeahnte Kraft der Auferstehung lebt. Diese Kraft läßt den Menschen, wenn er sich auf sie einstellt, in einer anderen Dimension erwachen, in der er sich selbst vergessen wird, das ist das Entscheidende. Und diese Kraft wird durch das Leid im Menschen freigesetzt. Ich gab Ihnen einige Beispiele für die schöpferische Kraft des Leidens, doch in einem mehr oder weniger äußeren Bereich. Denise Legrix hat Millionengelder gesammelt und ein imponierendes Werk für Behinderte gegründet; das beeindruckt immer die Vorstellungskraft der Menschen. Ein blinder Mann gründet ein Heim. Jonnie Ericson gibt in Amerika ihre Erfahrung in Vorträgen weiter, malt und zeichnet. Aber ich will mit Ihnen heute abend ein weit höheres Niveau erreichen, denn das Leiden schafft und baut nicht nur etwas im äußeren Bereich des Menschen, sondern besonders in seinem tiefen Innern. *Ich glaube, daß das Leiden eine Bedingung ist zur Selbstverwirklichung, zur Selbsterkenntnis.*

Im Mutterleib lebt der Mensch ein unbewußtes Dasein, er erlebt sein irdisches Paradies. Immer sahen die Psychoanalytiker das Paradies als jenes Bild, jenen Prototyp und Traum, der im mütterlichen Leib erlebt wird. Später, im Laufe seines Lebens, ist der Mensch fortwährend auf der unbewußten Suche nach diesem verlorenen Paradies. Dieses Paradies ist jedoch ein animalisches, der Mensch befindet sich noch im Stadium des Tieres. Achtung! Ich will nicht gesagt haben, daß der Embryo noch kein Mensch sei, selbstverständlich ist er Mensch, aber noch im Tierstadium befindlich, da noch ohne Bewußtsein von sich selbst.

Was geschieht, damit dieses Lebewesen Bewußtsein erlangt?

Durch eine Serie von Entreißungen, teils bittere Erfahrungen, erwacht der Mensch zum Bewußtsein. Langsam, Schritt um Schritt bekommt der Mensch jene Distanz zu sich selbst, und nur in dieser Distanz wird er sich als wahres menschliches Wesen verwirklichen können.

Im Unbewußten gibt es keine Menschheit. Menschsein heißt Bewußtwerdung. Das erste Erlebnis einer Entreißung ist das Verlassen des Mutterleibes. Dann verlangt der kleine Mensch nach der Hautnähe der Mutter, aber schon nach ein paar Wochen oder Monaten geschieht die zweite Entreißung durch das Abstillen. Jede Entreißung ist schmerzvoll, bringt jedoch den Menschen um einen Schritt vorwärts zur Bewußtwerdung, jede Entreißung bedeutet für ihn inneres Wachstum. Dann tritt der Mensch in die Ödipusphase. Diese Liebesperiode zum Elternteil des entgegengesetzten Geschlechts muß ebenfalls überwunden werden, damit sich diese zweiseitige Bindung zu einer dreiseitigen entfalten kann. Die Überwindung dieser Phase ist die dritte Entreißung und damit das dritte Stadium der Bewußtwerdung des Menschen. Der erste Weg zur Schule – Entreißung vom Elternhaus und aus der Nestwärme – die vierte Entreißung. So wächst das Kind psychologisch Stufe um Stufe, und Stufe um Stufe erlangt es die so notwendige Distanz zu sich selbst, die allein eine Verwirklichung des menschlichen Wesens herbeiführen wird.

Menschwerdung bedeutet Entreißung ohne Ende: das Erlebnis von Trennung, Ablösung, Verzicht, Abschied von dem, was man geworden ist, um das zu werden, wozu man berufen ist.

Sobald sich der Mensch in seinem Entwicklungsprozeß anhält, festfährt und steckenbleibt in dem, was er ist, oder in dem, was er in der bequemen Sicherheit seiner Umgebung, seiner Familie, seines Berufes glaubt zu sein, in diesem Moment ist er ein Toter. Daher schickt uns der Herr von Zeit zu Zeit eine neue Entreißung, verbunden mit Schmerz und Leid . . .! Alle Ereignisse, die uns von dem lösen, was wir sind und was wir leben, in dem wir uns ruhevoll eingenistet haben, lassen uns wachsen.

Es gibt keine Selbsterkenntnis und keine Selbstverwirklichung ohne den Selbstverzicht, also ohne Leiden.

Anfangs identifiziert sich der Mensch mit seinem falschen Selbst. Das wahre Selbst ist keine Gabe, keine „Mitgift", wenn wir geboren werden, sondern es ist etwas, das langsam hervortreten will und hervortreten soll. Identifiziere ich mich mit dem Selbst des heutigen Augenblicks, dann lebe ich schon nicht mehr, sondern ich falle – ich bin gelähmt, blockiert. Ich wachse nicht mehr, sondern im Gegenteil, ich sterbe. Identifiziere ich mich nicht mit meinem gegenwärtigen Selbst, dann weiß ich, daß ich weiterstrebe und weiterwachse; dann fühle ich, daß ich lebendig bin und mir meinen Weg erkämpfe, daß ich Hindernisse überwinden muß, um zum wahren Sein zu gelangen, zu dem ich aufgerufen bin.

Ohne Unterlaß muß ich an meiner Selbstüberwindung arbeiten, und das bedeutet Entreißung meines Besitzes, meines Habens. Es mag einen Einschnitt in meine Gesundheit bedeuten, in mein Lebensmilieu, in meine persönliche Freiheit, und all das bedeutet Leiden, denn der Mensch hat die Tendenz, sich mit seinem Haben zu identifizieren und nicht mit seinem Sein. Er glaubt, er sei sein schöner Körper, der Inhalt seines Kleiderschranks, sein Haus, sein Bankkonto. *Alles was er hat, meint er zu sein.* Daher ist jede Form der Entreißung eine neue Möglichkeit der Personalisierung und führt ihn weiter im Aufstieg zu seiner wahren Persönlichkeit. *Durch das Leiden in der fortschreitenden Entreißung von seinem Haben wird er zur wahren Person erwachen.*

Demnach ist das menschliche Leben eine kontinuierliche Geburt. Wir kommen mit dem Geborenwerden nie ans Ende! Unsere erste Geburt aus dem Mutterleib ist nur der Anfang unseres Werdens, denn täglich werden wir uns selber gegenüber neu geboren, indem wir uns distanzieren. Die Geburt ist ein Geschehen ohne Ende. Unsere erste Geburt war als erste Entreißung nichts anderes als der Schritt zu einem nächsten, einem höheren.

Aber eine solche Folge von Geburten ist zugleich eine Folge von Toden, denn Geborenwerden heißt Sterben und Sterben heißt Geborenwerden.

Ich spreche stets von der *Metamorphose des Todes,* von Geburt und Tod in einem, zwei Phasen derselben Wirklichkeit. Wir können dasselbe unter dem Thema des Leidens entwickeln:

> Das Leiden ist identisch mit Wachstum.
> Der Tod ist identisch mit Geburt.

Den wahren Tod des Menschen nennt man auch „zweite Geburt". Diese Geburt ist der Aufstieg zu unserem definitiven Wesen. Im Tod lassen wir alles Haben zurück, und was bleibt uns, was tritt jetzt hervor? Es ist das Sein im reinsten, nackten Sinn. Nur mein innerstes Selbst bleibt mir und löst sich, es macht sich frei und verliert bei dieser letzten Entreißung in der Geschichte eines Menschen alles andere.

Daher möchte ich raten, daß alles, das unter dem Zeichen dieser Vorbereitung steht, eben als solche Vorarbeit gewertet wird, wobei der positive Aspekt erkannt wird. So können unsere Lebenserfahrungen von Entreißungen und Toden letztlich zu konstruktiven Ereignissen werden, das Leiden spielt hier seine schöpferische Rolle im Dasein eines Menschen. Der Mensch erlebt im Leiden seine Selbstoffenbarung.

Christus sagte:

> „Was aus dem Fleisch geboren ist, ist Fleisch,
> was aber aus dem Geist geboren ist, ist Geist." (Johannes 3, 6)

Dieser Körper ist aus dem Fleische geboren, er ist noch nicht das Selbst. Erst muß der Mensch neugeboren werden, er muß wiedergeboren werden, sonst ist seine erste Geburt ohne Bedeutung.

Wie das Säugetier wird der Mensch geboren, es gibt keinen Unterschied bei der Geburt eines Hündchens und bei der Geburt eines Menschen, genau derselbe Prozeß spielt sich ab. Für den Menschen aber ist die Geburt der Eintritt in eine ganz bestimmte Bewegungsrichtung mit sehr speziellem Ziel, nämlich einem geistigen. Der Mensch soll aus seiner Fleisch-Geburt heraustreten, er soll etwas anderes, er soll mehr werden. Nur im inneren Wachstum wird der Mensch langsam er selbst, er erkennt sich, er empfängt sich, er verwirklicht sich, er baut sich auf. Das ist das Werden vom Ich zum wahren Selbst, eine Geburt. Vielleicht kennen Sie die Verse von ALFRED DE MUSSET:

> „Der Mensch ist ein Lehrling, und der Schmerz ist sein Meister.
> Nichts wird verstanden, solange man nicht gelitten hat.
> Das ist ein hartes Gesetz, doch eines der höchsten
> und so alt wie die Welt und die Fatalität.
> Das Unglück muß sein,
> aus ihm erhalten wir die Taufe;
> mit diesem traurigen Preis muß alles erkauft werden."

Nichts wird verstanden, solange man nicht gelitten hat . . . Wer niemals durch ein Leiden ging, kennt nicht einmal sich selbst. Erst durch diese Erfahrung offenbaren sich in meinem inneren Spiegelbild die Konturen. Leiden heißt „sich entdecken".

Ohne Leidenspassage gibt es weder Erkenntnis noch Selbsterkenntnis noch Bewußtwerdung. *Aus dem Unglück erhalten wir die Taufe* . . ." Was heißt „Taufe" im christlichen Sinn? Taufe ist Tod und Auferstehung, sie ist Eintauchen ins Element des Wassers, das ein Sterben bedeutet, zugleich aber Wesensverwandlung. Taufe ist Tod und neues Leben.

Unterstreicht man den positiven Aspekt des Leidens, dann leugnet oder entwertet man damit nicht den erlittenen Schmerz, doch wird im allgemeinen das Leiden allein unter dem negativen Aspekt empfunden und beurteilt. Das ist unzureichend, es ist unwahr. Es gibt jenen Tod, der das neue Leben in sich birgt, das bewußte Erwachen. So könnte man mit Descartes anstatt seines „Ich denke, daher bin ich" sagen: „Ich leide, daher bin ich."

Bewußtes Leben bedeutet für den Menschen, dieses Leiden in einer ganz bestimmten Haltung zu leben. Ich leide, daher bin ich ... Im tiefsten Innern der Leidenserfahrung löst sich das Sein vom Grund, das im sorglos heiteren Dasein unverändert ruhen bliebe.

Die vergnügliche Freude ist an die körperliche Wirklichkeit gebunden, an den genießenden Körper, an den Körper Erde, an die körperliche Schönheit der Natur. Wir empfinden Vergnügen und identifizieren uns dabei mit dieser natürlichen Welt, aus der wir stammen, die uns umgibt und lockt und die wir körperlich gesehen selber sind. Verharren wir aber in dieser Art von Freude und in der physischen Genügsamkeit, dann entwickeln wir uns zurück zum embryonalen „Tierzustand", das heißt, unser Bewußtsein schläft wieder ein, anstatt sich mehr und mehr zu entfalten.

Das soll nicht sagen, das Vergnügen im Leben und der Naturgenuß seien schlecht, nein, ein Teil unseres Wesens ist körperlich empfindendes Tier („ein vernünftiges Tier", wie Aristoteles sagt, hoffentlich hat er recht). Dieser tierische Teil lebt in uns sehr munter und hat in unserem Dasein seinen Platz. Dennoch müssen wir langsam verstehen lernen, daß alles Vergnügen an das Körperliche gebunden ist, also an die Natur. Leben wir uns bis zum Ende unserer Tage auf diesem Niveau aus, dann sind wir leider niemals als wahrer Mensch hervorgetreten. Der Mensch kann nicht in seine höhere Bestimmung aus der Vielfalt körperlichen Genusses wachsen.

Immer kehrt dieselbe Idee wieder: Es geht um den Abstand des Menschen zur Welt, in der er lebt. Jener geheimnisvolle Teil in ihm, der ihn zum wahren Menschen macht, will wachsen, er dehnt sich aus und wird im Phänomen des Todes am größten. Dort verselbständigt er sich und das Band reißt. Jetzt – im Tode – das vollkommene Auftauchen des Menschen, jetzt – im Tode – das Hervortreten der wahren Person, jetzt – im Tode – der Aufsprung des Seins. Erst hier wird der Mensch *wahre Person,* er wird *ganz Mensch.*

Ein anderer Aspekt des Leidens ist die Läuterung. Das Leiden läutert den Menschen. Indem es ihn leer und frei macht, befähigt es ihn, das wirklich Wesentliche zu erkennen. Für einen leidenden Menschen verlieren unzählige Dinge seines Lebens, die ihm vorher wichtig waren, an Bedeutung, sie verschwimmen im Nebel der Tränen, und ganz andere Dinge treten in den Vordergrund. Das Leiden informiert uns über die Wahrheit des Seins, es befreit uns von Illusionen, es läutert, es reinigt.

Ich könnte das Leiden und die Läuterung im Leiden eines Menschen durch ein Bild veranschaulichen – DIE MARMORSTATUE:

Der leidende Mensch ist einem Marmorblock vergleichbar, der erbarmungslos durch einen Künstler beschlagen wird. Wir sind, wenn wir geboren werden, noch in rohem Zustand, ungehobelt, ungeschliffen, ohne Form und ohne Kontur, unfertig, ohne Gesicht und ohne Bedeutung für uns und die Mitwelt. Der Künstler aber setzt den Hammer und den Meißel an und reißt Stück um Stück von uns herunter, er entfernt Stücke unseres Selbst, so meinen wir. In Wahrheit ist aber gerade das, was wir verlieren und unter Schmerzen hergeben müssen, unsere Chance. DER VERLUST WIRD UNSER GEWINN. Wir haben den Eindruck, vom Leiden zerstört zu werden, uns dabei selbst zu verlieren, aber wir irren, denn das, was hervortreten wird, ist gerade die Marmorstatue, die sich bislang in unserem „Block" verborgen hielt, ungeweckt, ungeboren. Was der Mensch im Leidensprozeß verliert, ist nicht das Wesentliche, sondern wesentlich ist das, was dieser Prozeß in ihm beläßt und nun freigibt: die Statue „Mensch".

Ich glaube, daß dieser Vergleich erhellend ist, denn alle tragen wir nur allzuvieles mit uns, das wir verlieren müssen, und in diesem Zusammenhang erinnere ich an einen Dialog aus den *„Karmelitinnen"* von Georges Bernanos. Eine Nonne sagt zu ihrer Oberin: „Oh, verehrte Mutter, wenn ich an all das denke, das ich noch erreichen muß..." Die Mutter antwortet: „Mein Kind, Sie wollen sagen, was Sie noch alles zu verlieren haben!"

Unter Vollkommenheit im spirituellen Leben wird nur allzuoft „erreichen, erlangen, gewinnen" verstanden; man erlangt Tugenden, man gewinnt sich Verdienste. Doch der Herr läßt mich nicht im unklaren darüber, er macht deutlich verständlich, daß spirituelles Leben weniger im Erreichen bestimmter Dinge besteht als im Verlassen und Verlieren unendlich vieler Dinge und Vorstellungen. *Spirituelles Leben ist eine fortschreitende Vereinfachung des Wesens bis zum Zustand der vollkommenen Einfachheit.*

> „Wahrlich, wahrlich, Ich sage euch:
> Wenn ihr euch nicht bekehrt und werdet wie die Kinder,
> so könnt ihr nicht eintreten in das Himmelreich."
> (Matthäus 18, 3)

Zurück zur kindlichen Seele! Diese Einfachheit ist gemeint, eine neuentdeckte, eine wiedergefundene Einfachheit, eine im spirituellen Prozeß zurückeroberte Kindheit. Es ist nicht die beibehaltene kindliche Art, sondern eine neue Einfachheit. Und um diesen Zustand zu erreichen, müssen wir vieles verlieren wollen. Erst dann können WIR SELBST WERDEN.

Da wir aber versperrt und verstockt sind und freiwillig nichts hergeben, „segnet" uns der Herr mit einem Zwischenfall, und das mag auch ein Leid sein, ein Schmerz, der uns läutern soll. Er hilft uns bei der Eigenbefreiung; Gott erlaubt, daß uns etwas zustößt, damit wir erwachen. Der Herr führt uns gut. Wenn man Ohren, Augen, Herz und Sinne öffnet, dann versteht man, wie gut er uns führt. Verlust ist nur in der Erscheinung Verlust, jeder Verlust bringt auf einer anderen Ebene Gewinn.

Das Leiden ist auch eine Alarmglocke, eine Warnung. Ein Kranker, der nicht leidet, ist sehr gefährlich krank. Um einen Menschen, für den das psychologische Leid eine unbekannte Größe ist, mag es innerlich schlecht stehen, ohne daß er selbst es ahnt. Der wirklich Leidende jedoch gibt Notsignale, er ruft um Beistand und Hilfe, er bittet um Heilung und Wiederherstellung. Ohne Leid und ohne Hilferuf gewinnt das Böse in ihm Raum und Zeit. So ist das Leiden eine bedeutende Warnung für den Menschen, und unser Schöpfer setzte mit Präzision dieses Signalsystem in unseren Körper, um uns wachzuhalten.

Ein Forschungsresultat aus den Vereinigten Staaten im Jahre 1978: Wir wissen, daß die Oberfläche des menschlichen Gehirns im Verhältnis zur Intelligenzkapazität steht. Je mehr sich der Mensch entwickelt, um so größer die Oberfläche durch Vermehrung der Windungen und Vertiefung der Furchen. Während eines zehnjährigen Forschungsexperiments an einer kalifornischen Universität untersuchte man die Gehirnoberfläche verstorbener Tiere, die zuvor in gewissen Laboratorien unsagbar gequält werden mußten. Wir kennen dieses Problem und das Schicksal von Meerschweinchen, Ratten, Mäusen, Hunden, Affen usw. Die toten Tiere benutzte man dann für einen weiteren Test, indem man die Gehirnoberfläche ausgemessen hat. Nach zehn Jahren gab man das Resultat bekannt: Wesentliche Vergrößerung! Konklusion: Das Leiden hat eine Gehirnentwicklung zur Folge.

Man könnte hier von einem biologischen Beweis sprechen, daß Leiden intelligenter macht, den Geist öffnet – wenn wir es auf den Menschen übertragen. Der Volksmund weiß darum: „Leiden macht weise", denn Intelligenz, Verständnis, Tiefensicht wachsen. Hier ist nicht jene Intelligenz gemeint, die die Mathematik und allgemeinen Wissenschaften schneller und besser verstehen läßt, sondern eine andere Intelligenz, die befähigt, die inneren Geheimnisse der Erscheinungen und ihre Zusammenhänge zu begreifen, sie mag zum Verständnis des Menschseins führen, zum Verständnis der Mysterien von Leben und Tod, eine Intelligenz, die einzudringen vermag ins Herz der Existenz.

Wir hatten im letzten Sommer einen amerikanischen Jesuitenpater zu Besuch in Alexandria – Pater Walter. Manche erinnern sich gewiß, denn er stellte sich den Sommer über in St. Markus für Beichtgespräche zur Verfügung. Mühsam und sehr, sehr langsam geht dieser Priester „im besten Alter" an einem Stock, denn vor einigen Jahren hat ihn das Leiden binnen Sekunden heimgesucht: eine einseitige Lähmung . . .! Was er mir sagte, war bewegend:

„Wenn ich jemanden wirklich liebe, dann wünsche
ich ihm mein Schicksal oder ein ähnliches.
Die größte Gottesgnade, die mir zuteil wurde,
ist die Tatsache meiner Krankheit, mit der ich nun lebe."

Pater Walter hatte jenseits dieses Schocks, jenseits dieses Leids, dieser Schwäche und Hinfälligkeit eine neue Dimension des Daseins entdeckt, eine neue Dimension seines eigenen Selbst und der Welt, die er andernfalls in dieser Tiefe nie erfaßt hätte. Das wollte er mir damit sagen . . .

Und indem er sprach, sah ich „die anderen Gesichter", die einem oft begegnen und einen nahezu mit Trauer erfüllen, denn diese Menschen haben ganz offensichtlich noch niemals gelitten, weder körperlich noch seelisch. Es sind die zufriedenen Geschöpfe in ihrer „dummfidelen" Art, erlaube ich mir zu sagen; sie sind einfach da und schauen uns an, ohne zu wissen, was Leiden ist, ohne diese wichtige Erfahrung! Froh und glücklich – aber unwissend, vollkommen unwissend . . .! Diese Menschen sind „arm", sie haben eines nicht – Tiefe! Sie verstehen wenig und werden vieles nie verstehen können. *Nichts wird verstanden, solange man nicht gelitten hat,* und nichts wird vom „Mysterium Mensch" je verstanden werden, solange man selbst nicht gelitten hat.

Heute ist man weltweit bestrebt, allen Schmerz zu unterbinden. Wir trainieren die schmerzfreie Geburt, keine zahnärztliche Behandlung mehr ohne Anästhesie, Schmerztabletten werden bereits prophylaktisch genommen und Morphium leichtsinnig verschrieben. Ich glaube aber, daß die Summe aller Leidensunterbindungen in der Biographie eines Menschen seine Sensibilität verringert. Unsere Feinheit, mit der wir geboren werden, kann unter Umständen erheblich gestört, ja ganz gelöscht werden, und wir nehmen weniger gut jene Ereignisse wahr, die gerade die entscheidendsten und förderlichsten für uns wären. Doch aller Schmerz und alles Unbehagen sollen aus der menschlichen Existenz gestrichen werden, das Leiden beseitigt, die Tragik unserer Existenz verfälscht werden. So will es der moderne Mensch, der aus der Leidensunterbindung eine überzeugende Tugend machte. Die dunkle Seite unseres Lebens soll kaschiert werden, man will das Leben in Rosa sehen; aber das Leben ist nicht rosa . . .

Kindern wird ein rosa Leben vorgegaukelt, mit Sorgfalt wird im Erziehungsprogramm das Schreckliche vertuscht. Ein Unfalltoter, auch wenn er zur Familie gehörte, wird vor dem Kind versteckt. Und ich denke an Amerika, wo man die Toten schminkt und putzt und sie in einem teuren Sarg präsentiert, damit man kommt und sagt: „Oh, wie ist das alles schön!" Man will das Todesantlitz verfälschen, man tut, als sei der Tote gar nicht tot, als gäbe es überhaupt keinen Tod, und wenn, dann demonstriert man die Schönheit des Todes. Man will vergessen machen, daß Tod wirklich Tod ist, daß Tod Entreißung und Trennung ist, Begraben und – Verwesung. Das ist sachlich der Tod, so ist er nun einmal, das ist sein Gesicht.

Daher ziehe ich um viele Male die Bestattungsart des Islam vor. Der Moslem legt seinen Toten nackt in ein Baumwolltuch gehüllt in die blanke Erde. Einfach so. Das ist gut, denn das ist ehrlicher. Nackt kamst du zur Welt, nackt kehrst du zurück in den Schoß der Erde ... Das ist wahrer. Den Tod kann man nicht verschönern und verschnörkeln, nicht bemänteln, nicht verbergen, nicht mit Blumen, nicht mit Schminke, sondern man muß ihm ins Gesicht schauen, so wie man dem Leiden ins Gesicht schauen sollte ...

Die Tragik unserer Existenz ist nicht zu kaschieren. Kommen wir heute in ein Land der sterilen Hospitäler nach modernstem Stand, der Sozialrenten und zahllosen Versicherungen, dann stehen wir auch sogleich vor einer anderen Tragik: Die Schweiz, vermutlich das organisierteste und keimfreieste Land der Welt, zeigt in ihren Selbstmordraten, daß diese höher liegen als die der Unfalltoten im Verkehr. Unsere Existenz *ist* tragisch, „bis zum Ende der Welt wird die Schöpfung in Seufzen und Wehen liegen", prophezeit Paulus. Daher müssen wir unsere Kinder beizeiten an die Wahrheit gewöhnen; das Kind soll die Tragik des Lebens erkennen und berühren lernen, auch den Tod. Der Tod ist eine Gestalt in unserem Dasein, mit der wir täglich zu gehen und umzugehen haben, damit wir eines Tages, wenn es der letzte für uns sein wird, mit Franz von Assisi sagen können:

„Gegrüßet seist Du, Bruder Tod!"
„Gesegnet seist Du, Bruder Tod!"

Aber wer von uns lernte, diesen Satz zu sprechen und zu leben? Unser Gesicht am Krankenbett ist sauer und hilflos, beim Begräbnis ist es wirklich eine Leichenbittermiene. Damit plädiere ich nicht für ein fröhliches Gelächter am offenen Grab, aber wir müssen *lernen*, *lernen*! Es gibt eine Todestiefe, der wir face à face begegnen müssen, so früh wie möglich, denn der Mensch braucht sehr lange, um mit dem wahren Todesgesicht vertraut zu werden.

Jedes Leiden ist ein kleiner Tod, der uns vorbereitet auf den wahren Tod. Daher fällt der Mensch zurück in den embryonalen Zustand des „Tierbewußtseins", zurück zum Ausgangspunkt seines Werdeprozesses, wenn er mit Eifer alle Tragik und alles Leid von sich fernhält.

Fast möchte ich sagen, „leider“ leben solche Menschen unter uns, es sind die ewig vergnügten Leute, die Bourget *„les bourgeois épanouis“* nennt, und im Gegensatz zu ihnen denke ich an den Libanesen Taha Hussein. Er wäre nicht Taha Hussein, wenn er nicht eines Tages erblindet wäre. Niemals hätten wir heute sein ganz außergewöhnlich gutes Buch „Livre des jours“, wenn das Leiden ihn nicht verändert und gezeichnet hätte, so gezeichnet! Das, was ihn zum großen Taha Hussein gemacht hat, war kein zusätzlicher Gewinn in seinem Leben, sondern ein Verlust, ein immenses Leiden, aber eben ein Leiden, das diesen Mann von Grund auf neugeschaffen und groß gemacht hat.

Leiden macht groß. Vor einem Klinikbett stehe ich und fühle, wie ich klein und kleiner werde. Jener Kranke dort ist groß. Zusammengekrümmt in seinem Schmerz und Kummer liegt er dort, blaß und traurig schaut er mich an, und in meinen Augen wächst und wächst er. Das Leiden kann den Menschen sehr groß machen, es leistet Schöpferisches, es schafft eine Größe, die wir Gesunden und Unberührten nicht kennen. Im allgemeinen stehen wir unter anderen Begriffen von Größe. Der Mensch, der nie gelitten hat, hat nur zwei Dimensionen, er ist flach wie ein Bild, das nur zwei Dimensionen hat. Das Leiden aber, durch das ein Mensch gegangen ist, hat ihm die dritte Dimension geschenkt, *die Tiefendimension.* Sie können eintauchen in die Tiefe einer Menschenseele, die das Leiden gekostet hat. Sie fühlen diese Tiefe und dieses Dahinter. Dieser Blick ist kein gewöhnlicher Blick zum schnellen Vergessen, nein, je bewußter dieses Wesen sein Leiden erfahren hat, um so unendlicher dehnt sich der Tiefenraum in ihm, der Sie einlädt. Wir haben einige Ideen über Stärke und Schwäche, über Größe und Kleinheit, über Wichtiges und Geringes, aber hier geht es um ganz andere Dinge. Das Starke ist schwach. Das Schwache ist stark. Hier wird eine andere Sprache gesprochen.

Und nun werde ich von Magda erzählen ... Magda ist 39 Jahre alt und vollständig gelähmt, selbst ihre Sprache. Sie lebt inmitten der Alten und Kranken im Internationalen Altersheim in Moharrem Bey in Alexandria. Sie hat weder Brüder noch Schwestern, und ihre Eltern verlor sie früh. Sie ist ganz allein. Magda ist intelligent, sie hat Handelsdiplome und war fließend in Englisch und Arabisch, als sie mit 29 Jahren das Leiden traf und ihr Schicksal besiegelte. Zwei alte Tanten hatten sich ihrer geschämt und sie jahrelang in einer dunklen Kammer ihrer Wohnung versteckt gehalten, bis unsere Schwestern sie fanden und die Tanten zur Überweisung ins Heim überreden konnten.

Anfangs akzeptierte Magda das Altersheim schwer, sie weinte und kampfte einen Sommer lang; langsam aber fand sie sich hinein – heute strahlt sie! Jedesmal, wenn ich dort bin, besuche ich auch Magda. Sie versteht alles, was ich ihr sage, und ringt um ein mühevolles „Aaaa“ – als Antwort. Aber sie strahlt, wenn man sie besucht, und heute bekommt sie viel Besuch! Auch Sie dürfen zu ihr gehen, meine Damen und Herren, Magda würde sich sehr freuen, und Sie werden das schönste Lächeln der Erde finden! Kein Sophia-Loren-Lächeln, versteht sich, nein, ein anderes, das auf ganz andere Weise schön ist. Magdas Lächeln entspringt wirklich ihrem Herzen, es ist echt, es ist gereinigt von der Maske dieser Welt, es entspringt einem geläuterten und verwandelten Herzen, geläutert vom Leiden. Magda lacht wie ein reines Kind. Ich fühle mich klein, sehr klein neben ihr. Magda ist groß. Magda übersteigt mich unendlich, denn sie ist in einer anderen Welt erwacht, in einer feineren Sphäre. Sie ist ein wiedergewordenes Kind. Sie hat *angenommen,* was mit ihr geschehen ist, und das ist das entscheidende Problem für einen ausweglos Leidenden.

Ein anderer Aspekt: Das Leiden öffnet uns anderen Menschen gegenüber, wir bekommen Sinn für unsere Mitmenschen, wir werden befähigt, andere zu verstehen. Ich kenne eine Person: hart, autoritär und von übersteigerter Selbstsicherheit, alle Welt mit Strenge und Schärfe richtend. Aber dann passierte es, diese Person traf irgendein Unglück, und sie kam zu mir. Von ihrem viel zu hohen Postament war sie in die Tiefe gestürzt, sehr tief in ihren eigenen Augen, sehr tief nach dem Maß ihrer Eigenliebe, und sie fühlte sich in diesem Sturz gedemütigt. Nun fragte sie mich nach dem großen Warum, und ich machte ihr begreiflich, wie gut dieses Ereignis für sie sei und daß sie es als einen Gnadenakt verstehen müsse. Jetzt würde sich ihre Sicht verändern, sie würde die anderen besser verstehen und feinfühlig werden für diejenigen, die notleidend und hilfesuchend in ihrer Umgebung leben. Diese Person hat es nicht nur verstanden und angenommen, sondern bestätigt: „Ja, das ist wahr, mir ist bereits aufgefallen, daß ich jetzt weit nachsichtiger mit anderen bin als früher. Ich verstehe sie besser."

Nichts wird verstanden, wenn man nicht gelitten hat.
Niemand kann die anderen verstehen ohne eigene Leidenserfahrung.

Diejenigen, die mich damals im Hospital besuchten, habe ich an ihrem Verhalten schnell erkennen können. Angebunden und unter starken Schmerzen lag ich da und wußte, wer von meinen Besuchern selbst gelitten hat und wem diese Erfahrung fehlte. Jeder Mensch hat seine ganz persönliche Art, mit einem Kranken umzugehen und auf die vorgelebten Schmerzen zu reagieren. Wer selbst das Leiden kennt, der weiß, wie man einem Kranken in die Augen schaut, wie man sich bei ihm bewegt und was man sagt oder nicht sagt. Diese Dinge sind nicht aus Büchern zu lernen. Es gibt Fähigkeiten, die nur das Leiden vermittelt, unter anderem die Fähigkeit der Intuition, mit der wir wahrnehmen können, wie es um den anderen steht. Um eine Feinheit reicher werden wir, ich möchte sagen, wir bekommen den Sechsten Sinn für die Beziehung zum Mitmenschen. Wirklichkeiten werden uns erschlossen, zu denen wir möglicherweise sonst keinen Zugang haben.

Das Leiden öffnet uns. Das Leiden öffnet unser Herz. Das Leiden zerbricht die Schale des Egoismus, die uns so fest umschließen will.

Wenn das Leiden in Form eines behinderten Kindes erscheint, dann ist der Anfang entsetzlich. Die Familie kann und will es nicht begreifen, man kann es nicht annehmen. Die Revolte hält an, bis man erkennt, daß dieses arme Kind gerade das Mittel ist, das die Familie jetzt in außergewöhnlicher und ganz neuer Weise „zusammenbindet" und innerlich wachsen läßt. Das kleine Geschöpf wird in seiner Schwäche zum Treffpunkt und zum Bindeglied von Eltern und Geschwistern. Besonders die Ehepartner treffen sich in diesem Kinde oftmals tiefer als zuvor, gemeinsam wachsen sie nun über sich hinaus, verbunden aufs innigste. Ich kenne Fälle, wo ein solches krankes Kind die Umgebung vollständig umgestaltet hat. Die Gegenwart dieses armen, hilflosen Wesens hat seine Mitmenschen bis ins Herz verwandelt... Die schöpferische Energie des Leidens...

Das Leiden schließt auf. Das Leiden öffnet uns selbst, wir entdecken und erkennen uns. Das Leiden öffnet uns den anderen gegenüber, wir bekommen Herz und Sinn für unsere Mitmenschen. *Das Leiden öffnet uns Gott gegenüber:*

Durch das Erlebnis einer Leidenserfahrung, die er bewußt durchläuft, wird der Mensch befähigt, sich zur Transzendenz zu öffen, das so leicht kein starker Mensch im Vollbesitz einer robusten Gesundheit und anderer vorteilhafter Güter vollziehen kann. Sein „Haben" dichtet ihn ab und schließt ihn ein in seiner Burg von Selbstzufriedenheit. „Mir gehört die Welt, ich gehöre nur mir allein. Ich bin mir selbst genug, ich brauche niemanden. Auch Gott brauche ich nicht."

Was sollte ihm auch fehlen, denn er fühlt sich zu stark in seiner Gesundheit, zu groß mit seinem Gut und Geld, zu sicher im eigenen Haus und in seinen Versicherungen, zu stolz in seiner Bildung und zu wohl in seinen Vergnügungen . . . Aber was dann, wenn ihn über Nacht das Leiden mit seinem Flügel streift, ihm sein Lebensglück hinwegfegt, einen Teil seines Besitzes raubt oder ihn ins Bett wirft und dort fesselt? Was dann?

Dann könnte das, spirituell gesehen, seine große Chance sein, indem er nämlich in diesem Moment eine neue Wirklichkeit zu erfassen beginnt, die sich plötzlich vor ihm erhebt und an die er zuvor nicht glaubte oder sie in seinem „verpackten" Zustand nicht erkannte. – Jetzt weitet sich sein Blick, und er nimmt andere Dimensionen wahr. Jetzt erkennt er, daß eine andere und viel größere Realität hinter den Dingen steht, die die wichtigere ist, und daß sie Gott genannt wird. Jetzt lernt er vielleicht, was Glauben ist. Dann wird er auch die Verwandlung seines Herzens spüren, dann wird ihm seine neue Sicht bewußt. Vom Leiden hat er sich verwandeln lassen.

Wie viele Menschen gibt es, die sich durch ein solches „Tief" in ihrem

Leben vollkommen gedreht haben, die sich durch ein Leiden um 180 Grad gewendet haben! Wie viele Menschen warfen sich in einer Leidensphase in die Arme Gottes und kamen mit und durch ihren Schmerz ans Ziel! Wie viele Menschen haben jene unaussprechliche Freude erfahren, die Blüte allen Wachstums in diesem Ziel: ihre Neugeburt! Diese wahre Freude ist etwas ganz anderes als die Freude des Vergnügens. Unser Werden beginnt mit dem Status eines unbewußten Fötus in der animalischen Freude, aber am Ende stehen wir in der tief erlebten wahren Freude, zu der wir in voller Bewußtheit erwacht sind. Zwischen diesen beiden Freudenarten liegt der große Abstand, von dem wir heute abend sprechen.

Teilbestand des Mysteriums „Leben“ ist das Mysterium „Leiden“. Um den Aufstieg zur wahren Freude während meines Lebens zu meistern, muß ich eine Bedingung erfüllen, die mir das Leben stellt: *die Annahme des mir zugedachten Leidens.* Das ist heute sehr schwer, denn die modernen Denker, besonders in der westlichen Welt, predigen die Revolte. Die Revolte ist der Modeton, Entrüstung, Kritik, Aufbegehren gegen alles Bestehende und gegen alles Geschehende, so auch gegen Gott, diesen Despoten und Tyrannen, der sich darin gefällt, uns zu quälen . . . Aber es gibt auch die anderen:

Wenn Du zu diesen anderen gehörst, die im Glauben ihr Leiden anzunehmen verstehen, wenn Du in dem Moment, in dem Du leidest, fühlst, daß sich ein Gesicht über Dich neigt, und wenn Du in diesem Gesicht Augen findest, in denen sich Dein Leiden spiegelt, weil dieses Wesen es mit Dir leidet, ebenso tief und so schrecklich wie Du – dann wirst Du nicht mehr revoltieren. Das Leiden annehmen – das Leiden durchstehen.

Sobald Du die Unabwendbarkeit Deines Leidens erkennst, nützt Dir keine Revolte, niemandem nützt sie ! Sinn hat eine Revolte nur, wenn Du wirksam gegen gewisse Aspekte Deines Leidens handelst und damit auch das Böse besiegst. Hier hat Revolte Berechtigung – in der Handlung. Doch wir wissen, daß es auch ein anderes Leiden gibt, dem wir uns ausliefern müssen, weil es stärker ist als wir. Eine Zeitlang messen wir unsere Kräfte an ihm, aber die Stunde kommt, in der wir erkennen, daß es uns zugedacht wurde und daß es größer ist, sich ihm auszuliefern, denn:

> Im Moment der Annahme legst Du Dich in die Arme des Vaters und übergibst Dich ihm samt Deinem Leiden.

Ich bin der Meinung, daß man das Leiden erst *danach* versteht, im Augenblick des Geschehens scheint es größer als man selber, alles verdunkelt sich und schweigt, alles ist rätselhaft. Forschen wir daher nicht sofort nach einer Erklärung, denn sie läßt sich schwerlich finden. Später, wenn wir den gesamten Prozeß durchlaufen haben, mag es sich von selbst erklären. Daher gilt es zum Zeitpunkt der Leidenserfahrung einen Glaubensakt zu vollziehen, der eine Verzichtleistung auf Verstehen beinhaltet. Gemeint ist die *blinde Hingabe*.

Durch diesen Akt des Sichvergessens entdeckt man am sichersten die andere Dimension. Durch das Sich-Verlassen kommt man am sichersten zur Annahme und Aufsichnahme des Leidens, und hier wird das Leiden schöpferisch, denn es wird konstruktiv – und damit voll-menschlich.

Andernfalls könnte das Leiden zerstören! Dasselbe Leiden, das schöpferisch wirken kann, mag auch zerstören. Es liegt am Leidenden selbst, ob er es anzunehmen versteht oder ob er sich steif macht, sich sträubt und sich damit selbst die Schlinge legt . . .

Noch eine weitere Leidensdimension gibt es zu entdecken, eine noch persönlichere und zugleich umfassender, das heißt kollektiver. Wir sagten, das Leiden führt uns zu tieferer Selbsterkenntnis, zu intensiverer Bewußtwerdung. Wir sagten, das Leiden öffnet uns den Mitmenschen gegenüber und es öffnet zur Transzendenz, zur Gottesnähe. Darüber hinaus aber verwirklicht mein persönlich erlebtes Leid etwas jenseits aller Erscheinung, auch wenn es an mir zehrt und von mir nimmt, ja gerade deshalb! Es gibt in der Welt etwas, das man *die große Kommunion der Menschen jenseits des Sichtbaren* nennt. Es bedeutet die innige Verbindung aller Menschen durch etwas, das tiefer liegt als jede Form äußerer Bindung. Wir sind alle Zweige an demselben Baum. Stellen Sie sich einen Winterbaum vor, von dem Sie nur den oberen Teil, den Wipfel im Ausschnitt, sehen. Man kann nicht sehen, daß sich noch tausend weitere Zweige nach unten hin vermehren, daß alle eins sind, daß alle einem einzigen Stamm entspringen, weil dieser ebenfalls nicht sichtbar ist, und daß er alle Zweige, die sichtbaren wie die unsichtbaren, zur vollen Einheit bringt. Man sieht es nicht, man glaubt es nicht, und so weiß man auch nicht, daß alle Zweige, die sichtbaren und die unsichtbaren, aus einer einzigen Quelle gespeist werden. So sehe ich hier 200 oder 250 Personen vor mir, und wir alle werden uns nach diesem Vortrag in alle Himmelsrichtungen Alexandrias verstreuen. Obgleich wir uns trennen, bleiben wir doch ein Glied, der eine mit dem andern grundsätzlich verbunden. Das ist das Wesentliche.

Wir sind Brüder, nichts kann uns trennen, ein jeder ist des andern Bruder, und das im tiefsten und innigsten Sinn. Wir befinden uns in ständiger Kommunion miteinander, auch wenn wir uns nicht kennen. Diese innere Beziehung, von der ich spreche, ist ganz real. Man nennt sie: die mystische Beziehung unter den Menschen, *der mystische Leib der Menschheit*.

Das Leidensmysterium enthält die Botschaft: *Nichts geht verloren, nichts!*

Nichts aus dem Leidensschatz eines Menschenwesens geht jemals verloren, denn das menschliche Leid löst sich nicht auf im Nichts. Keine Träne ist jemals umsonst vergossen worden, kein Schrei eines Kindes ging jemals verloren und nicht das schmerzliche Klagen eines Kranken, nicht das angstvolle Ringen eines Sterbenden. Nichts tropft zurück in die Leere, verliert sich, geschah umsonst. Alles hat seinen Sinn, alles ist letztlich Gewinn, alles ist ein Same oder der Fruchtsatz eines Baumes. Alles wird gesammelt und verwertet im großen Gemeinsam. Nichts geht verloren, nichts geschieht sinnlos! Mein persönliches und ganz geheimes Leiden, das ich nachts in meiner Einsamkeit durchstehen muß, regeneriert die Welt, ist Energie, ist meine schöpferische Energie des Leidens. Durch diese Energie, die ich liefere, kann irgendwo in dieser Welt etwas wachsen.

Nichts geht in unserer Welt verloren, nichts geschieht umsonst. Nicht ein Gramm Leiden geht verloren, sondern alles wird gerettet. Dieses Gesetz ist so real wie die physikalischen Gesetze der Thermodynamik, die an Schulen und Universitäten gelehrt werden. Nichts geht in der physischen Welt verloren, so heißt es, und so verliert sich auch nichts in der geistigen Welt. Das Weltgeschehen lehrt uns, daß letztlich alles Wachstum ist und evolutionärer Aufstieg, und all diese Aufwärtsentwicklung muß eine Gegenkraft haben, einen Gegenpart, der sich selbst opfert oder der geopfert werden muß. Wachstum durch Tod und Opferung.

So wie die Benzinliter im Auto verbraucht werden müssen, damit wir Kilometer gewinnen, so arbeitet die Evolution. Das Benzin muß brennen, es verzehrt sich, damit das Auto läuft und wir vorankommen. Auch unsere Weltgeschichte schreitet nicht voran, ohne daß zugleich verbrannt und geopfert wird. OHNE OPFERUNG KEINE ENTWICKLUNG UND KEIN WACHSTUM.

Pater AYROUTH gründete die „Vereinigung christlicher Schulen in Ober-Ägypten“. Viele von Ihnen werden ihn gekannt haben, er starb vor etwa zehn Jahren. Dieser Jesuitenpater tat in der Gründungsphase seines Werkes etwas sehr Interessantes: Er ging in ein Altersheim und in ein Hospital und sprach dort mit einigen unheilbar Kranken und Leidenden. Er berichtete von seinem Projekt und bat diese leidenden Menschen, ihm dabei zu helfen, er bat sie um die Gabe ihrer Leidensenergie. Er sagte zu einigen besonders Schwachen, Blinden und Gelähmten: „Ich brauche Dich, bitte gib mir Dein Leid und Deinen Schmerz und weihe es meinem Werk.“

Und diese Menschen haben es verstanden, sie öffneten sich dem Pater und gaben ihm die Energie ihres Leidens. Pater Ayrouth hat seine Mission auf einige Personen gegründet, die wirklich stark leidende Wesen waren, und sein Werk kam ins Blühen und blüht nun jenseits seines Todes fort. Es wächst und gedeiht, weil es bewußt in den fruchtbaren Boden menschlichen Leids gepflanzt worden war. Es waren behinderte Menschen, die sich nicht gerührt haben, aber sie spendeten *die schöpferische Energie des Leidens.* Sie traten nicht in Aktion, ein Pater machte ihnen das Geschehen bewußt, doch ist es ohnehin Gesetz. Ohne eine ständige Energiezufuhr von Opferleid bliebe alle Tätigkeit in unserer Welt unfruchtbar.

Und ich denke an den Pfarrer von Ars, der die Menschen leidenschaftlich gern bekehren wollte und dem die Gabe des Sprechens nicht gegeben war. Er predigte dennoch mit seinen armen, ungelenken Worten; wie sehr mag er an seiner Schwäche gelitten haben! Schließlich erhöhte er sein Leiden und verbrachte seine berühmte Schmerzensnacht betend auf den Knien. Eine volle Nacht in der Darbringung eines schmerzvollen Opfers. „Ich will die Seelen kaufen", hat er gebetet, kaufen mit diesem Leiden. Und dieses Opfer hatte eine spirituelle Neugeburt zur Folge, denn nun bekehrte der Pfarrer von Ars alle Menschen, die zu ihm kamen. „Du bist Wurzel eines Baumes, der von Dir lebt", sagt Saint-Exupéry. Es gibt die sehr Aktiven unter uns, die Eifrigen, und es gibt diejenigen, die niemand sieht. Abgeschieden leben sie irgendwo in der Stille, Gott allein kennt sie und ihren Beitrag. Es sind die Menschen, die beten, die Menschen, die leiden, die Menschen, die opfern. Diesen Menschen haben wir zu danken für den Anstieg des Guten in der Welt.

Ich weiß sehr genau, daß ich das Gelingen dieser und jener Projekte anderen Menschen zu verdanken habe. Ich weiß, daß es eine Anzahl lieber Personen gibt, die mich kennen, die meine Ziele verstehen und die für mich beten und meiner Arbeit ihr Leiden opfern. Ich fühle es und ich weiß es. Was bin ich mehr als ein Mund, der redet und ein Paar Beine, die herumrennen? Die wirklich wichtige Energie fließt ganz woanders her, und das ist das Mysterium. „Du bist Wurzel eines Baumes, der von Dir lebt"...

Nichts in dieser Welt ist nutzlos, vor allem keine Person! Gerade die alten Menschen, gebeugt und ausgebrannt vom Leben und vom Leiden, trostlos in ihrer Schwäche und Leistungsunfähigkeit, sie sind vielleicht weit, weit notwendiger für das innere Weltwachstum als jener, der sich in seinen großartigen Geschäften gefällt oder der sich sehr auffällig gebärdet im öffentlichen Leben. Der Leidende dagegen, versteckt in einem Heim oder zu Haus ans Bett gefesselt, ist auch aktiv, denn alle Menschen sind aktiv, jeder auf seine Art. Nichts geschieht sinnlos und umsonst, nichts geht verloren.

Es gibt die Aktivität und es gibt die Passivität. Vielleicht ist die Passivität die wirksamere ...

Christus hat die Welt nicht durch seine Aktion gerettet, sondern durch seine Passion – das war der Augenblick, in dem er am aktivsten war, während seiner Lehrzeit war er nicht aktiver. Nein, es waren die Stunden seines Leidens. Im Moment seiner Selbsthingabe, seines

Schweigens und seines Sterbens hat die große Aktion der Erlösung stattgefunden.

Wirksamkeit in der Tiefendimension läßt sich mit Worten nicht nachweisen, sondern in den Gesten und Taten, in den Werken, die heraufblühen, aber selbst das spielt in der äußerlich sichtbaren Zone. Was hier wirklich zählt, das ist die Seele, ohne die Seele existiert nichts und geschieht nichts, und diese Seelenkraft kommt aus dem Selbstverzehr. Irgendwo muß etwas verbrennen, damit woanders der Boden keimt.

Ich weiß nicht, ob Sie den Film „Le Défrouqé" gesehen haben. Damals wurde ein Priester aufgefordert, sein Ordenskleid abzulegen, wenn er die Priesterbedingungen nicht mehr erfüllte. Dieser Film zeigt eine Szene, in der eine Unmenge von Menschen für diesen zweifelnden Priester betet, überall, im Konvent, in der Kirche, in vielen Häusern seiner Gemeinde und in seiner Familie: „Herr, bitte öffne ihm die Augen!" Das erscheint zunächst ein wenig melodramatisch, aber darüber kann man hinwegsehen, denn es ist im Sinn sehr ausdrucksstark. Man erlebt auch den Priester allein in seinem Ringen, wie er sucht und kämpft und seinen Weg nicht mehr zu finden scheint, und alle anderen Szenen spielen zur selben Zeit an anderen Orten. Man erlebt die vielen Menschen fern und nah und fühlt den Raum der Sehnsucht, den sie bilden, das kollektive Verlangen. Und dieses kollektive Verlangen siegt!

Hier ist nicht das Leiden selbst der Akteur, zumindest nur indirekt, es ist primär diese Kommunion menschlicher Wesen jenseits der Erscheinung, jenseits des Wissens dieses Priesters, jenseits des Sichtbaren. Es gibt eine Kommunion im Unsichtbaren, an die wir noch nicht genügend glauben, die jedoch wahr ist, wahrer als das, was wir das Sichtbare nennen.

Jenseits unseres Lebens gibt es etwas, das in der katholischen Sprache „Fegefeuer" genannt wird, in der christlich-orthodoxen Sprache nennt man es anders, aber das ist alles ohne Bedeutung. Ich will mich an dieser Stelle auch nicht theologisch über das Wesen des Fegefeuers auslassen, möchte aber erklären, daß es für mich einen tiefen Sinn hat:

Der Mensch, der während seines Erdendaseins keine vollständige Entblößung durch das Leiden erfahren hat, also keine „Absetzung" von seinem Ich, das ja die Voraussetzung für alle Selbstverwirklichung ist, wird im kommenden Leben irgend etwas nachholen müssen. Nennen wir es, wie wir sollen, aber verstehen wir, daß das Fegefeuer Realität ist, und zwar eine höchst interessante! Kein Mensch stirbt auf dieser Erde und hat sein geistiges Ziel voll erreicht, das gibt es nicht, es gibt nur graduelle Unterschiede. Niemand bildet sich in diesem Erdenleben zum vollen Menschenbild heraus, aber unser Weg führt uns ja weiter und bietet neue Möglichkeiten. Dort, in der anderen

Welt, werden wir die letzte Läuterung erfahren, die uns noch fehlt. Niemand tritt vollständig verwandelt durch den Tod ins neue Leben, der Verwandlungsprozeß hält noch eine Zeitlang an – und das nennen wir „Fegefeuer". Welches Gesicht es haben mag, welche Form – ich weiß es nicht.

Und in jener Welt menschlicher Seelen, die sich in ihrer Läuterung verzehren, wird nach meiner Ansicht genau die Energie gebildet, die unsere Welt noch nötig hat. Von drüben werden wir gespeist, wird unsere irdische Menschheit mit Energie versorgt und genährt, damit das innere Wachstum voranschreiten kann und die Welt an ihr Ziel gelangt – zur Vollendung.

Dieses Wachstum ist jedoch nicht möglich ohne das Mysterium des Leidens und des Todes. Wenn es diesen inneren Motor, den man Leid und Tod nennt, nicht gäbe, dann gäbe es auch keinen Aufstieg und kein inneres Werden, dann gäbe es keine Evolution. Die Welt erhebt sich aufgrund der Zusammenfassung aller Tode und allen Leids, die den evolutionären Prozeß mit dem notwendigen Kraftstoff versehen, so daß wir eine aufsteigende Dynamik im Weltgeschehen erkennen.

Abschließend möchte ich Ihnen noch einmal sagen: Das Leiden ist ein schöpferisches Mysterium, und in dieser Perspektive müssen wir leben lernen. Nehmen wir das Leiden an, wenn es uns früher oder später zugedacht wird, denn jeder von uns erhält seinen Aufruf zum Leid, um es kennenzulernen und um darin zu wachsen. Nehmen wir es, bitte, nicht als einen fatalen Schicksalsschlag, der feindlich über uns hereinbricht, sondern nehmen wir es in unsere beiden Hände und reichen wir es in einem wahren, vollmenschlichen Akt als eine *Opfergabe* dar. Indem wir diesen bedeutsamen Akt frei und bewußt vollziehen, wird er schöpferisch, und in dieser F r e i h e i t wird unsere „Passion" verwandelt in freie Wahl.

Verwandeln wir unser Leiden in ein schöpferisches Werden, in eine Geburt, dann geben wir dem Leiden seinen Sinn.

WARUM DAS BÖSE UND DAS LEIDEN?

Das Thema des heutigen Abends ist eine Frage, die wir alle stellen, immer aktuell, ein ungelöstes Problem und so alt wie der Mensch. Ist es aber ein Problem? Es ist unsere Art, uns mit Problemen herumzuschlagen, und das ist gut so; doch haben wir uns daran gewöhnt, letztlich alles als ein Problem zu sehen, und damit setzen wir voraus, daß es lösbar ist. In unserer mathematisch-wissenschaftlichen Welt ist eine Problemstellung etwas Normales. Wir reflektieren so lange über gewisse Gegebenheiten, die sich so oder so aneinanderreihen, bis wir eine Lösung gefunden haben, zumindest forschen wir in dieser Erwartung. Das Wesentliche unseres Daseins besteht jedoch nicht aus Problemen im obigen Sinn, es sind vielmehr *Mysterien,* die den Menschen so tief bewegen. So wie man in wissenschaftlicher Weise an ein Problem herangeht, ist einem Mysterium nicht beizukommen. Der heutige Mensch fühlt sich daher außerstande, auf bestimmte Daseinsfragen zu antworten, zum Beispiel

auf die Frage nach Gott,
auf die Frage nach dem Menschen,
auf die Frage nach der Freiheit,
auf die Frage nach der Liebe,
auf die Frage nach dem Bösen . . . usw.,

denn hier handelt es sich nicht um Problemstellungen, sondern um unsere *Weltgeheimnisse.* Hinter einem Problem versteckt sich eine Lösungsform, die es zu ergründen und anzuwenden gilt, auf ein Mysterium wartet dagegen keine Lösung dieser Art, denn die Antwort kann weder auf verbaler oder logischer Ebene gegeben werden, noch kann man eine Erklärung von ihm fordern.

So zählen auch das *Böse* und das *Leiden* zur Ordnung der unausschöpflichen Weltgeheimnisse, andernfalls hätten die Menschen den Schlüssel längst gefunden. Und die Frage nach *GOTT!* Jede Generation, jedes Individuum befaßt sich mit diesem unergründlichen Mysterium. Wäre es ein Problem, dann könnten wir seit langem die Lösung in Bibliotheken nachschlagen, und jede neue Generation wäre zufrieden. Gerade so, wie man mit etwas Einsatz die Lösung eines mathematischen Lehrsatzes findet, hätte man auch die Lösung des „Gottesproblems" längst gefunden, und alles Fragen und Diskutieren wäre überflüssig. Nein, zu allen Zeiten stellt der Mensch erneut diese ewige Frage und erwartet Antwort. Hier irrt er, denn er überträgt seine

Gedankenführung von der Ebene der Wissenschaft und Mathematik, die seine greifbare Welt um ihn bedeutet, ins Geistige.

In dieser Mentalität sind wir seit Schülertagen befangen und werden sie bis ins Alter nicht los, weshalb wir auch unfähig sind, diese Dinge als Mysterien zu begreifen und hinzunehmen. Das Sein erscheint uns nicht geheimnisvoll, sondern problematisch, und wir fordern Klarheit über Himmel und Erde.

Bitte erwarten Sie während dieses Vortrags, bis auf einige Annäherungen, keine definitiven Antworten, denn diese gibt es nicht. Im Zuge eines solchen gemeinsamen Abends sind wir beide, Sie und ich, nicht mehr als Philosophen, die durch Worte und Begriffe an dieses unendliche Mysterium herantreten.

Vor allem sei uns eines bewußt: Christus kam nicht, um uns das Leiden zu erklären, er hat es uns nicht philosophisch erschlossen und beantwortet, sondern Christus kam, um das Leiden auf sich zu nehmen und ihm damit einen Sinn zu geben. Eine intelligente Leidensforschung zu betreiben hieße demnach, spitzfindiger oder genialer als Christus sein zu wollen, und das wäre wohl zu kühn. Andererseits gab Gott uns einen Kopf zum Denken, den wir benützen werden, doch stets im Wissen, daß es für uns keine letzte und endgültige Antwort geben kann.

Noch eine zweite Vorbemerkung: Wie immer steht dieser Vortragssaal ohne konfessionelle Unterschiede jedem Alexandriner offen; so bitte ich die Nichtchristen unter Ihnen um Verständnis, daß ich als christlicher Priester diese oder jene Frage gelegentlich in der christlichen Perspektive erlebe und entsprechend interpretiere. Ich sagte „gelegentlich“, denn ich will mich heute abend bemühen, das Mysterium des Bösen und des Leidens über den christlichen Aspekt hinausgehend darzustellen.

Die allgemein bekannte, traditionelle Antwort auf diese tiefe und ewige Frage ist zunächst die Erbsünde als Lawinenauslöser alles Bösen und allen Leidens. Seit einem bestimmten schuldhaften Vergehen am Ursprung der Geschichte lastet ein Fluch auf Welt und Mensch, sicht- und fühlbar im Bösen, das jeder von uns erfährt. Ich werde diese berühmte Legende von der verbotenen Frucht hier ausführlich einflechten, um anschließend den Sprung in die Gegenwart zu tun.

Mann und Frau lebten in vollkommener Harmonie miteinander, sie lebten in vollkommener Harmonie mit Gott, und sie lebten in vollkommener Harmonie mit der Natur. Diese ursprüngliche Einheit ist das Zeichen für die Abwesenheit des Bösen, des Leidens, des Todes. Doch diese Einheit zerbricht. Das erste Menschenpaar konnte seinen paradiesischen Zustand nicht halten, es versagte in einem Test. „Danach gingen beiden die Augen auf, und sie erkannten, daß sie nackt waren.“ (Genesis 3, 7a)

Sie waren schon vorher nackt gewesen, doch ohne Wissen und ohne Scham. Warum erkennen sie es jetzt nach ihrem Fall? Warum die plötzliche Scham? Weil sie im Stand der vollkommenen Harmonie auch mit ihrem Körper in Einklang waren! Jetzt aber zweifeln sie an ihm. Derselbe Leib, ihr eigener Leib, erregt Anstoß, er provoziert, und die beiden erfahren eine Selbstentfremdung. Hier manifestiert sich das erste Zeichen für den Harmoniebruch, den der Sturz verursacht hat. Und diese Bruchstelle wächst und dehnt sich, sie vertieft sich, es entsteht Entfernung. Vor dem Bruch gab es nirgendwo Entfernung, sondern alles war Einheit.

„Und der Mensch verbarg sich mit seinem Weibe vor dem Herrn unter den Bäumen des Gartens." (Genesis 3, 8b). Wie ist es möglich, daß dieser Mensch, der auf gleicher Wellenlänge mit seinem Schöpfer gelebt und geatmet hatte, jetzt plötzlich ein Abrücken von seinem Herrn demonstriert? Dieselbe Antwort: Ein zweites Zeichen für den Bruch, den Einheitsverlust, ist die daraus folgende Disharmonie zwischen Mensch und Gott. Ein drittes Zeichen: Mann und Frau lebten zuvor in seliger Harmonie miteinander. Adam formulierte es in Freude: „Bein von meinem Beine und Fleisch von meinem Fleische. Deshalb heißt sie Weib, weil sie vom Manne genommen ist . . ." (Genesis 2, 23)

Als Gott jetzt aber den Mann zur Rechenschaft zieht, lädt er die Schuld auf seine Frau und diese wiederum auf die Schlange. Der eine klagt den anderen an und will dessen Alleinschuld vor Gott. Das ist der erste Streit in der Geschichte und leider nicht der letzte. Die Entfernung wächst.

Gott „setzt Feindschaft zwischen Weib und Schlange, zwischen ihre Stämme" – ein viertes Zeichen, eine weitere Entfernung! Der Harmoniebruch innerhalb der kreatürlichen Welt! . . .

Nach dieser Legende (Genesis 3, 8–19) resultiert das Leiden aus der Sünde, aus dem Bösen, das Leiden ist die Frucht der Ursünde. Die Evolutionsgeschichte lehrt uns jedoch, daß der Mensch erst am Ende eines sehr langen und komplizierten Entwicklungsprozesses erschienen ist. Wenn aber das Böse und das Leiden die Konsequenz der vom Menschen verursachten Sünde ist, dann dürfte das Weltgeschehen vor dem Auftreten des Menschen weder Böses noch Leidvolles gekannt haben. Wo erschien Adam auf dieser Entwicklungslinie, und wo begann sein Leiden? Ist alles Leid, mit dem ich heute konfrontiert werde, die Konsequenz seines Ungehorsams, und wird die gesamte Schöpfung in dieser Lawine mitgerissen? Zerfleischen sich die Tiere deshalb im Dschungel und schlucken deshalb die großen Fische die kleinen?

Paulus klagt sehr wohl den Menschen an: „Ist doch die Schöpfung der Vergänglichkeit unterworfen, nicht freiwillig, sondern um des willen, der sie unterwarf, mit der Hoffnung, daß einst auch sie, die Schöpfung, von der Knechtschaft der Vergänglichkeit erlöst wird zur Freiheit der Herrlichkeit der Kinder Gottes. Wir wissen ja, daß die ganze Schöpfung voll Seufzen und Wehen ist bis auf diesen Tag." (Römer 8, 20–22)

Paulus setzt den Niedergang von Mensch und Schöpfung in Beziehung zur Sünde Adams. Dennoch erkenne ich lange, lange vor dem ersten Menschen die Natur als ein Kriegsfeld der Kreaturen gegeneinander, das man heute als natürliche Auslese übersetzt, um das Gleichgewicht zu halten; „der Harmonie wegen" sagt man – welche Ironie der Sprache! Die Sünde also vor der Sünde, und daher gilt es, eine Ursünde zu finden, die zeitlich v o r der traditionellen Erbsünde liegen mag.

Unterscheiden wir zunächst zwei Existenzformen des Bösen:

Die Existenz des Bösen aufgrund der menschlichen Freiheit und die Existenz des Bösen im Naturgeschehen.

Die menschliche Freiheit: Im allgemeinen wird alles Böse, das uns empört, in Bausch und Bogen dem Herrgott als dessen Kunstfehler angekreidet. Nur wenige unter uns sehen sich, den Menschen, als Verantwortlichen. Die meisten singen einstimmig und eintönig stets dasselbe Klagelied durch die Jahrhunderte: „Warum erlaubt Gott Krieg und Terror? Warum erlaubt Gott Armut und Elend? Warum erlaubt Gott den Hunger in der Welt?"

Könnte man doch einmal präzise berechnen, wie schwer das „Weltböse" wiegt, das allein zu unseren Lasten geht! Nicht Gott und nicht Natur, sondern der Mensch trägt hier die Alleinverantwortung.

Daß immer mehr anstatt weniger Menschen hungern, ist kein Nahrungsmittelproblem, sondern in erster Linie ein Verteilungsproblem. Längst bewiesen die Experten, daß unser Planet reichlich Nahrung hat für vier Milliarden und mehr Menschen. Augenblicklich schreien wir Ägypter nach Seife: „Es gibt keine Seife!" . . . Selbstverständlich gibt es Seife, nur ist sie nicht zu sehen, da sie von einigen gescheiten Leuten eingelagert ist, die einen „vernünftigen" Preisanstieg abwarten, um sie in diesem Moment auf den Markt zu werfen. Immer und überall gibt es geschickte Spekulanten, Nutznießer der Gesellschaft, die profitieren wollen, indem sie ihre Mitmenschen ausbeuten. Was ich hier vom momentanen Seifenproblem in Ägypten sage, gilt leider auch für die Nahrungsmittel in der ganzen Welt. Hunger ist kein Quantitätsproblem, sondern ein Problem des Teilens untereinander, und demnach ist es das tiefmenschliche Problem des Egoismus, der Gier, der Profitsucht. Bosheit und Kälte des Menschen.

Hinzu kommt die gegenwärtige und weltweite Verschwendung. Auch das ist ein wahres Problem geworden! Wenn manch armes Geschöpf der Dritten Welt wüßte, was in den Mülltonnen Amerikas, Europas und Australiens verrottet! ... Zum Problem der Verteilung im Großen kommt das Problem der Aufteilung im Kleinen, im Privaten. Gedankenlosigkeit und Gleichgültigkeit des Menschen.

Natürlich wurzelt in der menschlichen Freiheit auch der Krieg. Wie könnte Gott Krieg wollen – eine ganz absurde Frage! Aber er will freie Wesen, er setzte die schreckliche Freiheit in unser Herz, denn ohne sie wären wir Marionetten oder Roboter, der Entzug unserer Freiheit würde uns degradieren. Gott will uns als frei entscheidende Menschen auf dieser Erde wirken sehen; er weiß, welches Instrument er uns in die Hände legte, er weiß, daß wir mit ihm das Edelste leisten können, aber auch alle Missetaten! Aus diesem Grund könnte man Gott vorwerfen, dieses furchtbare Risiko eingegangen zu sein, uns mit der Freiheit „beschenkt" zu haben. Welch ein göttlicher Leichtsinn! ...

Heute sind wir mit unserer Freiheit weltweit dahin gekommen, daß wir alle 24 Stunden insgesamt eine Milliarde Dollar für Waffen ausgeben. Man versuche sich dieses Höllenarsenal einer einzigen Tagesproduktion einmal vorzustellen, das noch immer anwächst, das sorgfältig und kostspielig gewartet werden muß und das bereitsteht, damit wir uns jederzeit gegenseitig vernichten können. Wer zieht die Notbremse, wer, denn ein Eingreifen Gottes sollen wir nicht erwarten! Der Mensch ist handlungsfrei, er kann handeln und gegenhandeln. *Den Rüstungswahnsinn stoppen ist nicht Gottessache, sondern unsere Aufgabe, denn wir haben ihn erfunden, nicht er.*

Die Zahl der Drogenopfer steigt. Auch hier wollen manche Leute einen Fehler in Gottes Rechnung gefunden haben. In Frankreich torkelte mir einmal eine Gruppe hohläugiger, weißer Gespenster entgegen, ich hielt sie für kranke Kinder. Nein, wurde mir gesagt, sie seien schon über 18 – junge Alkoholiker! ... Die Schuld Gottes? Solche Beispiele könnte man leider endlos aneinanderreihen.

Ich kenne Waisenkinder, die von den weiteren Familienmitgliedern plötzlich nicht mehr gekannt werden, man bittet mich um Fürsprache für einen Heimplatz. Ich kenne Findelkinder. Ich kenne Kinder aus gescheiterten Ehen. Ich kenne grob vernachlässigte oder mißhandelte Kinder. Jede Schule kennt sie und nennt sie „soziale Fälle", man studiert psychologisch das menschliche Drama dahinter. Warum dieses Leid? Weil der Mensch noch nicht zur Verantwortung erwacht ist, weil sein Bestreben eher dahin geht, sich geschickt aus seiner Pflichterfüllung herauszuwinden. Freiheitlich zieht er es mitunter sogar vor, das eigene Kind zu opfern.

Ich werde Opfer eines Verkehrsunfalls. Soll ich Gott anklagen für die Narben, die mir bleiben? Meine Unvorsichtigkeit oder Dreistigkeit – oder die des anderen Verkehrsteilnehmers – oder die Schlamperei meines Automechnanikers gehören in die Rechnung. Offenbar erwarten wir zur kritischen Minute einen Engel, und wenn er ausbleibt, revoltieren wir.

Gott hat uns in eine Welt geworfen, in der wir uns zurechtzufinden und zu bewähren haben – mit und durch das Prinzip der Freiheit. Er nimmt unsere Freiheit ernst, sie ist ihm sehr viel wert. Nein, er sendet keine Engel, um regelmäßig das Krummlaufende geradeausgehen zu lassen. Er greift nicht ins Steuerrad; wer schlecht lenkt, muß zahlen, und das gilt für unsere ganze Fahrt durchs Leben. Sinnlos wäre unsere Freiheit, wenn Gott uns davon abhielte, sie zu gebrauchen, indem er augenblicklich jeden Fehler korrigierte, bevor wir ihn begehen.

Ägypten 1979/80 ... ein Land ansteigender Verantwortungslosigkeit und blühender Korruption. Unsere Wirtschaft ist genau das, wovon der Zustand unserer Straßen und Telephonleitungen nur schwache Symbole sind. Wer ist schuld? Seien wir aufrichtig und suchen wir sie bei uns allein, bevor wir Gott den Prozeß machen. Durch unsere Unordnung und Lethargie in unserem berühmten arabischen „MALESCH", dem „laisser aller", kommen wir nicht von der Stelle, sondern unterminieren unser Land. Lassen wir bitte Gott aus dem Spiel! Man hat das Land, das man verdient.

Schauen wir etwas tiefer in den Abgrund des Bösen. Dort spiegelt ein Tränenmeer aufgrund menschlicher Einsamkeit und Verlassenheit. Warum ist der Mensch allein?

Eine allein lebende Frau kam zu mir und weinte sich aus: In der Heiligen Nacht hatte sie nebenan das fröhliche Singen einer festlichen Gemeinschaft gehört, sie selbst war allein, sie litt; und bevor die Einsamkeit sie ganz erstickte, faßte sie allen Mut zusammen und klopfte bei der Nachbarin: „Ich bin den ganzen Weihnachtsabend schon allein und höre, wie wunderschön Sie singen und musizieren. Darf ich bitte für einen Augenblick hereinkommen?"

In galantem alexandrinischen Französisch vernahm sie die Absage, indem sich die Tür schnell wieder schloß:

„Ich sehe keine Notwendigkeit, Madame."

Einsam! ... Hier gleich noch ein zweiter Fall dieser Art, von dem man mir berichtet hat: Eine andere einsame Frau, die sehr lange Zeit mit niemandem ein Wort gewechselt hatte, konnte das Alleinsein nicht länger ertragen. Auch sie faßte sich ein Herz und versuchte, eine andere Mieterin des Hauses zu sich einzuladen: „Würden Sie einmal einen Kaffee bei mir trinken?" – „Merci, Madame! Ich trinke lieber meinen eigenen Kaffee." Ende eines Gesprächs. Ende einer Hoffnung.

Die Schuld Gottes, daß es einsame Menschen gibt? Gott hat für uns eine Welt erfunden, in der alle Menschen glücklich werden können.

Wahrscheinlich ist es unser Fehler, wenn wir es nicht schaffen oder wenn „mein Nächster“ neben mir leidet. Es sind uns alle Mittel gegeben worden, um mit ihnen Gutes zu tun, aber wir treiben mit ihnen Böses. Die Welt ist gut geplant gewesen. Der Refrain des Schöpfungsberichts lautet: „Und Gott sah, daß es gut war.“ Und der Mensch wirkt mit den positiven Mitteln Negatives, er mißbraucht das Gute. Die Kernkraft und vieles andere mehr kann unsere Erde zum wahren paradiesischen Erblühen bringen oder sie ausbrennen für immer. Von uns allein hängt es ab, von der Wahl des freien Menschen.

Erst jetzt, nachdem wir mit einigen Beispielen nur die vielen Aspekte des Bösen als „lösbare Probleme“ ausgeschieden haben, sind wir berechtigt, den Finger zu heben und nach dem Warum des Bösen im Naturgeschehen zu fragen. Wer ist für ein Erdbeben verantwortlich, das 3000 Tote fordert? Wer für die Schäden eines verheerenden Taifuns? Hier umhüllt uns das Mysterium fest, es gibt keine Antwort, niemand bringt Licht in diese dunklen Welträtsel, die aber offensichtlich zu unserem Dasein gehören. Doch haben wir gerechterweise vorher ausgeschieden, welche Erscheinungen des Bösen menschlich zu verhindern wären, da sie nur durch menschliche Freiheit verschuldet sind.

Auch angesichts der Geißeln aller Jahrhunderte (Pest, Tuberkulose, Krebs) muß wohl diese Frage offenbleiben. Wir haben in Ägypten die Betreuung der Leprakranken in Angriff genommen und machten dabei persönliche Erfahrungen. Einige unter Ihnen sind fest mit mir engagiert, und dort draußen angesichts eines grauenhaften Leids in diesen Wüstenbaracken haben wir uns nach dem Warum gefragt. Warum gibt es solche Teufelsbakterien, die einem Menschen das Gesicht halbieren, ihm die Augenhöhlen ausfressen, die Hände und Füße abnagen? Warum? Reste von Menschen hocken dort blind und still auf ihren Lagern, Menschen ohne Antwort, und auch wir können sie ihnen nicht bringen. Daher will auch niemand von ihnen hören, niemand will an sie erinnert werden, niemand will sie sehen, niemand will sie besuchen. Wir haben diesem Doppelleid den Kampf angesagt und zeigen ihnen Liebe in Wort und Tat, um diesem mysteriösen Bösen wenigstens ein Gutes entgegenzusetzen.

Wir können über die Krankheit hinausgehen und nach dem Warum des Alterns fragen. Warum bleibt der Mensch nicht in der Blüte seiner 20 Jahre oder auf der Höchststufe seiner geistigen Leistungsfähigkeit stehen? Warum geht es mit uns unaufhaltsam bergab, und schließlich erwartet uns der Tod? . . . Das sind provozierende Fragen, die wir alle schon gestellt haben. Gibt es Antworten?

An dieser Stelle erinnere ich an meine acht Vorträge über den Tod im Jahre 1975: „Die große Metamorphose – die Geburt im Tod.“ Ich werde heute einige Aspekte hinzufügen, beziehungsweise den Tod mit

Ihnen aus einem anderen Blickwinkel betrachten – in der täglichen Selbstüberwindung.

Eine meiner Antworten, mit denen ich mich an das Mysterium des Bösen und des Leidens herantaste, ist die folgende: *Gott hat sehr bewußt eine unvollkommene Welt geschaffen.*

Seit Kindertagen ist unser Ohr daran gewöhnt, daß Gottes Schöpfung perfekt sei, ein vollendetes Werk. Gott sei Dank ist das nicht der Fall, denn die Langeweile einer solchen Welt hätte uns längst vernichtet. Der Mensch verlangt seinem Wesen entsprechend nach Aktivität und Kreativität; würden ihm diese durch einen fehlerlos laufenden Weltmechanismus genommen werden, dann wäre das Leben für ihn bald unlebbar. Ich empfehle Ihnen, einmal in den „Zukunftsroman" des Engländers Aldous Huxley hineinzuschauen: „Schöne neue Welt" („Brave New World"). Hier wird die Maschine angebetet, und Sie können das Schicksal eines Menschen verfolgen, der zum Nichtstun verurteilt wird, da er nicht mehr gefragt ist. Er ist von zahlreichen technischen Wundern umgeben, die mit Spitzenpräzision alle menschlichen Funktionen übernommen haben, und selbst die Verwaltung dieser Welt läuft von selbst.

Gott hätte ganz gewiß dieses schöne Kunstleben für uns planen und schaffen können, das wir dann wie von einem Fernsehsessel aus an uns vorübergleiten sähen. Und bei einer Umfrage würde mancher von uns diese „schöne neue Welt" wählen, eine Welt ohne menschliches Engagement, ohne notwendiges Erfinden und Gestalten, ohne Risiken und Verantwortung, eine „ideale" Welt ohne Konfliktstoff und ohne Kampf. Das Nichtstun – ein Gottesgeschenk als Beweis seiner Liebe zu uns Menschen . . .

Im Gegenteil, zu unserer Freude schuf Gott eine unfertige, unvollkommene Welt, in der wir nach Herzenslust experimentieren und hantieren dürfen, denn Tatendurst und Schaffensgeist sind Teile unseres Wesens. Ich möchte sogar sagen: Die menschliche Freude steht im proportionalen Verhältnis zur Mühsal, unsere Welt zu gestalten.

Je stärker unser Mut und unsere Ausdauer in diesem Kampf herausgefordert werden, umso größer ist die Siegesfreude über jeden Teilerfolg.

Wer über einen seichten Hügel läuft, ohne außer Atem zu kommen, hat nichts geleistet und auch nichts erlebt. Der Alpinist dagegen versteht das Problem. Bei 30 Grad unter Null schaukelt er in seinem Schlafsack am überhängenden Felsen und erwartet den nächsten Morgen, die nächste Etappe. „Ein Irrer!" rufen manche. Nein, dieser Kämpfer weiß, daß im Äußersten der menschlichen Freude die Erfahrung der übermenschlichen Freude gemacht wird, so wie auch im Äußersten des menschlichen Strebens die wahre Freude liegt; und längst weiß er, daß eine Durchschnittsanstrengung auch nur eine Durchschnittsfreude einbringt, nicht mehr.

Normalerweise pendelt unser Leben zwischen durchschnittlichen Freuden hin und her, weil wir sehr schwer zum Steigen zu bewegen sind. Das Außergewöhnliche, das Heroische, das Unmögliche, das Übermenschliche schreckt uns. Um diesen Preis verzichten wir lieber auf das große Erlebnis oder wir lehnen es ab, an die Existenz eines solchen erreichbaren Zieles zu glauben. Damit beweisen wir, daß wir noch nichts verstanden haben. Unsere glorreiche Zivilisation hat uns eingeschläfert, die bürgerliche Bequemlichkeit hat unsere Wachstumslust gelähmt, die allgemeine Komfortspirale bringt uns nicht höher, sondern schraubte uns im Gegenteil fest in einer bedauernswerten Mittelmäßigkeit. Insofern habe ich immer Verständnis für manche Hippies gehabt, denn ihre Revolte ist nicht ohne Logik.

Keineswegs liebt uns Gott auf süße Art, im Gegenteil, mitunter stellt er uns in schlimme Situationen und wirft uns in den Kampf, damit wir gestählt werden und groß. Groß will er uns haben! In eine harte Welt sind wir hineingeboren worden, in eine Welt voller Probleme. Wir sind alle Alpinisten an einer kahlen Felswand und sollen den Gipfel bezwingen. Wir sagen: Gott ist gut. Ja, aber auf andere Art, als wir Menschen es glauben möchten. Er ist auf seine Art gut, nicht auf unsere. Wir wissen noch nicht, was gut sein bedeutet. Gott allein ist es.

Gott weiß, daß der Mensch sich vor einem Hindernis offenbart – vor sich selbst, vor den Menschen und vor ihm, Gott. Daher stellt er es ihm in den Weg.

„Der Mensch ist der Sohn des Hindernisses!" (China)

Ein wunderbares Wort aus Asien! . . . Der Mensch zeugt sich in der Krise selbst, er zeugt sein Selbst, er erschafft und bildet sich angesichts der Klemme, in der er sich befindet, oder angesichts des Demutsaktes, der ihm abverlangt wird. Setzen Sie ihn auf sorgfältig geebneten, weichen Boden und schirmen Sie ihn ab von allem „Negativen", dann wird er sich zurückbilden auf das Niveau des Tieres und gänzlich stehenbleiben, denn seine Selbstüberwindung wird nicht gereizt, nicht gefordert, und diese wirkt für sein Wesen immer schöpferisch. Das meint diese chinesische Weisheit.

Aus Liebe zu uns richtet Gott hohe Hürden vor uns auf, damit sie schwer zu nehmen sind! Nicht, was allzu viele glauben, das Konsumverhalten bringt das Wohl für den Menschen, sondern seine innere Reifung im Wachstumsprozeß ist sein Wohl. Nicht das Haben, das Noch-mehr-Wünschen und das Bekommen bedeutet des Menschen Wohl, sondern das Sein, das Mehr-sein-Wollen und Mehr-Werden ist es.

Schwer zu verstehen in diesen Tagen! ... Wir leben in einer käuflichen Welt, wir lassen unser Leben vermarkten. Wir glauben, daß alles wägbar und taxierbar ist, und obendrein wollen wir einen Gott, der uns mit materiellen Gütern segnet, um uns seine Liebe zu beweisen. Eine menschliche Liebe fordern wir von Gott, nur das, nicht mehr.

Jeder Mensch, der die wahre Freude kennenlernen möchte, muß verstehen, daß Gott ihm die Elemente dafür in die Hände legte. Alles ist vorhanden, damit wir uns „die Erde untertan" machen können im positivsten, wunderbarsten Sinn. Die Teile dieses Welt-Puzzles sind uns nicht gelegt, sie sind stark gemischt, und es fehlt das Musterblatt. Und das gerade, Gott sei Dank, macht unser Leben interessant, hier liegt alle Würze, alle Spannung, die uns ständig neu belebt. Über dem mysteriösen Puzzle seiner Existenz zerbricht sich der Mensch den Kopf, und nicht selten lehnt er sich dagegen auf und klagt Gott an – Ursache allen „Übels". Hören wir aber nicht die leise Stimme Gottes in uns sprechen: „Mein liebes Menschenkind, du wirfst mir vor, ich hätte dir dein Puzzle legen können, da ich allmächtig sei. Gewiß. Doch dir zuliebe habe ich meine Allmacht eingeschränkt, damit du deine Macht erproben kannst und wächst und dich erkennst."

Das ist die wahre Freude, die ich meine. Der Mensch fühlt, daß er selber Schöpfer ist. Nach Gottes Bild sind wir erschaffen, sagt uns die Genesis, das heißt, wir sind Schöpfer nach dem Bilde des Schöpfers, fähig jeder Erfindung, fähig aller Phantasie.

Seit wann beweist ein Lehrer seine Liebe zu den ihm anvertrauten jungen Menschen, indem er ihnen die Probleme in den Büchern löst? Solche Lehrer gibt es dann und wann, aber wieviel sind sie wert und was für eine Liebe beweisen sie? ... Ich persönlich kenne einen Lehrer, der Esel gezüchtet, aber keine Menschen herangebildet hat. Schulbücher bestehen aus Aufgaben, die gelöst werden wollen, und zwar durch forschendes Denken und erfinderischen Geist. Diese lebenswichtigen Eigenschaften sollen im Kinde geweckt, gefördert und trainiert werden – das ist die Hauptmission allen Schulwesens, weit wichtiger als übermitteltes Detailwissen!

Mit diesem Beispiel wende ich mich an die hier anwesenden Eltern. Hände weg vom Schulbuch Eurer Kinder! Zeigt ihnen Eure Liebe auf andere Weise. Laßt sie einmal fluchen und in Tränen baden, laßt sie ringen, denn sie ringen mit sich selbst, das Problem ist nur das Mittel. Euer Kind wächst in seinem Bemühen! Das letzte Ziel aller Erziehung ist nicht das ganz bestimmte Notenresultat, sondern die geleistete Anstrengung, die es gekostet hat, darin liegt der Wert. Das wahre Resultat liegt nicht im Äußeren, sondern im Inneren.

Jedes ernste Streben zählt für sich selbst, es hat einen Eigenwert höchsten Grades, der ganz unabhängig ist vom äußerlich sichtbaren

Ergebnis. Das sage ich auch zu Erwachsenen in privaten Gesprächen, wenn ich sie klagen höre:

„Ich war voll engagiert, alles habe ich versucht, das Äußerste! Glauben Sie mir, ich habe mich selten um etwas so bemüht . . ., aber es ist mir nicht gelungen. Die ganze Anstrengung war umsonst, ich habe meine Zeit verloren." Dann antworte ich: „Falsch, Sie irren! Ihr Einsatz ist Ihr GEWINN, denn Ihnen selbst geht er in Ewigkeit nicht mehr verloren. Sie sind in Ihrem Kampf ein Stück gewachsen, er hat etwas in Ihnen verändert, Sie sind nicht mehr derselbe, Sie sind mehr geworden."

So sieht Gott den Menschen in der Welt stehen, kämpfend und ringend, und so wünscht er ihn, so schuf er ihn; ein freies Wesen im Werden inmitten einer Welt im Werden.

Ein weiteres Beispiel: eine Mutter und ihr polio-invalides Kind, geschient und an Krücken. Plötzlich fällt das Kind, und von vornherein beherrscht es der Unglaube, sich selbst aufrichten zu können. Bittend ruft es nach der mütterlichen Hilfe. Die Mutter rührt sich nicht. Liebevoll und mit fester Stimme befiehlt sie: „Steh auf!" . . . Das Kind bekommt jetzt nach dem Fall den zweiten Schock, es zweifelt an der Liebe seiner Mutter, kostet die „Verlassenheit" und fleht erneut um Hilfe . . . „Steh auf!" mahnt die Mutter zum zweiten Mal. Das Kind durchläuft einen Prozeß, in dem es schließlich den Sinn dieser Art von Mutterliebe begreift. Es versucht, sich selbst zu helfen, und nach einem enormen Kampf am Boden gelingt es ihm tatsächlich! . . . Aufrechtstehend und zitternd lehnt es sich an seine Mutter – dankend erlebt es eine unendliche Freude . . . und so die Mutter! . . .

Ich appelliere an Sie alle: Wann immer Sie einem Menschen begegnen und Zeuge seines ernsten Kampfes werden, lassen Sie ihn in Ruhe! Auch das ist Nächstenliebe! Die Liebe ist weit mehr eine Forderung als samtne Nachsicht und perfekte Hilfestellung. Falsches Mitleid ist falsche Liebe, da sie die Eigenkräfte des anderen bricht. Helfen Sie dagegen Ihrem Nächsten, sich selber aufzurichten und heranzubilden, indem sie nichts tun, damit er allein seine Probleme lösen kann, doch bleiben Sie in seiner Nähe.

Für Menschen im Pflegeberuf ist das tägliche Erfahrung. Ihre beste Hilfe den Bedürftigen gegenüber besteht immer darin, sie möglichst viel selbst tun zu lassen. Und auch hier zunächst das Unverständnis, der stille Vorwurf, die offene Anklage gegen ein „herzloses" Pflegepersonal. Das kalkuliert man ein und akzeptiert es, denn die Stunde wird kommen, in der die Zurückhaltung verstanden wird und die Freude an sich selber wächst . . .

Gott hat im Weltgeschehen einen „Spielraum" freigelassen, in dem Ungewißheit herrscht, ein offenes Feld, auf dem nichts berechnet werden kann. Gewiß schuf er primär für die Natur Gesetze, doch verläßlich arbeiten diese nur bis zu einer Grenze, sie gelten nicht absolut. Der deutsche Nobelpreisträger Werner Heisenberg hat uns diesen Unsicherheitsfaktor selbst im Inneren des Atoms vor Augen geführt. Er machte die Welt auf eine gewisse Unberechenbarkeit des „Elektronentanzes" im Herzen der Materie aufmerksam. Und wir sagen: Gott läßt demnach im Inneren der Schöpfung einen freien Raum, der bewirkt, daß die Welt nicht wie eine Uhr gestellt ist und mechanisch tickt in unendlicher Genauigkeit. Nein, neben festen Gesetzen gibt es einen freien Raum für ungeahnte Möglichkeiten; und hier plaziere ich den Erfindungs- und den Schöpfergeist des Menschen, der keiner Regel unterworfen ist, der keine Voraussagen kennt! Es ist der Raum der Freiheit – ohne Determinismus! Ohne ihn wäre mir keine menschliche Freude denkbar und ohne Freude kein Menschsein. Erst mit ihm bekommt das Leben seine überraschenden Nuancen, und es wird spannend wie ein Wettspiel.

Stellen Sie sich einen Menschen vor, der nichts vom Glück dieses sportlichen Kampfgeistes weiß und nun zum ersten Mal von seinem Fenster aus ein Fußballspiel verfolgt. Er sieht, wie sich 22 Männer um einen Ball teils blutig schlagen, und, von Mitleid erfaßt, geht er, kauft 22 Bälle und verteilt sie gerecht an jeden Spieler. Dieser Mann hat so wenig verstanden wie heutzutage manche Leute, die den Sport zum Geschäft umfunktionieren. Rollt der Ball für Geld übers Spielfeld, dann sind wir mit dem wahren Sport am Ende.

Dagegen sind wir alle in einem ungeheuren Konstruktionsspiel engagiert. Wir bauen an unserer äußeren Welt und damit zugleich an unserer inneren. Wir bauen auf zwei Ebenen gleichzeitig; wir bauen uns auf als menschliche Weltgemeinschaft, äußerlich und innerlich. Glauben wir niemals, wir würden nur an unserer materiellen Welt zimmern, nein, indem wir das eine tun, wächst zugleich von innen her unsere Weltfamilie.

Wie könnten wir die Liebe tätig üben und erleben, wenn uns keine Aufgabe zur Zusammenarbeit zwingen würde? Wahre Liebe ist nicht platonisch, sondern sie ist gemeinsames Tun, das wiederum diese Liebe von innen speist und wachsen läßt. Liebe ist kein Spaß und Genuß, diese sind eher ihre heimtückischen Feinde; und es scheitern so viele Liebesverbindungen und Ehen, weil man die Gleichung LIEBE = ARBEIT nicht versteht oder nicht verstehen will. Sie bedeutet gemeinsames Wirken, auch unter Opfern! Immer ist es die Herausforderung durch Schwierigkeiten und ihr Bestehen, welches eine Liebe wachsen läßt – und reifen. Desselbe gilt für das Weltganze. Wir sind als menschliche Gemeinschaft dazu berufen, unsere Erdenheimat äußerlich besser und besser zu gestalten und innerlich heranzubilden zur wahren Größe und damit zu unserer wahren Freude.

Einer deutlichen Unterscheidung zwischen Glück und Seligkeit müssen wir fähig werden. Der Mensch soll glücklich werden, sagen wir, und unsere Vorstellung malt sich ein optimales Glück in unserer glitzernden Konsumwelt aus, an dem jeder beteiligt sein soll. Diese Vorstellung übertragen wir auf das Himmelsglück: Die ewige Seligkeit in der Form genießerischen Schwelgens im höchsten Glückskonsum – wenn auch anderer Art. Mich erinnert dieses monotone Bild an eine große Weide schläfriger Wiederkäuer, ich erschrecke und bedanke mich für einen solchen Himmel, er wäre mein zweiter Tod, mein ewiger Tod. Bitte Herr, bereite uns ein interessantes Jenseits, bitte nimm nicht alles Tun und Wirken von uns, laß uns weiterstreben, damit wir weiterwachsen können.

Ich glaube, daß der Mensch zu mehr berufen ist als nur zum passiven Glücksgenuß, es ist die Herrlichkeit und Seligkeit, die ihn erwartet, und das ist weit mehr als Glück. Was ist damit gemeint?

Himmlische Seligkeit erfährt die Seele, die sich ganz verwirklicht hat, vollkommen. Es ist eine Seele, die sich selbst überwand und jetzt die tiefe Siegesfreude kostet. Diese Seele ist selig. Es gibt ein Glück auf der Ebene von Vergnügen und Genuß, und es gibt ein ganz anderes Glück, das Glück des Selbstbesiegens, im zähen Ringen mit sich selbst, im zielstrebigen Kampf mit dem eigenen EGO! Die Seligkeit, die wir eines Tages ernten werden, wird im proportionalen Verhältnis zu unserer Lebensqualität auf Erden stehen, und diese wird an der schöpferischen Kampf-Energie gemessen werden, die unsere Seele entwickelt hat. *Je tapferer wir gekämpft haben und uns überwanden, um so seliger werden wir . . .*

Hier schauen wir zurück zum heroischen oder „irren“ Gipfelbezwinger und zum nichts riskierenden Spaziergänger über einen seichten Hügel. Derjenige, der sein kleines, bequemes Leben absolviert hat, der seinen Nächsten dabei ebensooft umging wie steile Wege, dieser wird nur die Freude jenes Spaziergängers über einen Hügel haben, und er wird niemals, niemals die tiefe Seligkeit des Alpinisten verstehen, der jetzt am Gipfel stehend die Freude des Unmöglichen und Übermenschlichen erfährt, der eine ganz andere Sicht genießt und darüber „selig“ ist. Zwischen beiden Extremen gibt es viele Varianten, aber die Botschaft bleibt dieselbe:

Jede Form von Tapferkeit lohnt, denn sie ist schöpferisch.
Und: *Soviel Einsatz – soviel Seligkeit; und je höher der Einsatz, um so schmerzensreicher der Weg . . .*

Als Gott zur Frau sagte, sie müsse ab jetzt unter Schmerzen gebären, so hätte er ebensogut auch sagen können: „Du mußt dich selber im Schmerz gebären!“
Es gibt keine Geburt, welcher Art sie auch sei, die nicht schmerzt.

Ich komme zum Ende, indem ich daran erinnere, daß die Wissenschaftler uns dasselbe lehren wie der zweite Satz unserer Bibel: „Die Erde war wüst und leer." (Genesis 1, 2 a)

Nach der Erschaffung des Seins (erster Satz der Bibel) gab es zunächst nur ein Amalgam von Materie, das große Tohuwabohu – ein hebräisches Wort für das Ur-Chaos. Erst dann begann die göttliche Hand zu ordnen und im Detail zu erschaffen, bis schließlich der Mensch erschienen war und Gott diesem geistbegabten Wesen den Rest überließ. Denken wir daran, wenn wir vom Fluch der Arbeit sprechen hören, und denken wir daran, daß es bereits vor dem Fall des Menschen die Arbeitspflicht gab – mitten im Paradies.

Dort war bereits die notwendige Mühsal des Menschen zu finden, sein Existenzkampf: „Gott nahm also den Menschen und setzte ihn in Edens Garten, daß er ihn bebaue und pflege." (Genesis 2, 15)

Die Erde bebauen, sie pflegen und beherrschen bedeutet Arbeit, aber zugleich auch alle Freude, alle Würde und allen Stolz des Menschen. Der Mensch erfüllt eine Mission. Geben wir daher die Revolte auf. Lerne verstehen, daß der Herr nicht gegen dich ist, wenn er dir dein Problem nicht löst und dich nicht aufrichtet, wenn du am Boden liegst wie jenes behinderte Kind neben seiner Mutter. Er erwartet wie sie, daß du aus deinem Tiefpunkt heraus größer wächst, als du vorher warst.

Wer glaubt, der handelt auch. Wer verstanden hat, begibt sich auf die Kampfbahn, und er weiß, je schwerer die Hürden zu nehmen sind, um so besser für ihn. Er kämpft im festen Glauben, daß die gegenwärtig schwierige Situation einen Sinn hat und daß er diesen später erkennen wird. Während seiner Not und Schmerzen sagt er sich: „Ich erlebe die Geburt der Welt zum höheren Sein und nehme daran teil, und ich bin gewiß nicht das einzige Wesen, das die Wehen spürt."

Unsere Ahnen glaubten an eine statische Welt, erschaffen, hingestellt und so belassen. Längst wissen wir, daß es eine Evolution gibt, eine sehr dynamische Entwicklungsgeschichte in aufsteigender Bewegung. Die Dinge sind im Werden, die Wesen stehen im Vervollkommnungsprozeß, der Mensch ist in diese Spiralbewegung voll hineingenommen, er steht nicht außerhalb. Alles, was dieser Bewegung folgt, wird qualitativ mehr, es wächst, es steigt – oder es gäbe keine Evolution! *Evolution bedeutet Aufstieg vom Weniger zum Mehr.* Intensiv fühlt der Mensch diese Weltdynamik, und es ist nur selbstverständlich, daß diese ungeheuren Veränderungsprozesse Spannungen erzeugen, einen „Raum des Bösen", der noch nicht geschlossen ist. Vorläufig sind wir aufgefordert, die noch ungelösten Fragen zu akzeptieren und mit ihnen fertig zu werden, indem wir zumindest von innen her das Böse überwinden.

Jeder von uns ist hineingenommen in dieses außerordentliche Abenteuer, wir stehen im Geburtsprozeß einer Welt, die ihr Lösegeld fordert. Irrtümer und Fehlschläge sind unvermeidbar, und sie manifestieren sich für uns als „das Böse". Doch wir haben Glauben an das Gottesversprechen. Der Herr verspricht uns DAS GUTE ENDE, den Sieg am Ende der Zeiten, wo Mensch und Welt sich ausgekämpft haben werden. Johannes hat das gute Ende geschaut: „Da sah ich einen neuen Himmel und eine neue Erde. Der erste Himmel und die erste Erde waren vergangen, und auch das Meer ist nicht mehr." (Apokalypse 21, 1)

Ein herrlicher Text! Die gegenwärtige Welt ist eine Matrize der kommenden. Im Inneren der heutigen ist die Welt von morgen angelegt. Eines Tages wird sie ans Licht treten. Wir glauben demnach, daß es dann ein Ende aller Geschichte geben wird, ein gutes Ende, wenn die Fülle der Evolution erreicht ist. Wir fühlen den Geburtsweg dorthin und glauben an einen neuen Himmel über einer neuen Erde.

Wir glauben an die Geheime Offenbarung des Johannes: „Siehe das Gezelt Gottes bei den Menschen! Er wird unter ihnen wohnen. Er wird jede Träne aus ihren Augen wischen. Der Tod wird nicht mehr sein, noch Trauer und Klage, noch Mühsal wird sein. Das Frühere ist ja vorüber." (Apokalypse 21, 3f.)

Die johanneische Offenbarung weist auf eine Welt ohne Tod und Tränen, die sich am Horizont abzeichnet. Diese neue Welt ohne Leiden bereitet unsere heutige Welt unter Schmerzen vor; und wir sind alle daran beteiligt, aktiv und passiv, bewußt und unbewußt, wir alle! *Die Zuversicht im Glauben an diese Siegessonne mag uns Antrieb sein, noch stärker an uns selbst zu glauben.* „JA! ICH WERDE DORT ANKOMMEN!"... Eine wunderbare Schau ist dieses letzte Buch unserer Bibel. Leider sprechen wir zu häufig von der Apokalypse als Weltkatastrophe. Schauen wir ganz durch, bis zum guten Ende, denn letztlich soll diese Schau für uns höchste Zuversicht sein und tiefste Tröstung.

Nach diesem Licht streben wir, und es wird die Herzen aller Menschen erfüllen. Das ist das große Abenteuer der Menschheit, dessen Mühe lohnt. Sagen wir uns:

> „Ich erwarte keine selbsttätige Seligkeit, die unabhängig von mir auf mich zukommt, sondern ich engagiere mich persönlich, denn ich will Teilhaber an der Siegesfreude werden. Dabei nehme ich unvermeidliche Spannungen und Irrtümer in diesem Menschheitskampf in Kauf. Ich glaube an das gute Ende. Ich bin Realist. Ich suche kein künstliches Paradies irgendwo, in das ich auswandere. Hier, wo ich stehe, ist *mein* Platz."

EVOLUTION UND ZUKUNFT

(in der Perspektive Teilhard de Chardins)

„Im Herzen des Lebens – seinen Fortschritt
erklärend – liegt die Triebfeder eines
aufsteigenden Bewußtseins."

(Teilhard de Chardin)

Seit der Renaissance dehnt sich zwischen Wissenschaft und Glaube ein Graben. Zahlreiche Versuche einer Wiederversöhnung wurden unternommen, die aber letztlich Flickarbeit blieben. Die Philosophie, deren Mittel man sich bediente, konnte beiden Aspekten nicht gerecht werden: Einmal gingen Arbeit und Aussage auf Kosten der Wissenschaft, ein anderes Mal auf Kosten der christlichen Lehre. Ich erinnere an die Denksysteme von Hegel und Blondel, die zum Beispiel den wissenschaftlichen Aspekt des Problems nicht befriedigten. Der Wissenschaftler empfindet Unbehagen, er ist irritiert, die philosophische Welt ist nicht seine Welt.

Wenn eine volle Übereinstimmung von Naturwissenschaften und Glaube erzielt werden soll, müssen Versöhnungsversuche dieser Art scheitern. Ich nenne sie Konkordanz-Versuche, da sie bestimmte Passagen der Heiligen Schrift mit bestimmten wissenschaftlichen Fakten gleichsetzen wollen, zum Beispiel die Schöpfungslegende mit den geologischen Entwicklungsprozessen der Erde. Das kann man nicht zusammenflicken, man scheitert.

Neue Wege und Methoden wurden notwendig, das Problem mußte an der Basis angegangen werden, und das versuchte der Paläontologe und Ordensmann Teilhard de Chardin. Die Paläontologie ist die Lehre von den Versteinerungen, die unsere Erde birgt, einbezogen der fossile Mensch. Von Grund auf hat Teilhard alles neu durchdacht, dabei neue Methoden entwickelt und ganz neue Wege beschritten. Diese mußten zunächst befremden, denn niemand vor ihm dachte in dieser Weise.

Bevor wir uns mit seinem Weltbild und mit seiner Weltschau befassen, zunächst zu seiner Person:

Pierre Teilhard de Chardin (1881–1955) war wissenschaftlicher Gelehrter und mit Leib und Seele Naturforscher. Seine Gebiete waren die Geologie, die Paläontologie und die Anthropologie. Er nahm an internationalen Fachkongressen teil, schrieb, hielt Vorträge und

Vorlesungen. Auch war er in gewisser Weise Zoologe, insbesondere Insektenforscher. Mit den größten „Namen“ der Wissenschaft pflegte er persönlichen Kontakt, besonders innerhalb der Paläontologie, und am Ende seines Lebens galt er auf internationaler Ebene als Experte seines Fachs. Dennoch hielt er sich zeitlebens offen für die gesamte Wissenschaft seiner Zeit; so war er weder Chemiker noch Physiker, zeigte aber starkes Interesse für beide Gebiete. Ohne sein geschultes Fachwissen und sein vergleichendes Studium hätte er seine inzwischen berühmt gewordene These nicht erarbeiten können.

Wie alle Jesuiten hatte Teilhard zudem eine mehrjährige philosophische Ausbildung genossen, dazu ein vierjähriges anthologisches und ein literarisches Studium, dem er seinen meisterhaften Schreibstil verdankt. Ich möchte sagen, sein Denken ist – die Form betreffend – fast ein poetisches Denken, Teilhard zählt zu den größten Schriftstellern des 20. Jahrhunderts. Er ist nicht nur Denker, sondern Dichter und Denker, beides. Spontan fließt ihm die Vollkommenheit seines Stils nicht aus der Feder, sondern alles ist sehr wohl durchdacht und fleißig erarbeitet worden. Wer seine Entwürfe in die Hand bekommt, wird erleben, wie oft sie von ihm korrigiert und neu geschrieben wurden.

Demnach ist Teilhard zugleich wissenschaftlicher Gelehrter, Philosoph, Theologe, Schriftsteller, Dichter – und Mystiker. Mystiker ist er im starken, vollen Sinn; er vibriert mit unserer Welt, mit aller Poesie, die jemals aus diesem Erdenschoß geboren wurde. All das zeigt uns, daß wir in Teilhard de Chardin ein außergewöhnlich reiches Wesen haben, das dank seiner Persönlichkeit ein so weites System schaffen konnte – sein System.

Und noch mehr: Zu allem, das wir bisher nannten, kommen Teilhards mehrmalige Weltreisen und seine Arbeit auf vier Kontinenten. Europa: Er war Franzose und stammte wie Pascal aus der Auvergne, und er hat viel Gemeinsames mit ihm. Später folgten mehrere Ausbildungsjahre in England. Asien: Etwa 24 Jahre reiste er in wissenschaftlicher Forschungsarbeit über den asiatischen Kontinent und arbeitete speziell in China. Afrika: Nach einer dreijährigen Lehrtätigkeit in Kairo unternahm er später mehrere Forschungsexpeditionen in Zentral- und Südafrika. Amerika: Sechsmal war er dort, auch in Südamerika, und die letzten Jahre seines Lebens verbrachte er in New York, wo er als 74jähriger an einem Ostersonntag plötzlich verstarb. In den USA liegt Teilhard de Chardin begraben.

Die Kontroversen um ihn sind bis heute nicht verklungen, sein Denken erhitzt noch viele unter uns, und wir fragen deshalb zunächst nach der Methode, „dem neuen Weg“, den er beschritt. – Die Antwort lautet: *Er ging aus vom Phänomen* – dieses Wort kommt von „sehen“ – es ist das Sichtbare. Teilhard beginnt als Wissenschaftler bei der sichtbaren Welt, und er nahm die ganze Erscheinung in all ihrem

Ausmaß, und zwar nahm er sie gleichzeitig räumlich und zeitlich. Vermutlich ist Teilhard in dieser Hinsicht der erste, denn er versuchte bei seiner analytischen Forschung die entferntesten Vergangenheitsräume unter der Erscheinung auszuloten und in diese Urtiefen hinabzusteigen.

Es gibt einen anderen Mann, den englischen Historiker Arnold Toynbee, ein Zeitgenosse Teilhards. Auch er versuchte eine Synthese der Geschichte und schrieb ein zehnbändiges geschichtsphilosophisches Werk, doch war sein Projekt zu schmal angelegt. Toynbees Geschichte beginnt etwa 5000 Jahre vor Christus; für Teilhard beginnt sie nicht mit den ersten Menschheitskulturen, sondern mit dem ersten stofflichen Atom, mit der prävitalen Materie. Zugleich aber sieht Teilhard weit, weit in die Zukunft, und seine kosmische Schau wird für uns einzigartig!

Aus seiner Rück-Sicht auf die Vergangenheit konnte er schließlich allgemeine Gesetzmäßigkeiten ableiten, die das Zusammenspiel unseres Universums und die allumfassende evolutionare Bewegung steuern. Teilhard faßte diese kosmische Bewegung in ein äußerst einfaches Gesetz und nannte es:

Das Gesetz von Komplexität und Bewußtsein

Eine tiefreichende Analogie hatte er festgestellt zwischen der leblosen Materie, dem biologisch-organischen Leben und dem ich-bewußten menschlichen Denken. Aufgrund dieser Ähnlichkeiten stellte er ein gemeinsames Gesetz für diese drei Bereiche auf, die leider bis heute noch von vielen Menschen als heterogen, also ungleich betrachtet werden, als jeweils voneinander geschieden. Unter Materie versteht man im allgemeinen einen Tisch, und eine Pflanze hat mit einem Tisch nichts gemeinsam, so wie ein Mensch mit einer Pflanze nichts gemein hat. Man räumt ein, daß beide Leben in sich haben, doch sind das „zwei verschiedene Leben".

Teilhards Verdienst liegt in seinem Abstieg in die Vergangenheit. Dort hatte er den Zusammenhang gefunden, die grundsätzliche Einheitlichkeit hinter der augenscheinlichen Verschiedenartigkeit erkannt. Und genau das hält man ihm teilweise noch heute vor. Man kritisiert seine „Vorliebe" für die Einheit in allen Bereichen des Seins.

Doch wir sehen, daß sein Schlüssel paßt. Er hatte den „Dietrich" gefunden, der nun alle Schlösser und Türen öffnet, und dieser Schlüssel ist das Gesetz von Komplexität und Bewußtsein. Ich werde es zu erklären versuchen:

Die Entwicklungsspirale zeigt immer mehr Differenzierung und immer mehr Komplexität und zugleich eine zunehmende Bewußtwerdung der Wesen. Das Bewußtsein wächst. Je reicher und vielseitiger ein Wesen sich innerlich gestaltet, umso stärker wächst in ihm das

Potential seines Bewußtseins. Es besteht eine enge Beziehung zwischen der Komplexität eines Wesens und seiner Bewußtseinshöhe.

Dank dieses Gesetzes können wir heute die gesamte Evolution in ihrem langsamen Fortlauf verfolgen, ohne auf den Faden der Ariadne warten zu müssen, und am Ende „schauen" wir mit Teilhard de Chardin.

Eine weitere wichtige Aussage Teilhards finden wir in seinem Werk dank jenes konsequenten Rücklaufs in der Geschichte: Er hatte festgestellt, daß, je weiter er in der Vergangenheit nach Tatbeständen zurückgreift, umso multipler, das heißt vielfältiger (nicht vielseitiger!) ist dort die Welt, und je weiter er seherisch vorausschaut, umso mehr eint sie sich.

Teilhard „sieht" das Bestreben der Welt, von der Vielheit zur Einheit zu gelangen. Er stellte fest, daß die Tendenz der Evolution nichts anderes ist als das tiefe Verlangen nach Rückführung des Multiplen zum Einen oder der Vielfalt zur Einheit.

Das ist ja doch das berühmte Problem der Philosophie! Seit der frühen Antike und besonders seit den Griechen beschäftigt die Menschheit die Frage: Vielheit oder Einheit? Was ist die Wahrheit? Die Vielheit erklärt sich nicht selbst, sie bekommt nur Licht durch die Einheit, die aber ganz offenbar nicht existiert.

Diese große Frage bleibt unlösbar, solange man die Welt als statisch betrachtet. Wir werden uns in unserem gegenwärtigen geistigen Zustand auch nicht aus dieser Klemme lösen können, obwohl wir seit Darwin schon zu verstehen begannen, daß die Welt eben nicht statisch, sondern dynamisch ist; sie wird in Bewegung gehalten, sie ist ein anhaltender Entwicklungsprozeß. Auf die Evolution wartet ein Resultat.

Dank dieser Erkenntnis ist die Welt zu einer dritten Dimension gelangt, die vorher nicht im Gespräch war. Und diese dritte Dimension ist es, die dem Problem von Vielheit und Einheit erlaubt, sich dynamisch zu lösen und nicht theoretisch. In ihrer Dynamik offenbart sich die Welt. Wer sie statisch nimmt, dem wird sie unverständlich bleiben. Es wäre so, als sähe ich alle Personen und Objekte dieses Vortragsraumes auf ein- und derselben Ebene ohne Tiefenperspektive. Erst mein Sinn für die Tiefe der Erscheinung erlaubt mir, die Bedeutung all der bunten Flecken über mein bloßes Sehen hinaus zu erkennen. Dank meiner Tiefenschau erhalten sie Sinn. Diese räumliche Sicht überträgt Teilhard ins Zeitliche. Die Welt sehen, heißt für ihn, sie in der Tiefe erkennen, und zwar in der Tiefe der Zeit. *Erst die Zeit gibt unserem Weltbild die dritte Dimension und damit die ganze Fülle.* Damit löste Teilhard den Konflikt zwischen der Vielheit und der Einheit, und seine Botschaft lautet:

Die Vielheit ist die Vergangenheit.
Die Einheit ist die Zukunft.
Wir befinden uns heute zwischen beiden.

Seit 13 Milliarden Jahren ist die Welt unterwegs, und über mehr und mehr entwickelte Synthesen nähert sie sich einem Zustand wachsender Vereinheitlichung. Teilhard postuliert vor uns einen Pol, einen universellen Konvergenzpol, zu dem hin alles fließt, der alles in sich verschmelzen wird, und ohne den jedwede Weltbewegung unerklärlich bliebe. Nur dieser ferne, aber ganz reale Zielpunkt als Endzweck aller Bewegung gibt uns überhaupt das Recht, von einer höheren Zukunft zu sprechen. „Zukunft“ ist für Teilhard „höheres Leben“. Aber mit welchem Recht spricht er überhaupt von einer Zukunft? Ist er Prophet? Ganz gewiß ist Teilhard Prophet im ganz gewöhnlichen Sinn des Wortes, wenn wir auch nicht behaupten, er sei ein Erleuchteter, der auf Grund einer Eingebung des Heiligen Geistes von der Zukunft spricht. Ich möchte sagen, daß Teilhard im wissenschaftlichen Sinn die Zukunftsbeschaffenheit postuliert.

Was ist ein Postulat? Ein Postulat ist eine Denkforderung. Besonders die Naturwissenschaft und die Philosophie verwenden dieses Wort. Durch ein Postulat wird ein bisher unbekannter Begriff von bestimmten Gegebenheiten als unentbehrlich gefordert.

Indem Teilhard feststellt, daß die Welt in Bewegung ist, postuliert er, daß diese Bewegung auch einen Zweck verfolgt und ein Ziel hat, das sie eines Tages erreichen wird. Indem er erkennt, daß die Welt unterwegs ist, und daß sie mit einer sehr bestimmten Richtung unterwegs ist, postuliert er das Ziel. Alles, was fließt, fließt einem Ziel entgegen. Alles, was in Bewegung ist, will einen bestimmten Ort oder Zustand erreichen. Alles sich Bewegende wird von einem Grund für seine Bewegung gesteuert. Das Ziel ist ganz wahr, es ist viel wahrer als der Start, und dieses Ziel der Evolution lenkt von innen her alle Bewegung seit ihrem Usprung.

Teilhard hat dieses Geschichtsziel postuliert, und zwar als etwas Tatsächliches, als eine Forderung, als eine Notwendigkeit. Dieses Ziel ist wahrer als alle Lebenserscheinungen, die wir sehen und berühren können: Es ist der Punkt OMEGA, Gipfel und Krönung allen Werdens, Zielpunkt der Weltgeschichte, der Punkt, in dem die Lebensspirale an ihren Höhepunkt gelangen wird und der ein Konvergenzpunkt ist, denn in ihm werden sich alle Weltelemente zusammenfinden und durch ihn zur Einheit gebracht. Von diesem Einheitsverlangen wird alle Bewegung, die wir beobachten, getragen, denn die Weltelemente spüren diesen Pol ... *Die Nostalgie unserer Erde!*

Wir dürfen behaupten, daß Teilhard praktisch gesehen der erste ist, den unsere Zukunftsfrage derart konkret beschäftigt hat. Erst seit etwa 20 Jahren macht die Futurologie von sich reden und ist ein unerschöpfliches Thema geworden, das die Menschen in phantasievoller Weise träumen, denken und spekulieren läßt. Von der Magie ging der Weg zur seriösen Wissenschaft, das neue Fachgebiet heißt Futurologie – „Zukunftswissen" wird gelehrt und gelernt. Teilhards Verdienst liegt nicht darin, das Zukunftsproblem in der Art eines Schwarmgeistes auszupendeln und entsprechend zu beschreiben, sondern auf der starken Basis erworbenen Fachwissens, also streng wissenschaftlich.

Der französische Chemiker Lavoisier hatte im 18. Jahrhundert ein Gesetz festgestellt: *Nichts geht verloren, nichts Neues entsteht;* das von der modernen Wissenschaft dementiert worden ist. Man sagte: Wenn dieses Gesetz für den makroskopischen Bereich der chemischen Phänomene auch zutrifft, so gilt es nicht mehr für den mikroskopischen Bereich atomarer Phänomene. Die Wissenschaft hat nämlich in der Welt eine Erscheinung konstatiert und sie Entropie genannt. Gemeint ist ein bestimmter Energie-Rückgang. Auch Teilhard sagt dazu: Richtig! Es gibt in der Welt ein bestimmtes Energiequantum, welches sich durch bestimmte chemisch-physikalische Reaktionen langsam vermindert. Ein Beispiel ist die Sonne, die dabei ist, ihre Energie zu verglühen, sie geht unwiderruflich verloren. Dasselbe geschieht mit der Elektrizität in unseren Häusern, sie wird sich niemals erneuern. Es gibt also eine Energieform in der Welt, die sich fortlaufend verzehrt – und längst haben wir davon gehört: Die Erde geht letztlich einer Abkühlung entgegen.

Mit Gelassenheit und Zynismus, die uns erschauern lassen, begegnet dieser Tatsache Jean Rostand, ein französischer Wissenschaftler der Gegenwart. Er ist Materialist und sagt etwa das folgende:

Das Ganze ist sehr einfach: Die Welt nahm vor einigen Milliarden Jahren ihren Anlauf, einige Milliarden Jahre später wurde das Leben durch das Zusammenspiel bestimmter Faktoren geboren; und so wie das Leben seinen Lauf auf dieser Erde nahm, so muß es ihn auch wieder beenden. Es genügt zu wissen, daß wir uns bereits im Erkaltungsprozeß befinden. Eines Tages werden die Meere zu festem Eis und die Luftfeuchtigkeit zu Wasserfluten, bis auch sie zu Eis erstarren. Wir steuern nirgendwo hin als in die universelle Kälte, die alles Leben samt dem Menschen mitnimmt und in sich begräbt.

Und alle Wunder des Lebens und alles Menschliche waren nur ein Traum? . . . Soweit Jean Rostand. Er beschreibt diesen Prozeß als effektive Tatsache und wissenschaftlich präzis; und seine Schlußfolgerung dringt ohne Schwierigkeiten in jedes Ohr: Nichts lohnt sich! Warum und wofür willst du dich engagieren? . . .

In dieser Sinnleere wurzelt die Angst des heutigen Menschen, denn kein anderes Problem wiegt für ihn schwerer als die Todesfrage. Er ist mit seinem individuellen Tod beschäftigt, desgleichen mit dem kollektiven Tod der Menschheit. Solange er hier keine Antwort findet, erlebt er sehr bewußt seine innere Not, seine seelische Angst. Depressionen, Angst und Verzweiflung sind für unsere Epoche leider charakteristische Zeichen geworden, und die Todesfrage sucht weiter nach einer Antwort. Wenn man aber das Sein auf ein materialistisches Universum reduziert, also hier schon seine Grenzen zieht, dann kann es keine Antwort geben.

Teilhards Geist führt uns durch diesen Engpaß zu neuen Möglichkeiten.

Er unterscheidet zunächst zwei Energieformen: I – die tangentiale oder physische Energie (er nennt sie auch „äußere") und II – die radiale oder psychische/seelische/geistige Energie (er nennt sie auch „innere").

Wir sprachen vom Energie-Rückgang, der Entropie. Es ist die tangentiale oder physische Energie, die sich in der Welt langsam erschöpft; diese verzehrt sich, sie verbrennt ihre Kraft – gerade wie die Elektrizität in diesem Vortragsraum heute abend, aber „hinter dem Tangentialen steht das Radiale" (Teilhard), denn dieser physische Energieverlust wird jetzt geistig kompensiert durch eine große Anzahl menschlicher Gehirne, sodaß das Bewußtsein wächst und demnach die radiale oder geistige Energie in der Welt sich um ein Quentchen mehrt.

Nach Teilhard findet also ein fortwährender Austausch zwischen diesen beiden Energieformen statt, und letztlich befindet sich die radiale Weltenergie im Anstieg.

So steht es auch mit Ihrer Mittagsmahlzeit, die Sie heute zu sich nahmen. Sie haben Ihren Körper mit Kalorien angereichert, das heißt ihm tangentiale Energie zugeführt, und nun sind Sie hierher gekommen, um mit mir zu denken.

Wie wir wissen, verbraucht die intellektuelle Aktivität die meisten Kalorien, weit mehr als ein heißer Sportkampf. So ist das Stück Fleisch, das sie heute Mittag zu sich nahmen, tangentiale Energie, die sich für Sie verzehrt, um Ihnen jetzt im Augenblick einen radialen Energieanstieg zu gewährleisten und damit eine Erweiterung Ihres Bewußtseins.

Selbst die kleinen Windmotoren draußen in der Wüste produzieren letztlich radiale, also geistige Energie! . . . Mit ihrer tangentialen, also rein physischen Energie, setzen sie ein ganzes Bewässerungssystem in Bewegung, dank dessen Hülsenfrüchte wachsen und gedeihen können. Mit ihnen wird dem Menschen zunächst physische Kraft gegeben, er lebt und arbeitet mit ihr, aber er denkt und liebt auch durch sie, er bildet sich, und sein Bewußtsein wächst. Das Leben „steigt" dank dieser kleinen Windmotoren.

„Die radiale Energie zieht die Welt voran, einem komplexeren und zugleich zentrierten Zustand entgegen.“ (Teilhard) Wer Teilhard anhören will, der sollte gleich am Ausgangspunkt seiner Energie-Unterscheidung zustimmen, sonst führt der Weg nicht weit. Wer nur an einer Energieform festhält, ist blockiert, es bleibt ihm nicht viel mehr, als Jean Rostand zu folgen: Die Welt ist ein plan- und zielloses Abenteuer, das nirgendwo hinführt als in den allumfassenden Tod.

Teilhard widerspricht dem von vornherein und ganz energisch. Für ihn ist die radiale oder psychisch-geistige Energie eine Erfahrungstatsache, keine äußere, sondern eine innere, die jeder von uns macht. Unsere Seele weiß, daß es mehr gibt, daß die physische Energie nicht alles ist, dazu selbstverzehrend und uns eines Tages mitnehmend! Nein, denn die ganze Bewegung der Evolution ist ein Energieaustausch. So wirklich wie die Tatsache des ständigen Rückganges der einen, so wirklich ist auch die Tatsache des ständigen Anstieges der anderen – auf einer anderen Ebene.

Dieser Fortschritt will an seinen Höhepunkt gelangen, und durch seine Kulmination wird der Tod außer Kraft gesetzt.

Für Teilhard besteht der Triumph über den Tod im Erreichen dieses Kulminationspunktes als Endzustand; es ist die radiale Energie in ihrer ganzen Fülle, gesammelt und konzentriert im Punkt OMEGA. Hier in diesem Punkt, in OMEGA, findet der Tod seine endgültige Lösung, das heißt seine Vernichtung.

Befassen wir uns als Laien mit den Etappen der Weltentwicklung. Grosso modo geben uns die Fachleute der Kosmologie einen Zeitpunkt an für die Geburt des Universums: Vor dreizehn Milliarden Jahren. Hier, so sagen sie, habe eine gigantische Explosion des Ur-Kerns stattgefunden, der die interstellare Materie freisetzte. Alle existierenden Galaxien des Weltalls waren in dieser Form verdichtet. Wir kennen nur ein sehr beschränktes Maß, unser Wohnort im All ist ein Sonnensystem mit neun Planeten, dessen Durchmesser elf Lichtstunden beträgt. Wir erinnern uns, daß die Fortpflanzungsgeschwindigkeit des Lichtes 300.000 km in der Sekunde beträgt. Der von der Sonne entfernteste Planet ist Pluto, er erhält ihr Licht erst nach fünfeinhalb Stunden, wir Erdbewohner dagegen schon nach acht Minuten und achtzehn Sekunden. Wir sehen, daß unser Sonnensystem, in dem wir leben, schon schreckenerregende Ausmaße hat. Mit ziemlicher Mühe haben wir kürzlich den Mond erreicht, und er ist doch unser nächster Nachbar, unser „Erdbegleiter“, kaum mehr als eine einzige Lichtsekunde nur entfernt. Wollten wir hingegen auf dem Pluto landen, dann brauchten wir bei einer Entfernung von fünfeinhalb Lichtstunden heute noch eine Kette von Menschengeschlechtern ...

Diese unvorstellbaren Astralräume! ... Ferner wissen wir, daß die

Sonne nur ein Gestirn unter 100 Milliarden anderen Sonnen ist, die unsere Milchstraße bilden. Wer ihre Längsachse mit der Lichtgeschwindigkeit durchreisen will, braucht 15.000 Jahre, Lichtjahre! Eine solche Galaxie von 100 Milliarden Sonnen wie die Milchstraße gibt es jedoch ein paar Milliarden mal im Universum. Wir gehören zu einer bestimmten Gruppe von 19 Galaxien, unsere Nachbargalaxie, sichtbar am nördlichen Himmel, ist der spiralförmige Andromeda-Nebel – eineinhalb bis zwei Millionen Lichtjahre von uns entfernt (die Angaben variieren). Und es gibt weitere Galaxien, die viele Millionen Lichtjahre von uns entfernt existieren! Und alle Galaxien zusammengenommen haben sich nicht beliebig ins All gestreut, sondern ihre Ausbreitung, die noch immer anhält, folgt einem allumfassenden Ordnungsprinzip. Der Kosmos hat System, sagt Teilhard ...

Die verdichtete Materie war anfangs unvorstellbar schwer, vielleicht hätte ein Stück Kreide das Gewicht einer Kathedrale gehabt, denn es war Materie im „reinen Zustand", das heißt mit hochgradiger Protonenanzahl, die, wie wir wissen, das Materiegewicht ergeben. Ein Proton ist ein Elementarteilchen, das eines der Hauptbausteine des Atomkerns ist, und dieser Atomkern enthält bereits 99,9% der Gesamtmasse des ganzen Atoms – und nimmt dabei einen ganz minimalen Raum darin ein! „Reine Materie" weist keinen leeren Raum auf, „unsere Materie", wie wir sie kennen, ist dagegen ein großmaschiges Sieb! Dieser Tisch, an dem ich sitze, ist im Grunde genommen ein NICHTS bezüglich der Leere, die ihn „bildet". Zöge ich seine Materie auf ihren reinen Zustand zusammen, so bliebe kaum mehr als ein Staubkorn – aber sehr schwer!

Auch mit der Chemie müssen wir uns beschäftigen: Wir wissen, daß sich die Materie aus den drei Urelementen aufbaut – Proton, Neutron, Elektron, die Bausteine des Atoms und damit aller Materie. Der Grundstoff, der Weltstoff. Zusätzlich werden immer mehr und immer kleinere Teilchen im „grenzenlosen Universum" des Atoms entdeckt. Protonen und Neutronen verschmelzen sich zum Atomkern, den die Elektronen dann umkreisen wie die Planeten die Sonne. So bildet ein Proton und ein Elektron das leichte Wasserstoffatom, das einfachste, das von den Wissenschaftlern daher die Ordnungszahl oder Atomnummer „1" erhielt – eine Sonne mit einem Planeten oder unsere Erde mit dem Mond.

Die Bewegungstendenz zurück zur Einheit, doch in höherem Sinn, beobachten wir als eingeschrieben in die Evolution, und zwar in alle existierenden Weltpartikel. Jedes stoffliche Atom, alles Biologische und jeder lebendige Mensch trägt in sich die Sehnsucht nach Wiederherstellung der Ur-Einheit, nach tiefer Vereinigung und nach Vervollkommnung in der Einheit.

Die sexuelle Anziehung ist eine der Formen dieses starken Verlangens. Die heftige Anziehungskraft zwischen Protonen und Elektronen innerhalb des Atoms ist eine andere Form desselben Verlangens. Man spricht dort physikalisch von den „wirkenden Kräften" im Atom oder von der Energie zur Materie. Seit ihrem Existenzbeginn will die Materie sich wieder zur Einheit organisieren, und sie versteht darunter die Anziehung aller Weltteile, ihr Zusammenziehen, ihre Einverleibung.

Und alle Sehnsucht und alles Streben eines menschlichen Lebens ist nichts anderes als dieser eine tiefe und „weltbewegende" Wunsch.

Das kleine Proton sagt sich: „Ich spüre, wie alle Weltteile sich wieder vereinen wollen, also werde ich es tun" – und es stellt sich als Grundstoff ins Zentrum dieser Welt. Dann lockt es ein Elektron herbei, um ein Wasserstoffatom zu werden, das jedoch unbefriedigt läßt, denn es will die ganze Welt, wie ein kleines Menschenkind im Stadium seiner natürlichen Egozentrik die ganze Welt besitzen möchte. So nimmt das Proton zwei Elemente auf, und wir haben das Heliumatom; oder drei, dann haben wir das Lithiumatom; oder vier, dann haben wir das Berylliumatom; oder fünf, oder sechs, oder sieben . . . Wenn es sich 92 Elektronen einverleibt hat, haben wir das Uran. Man versteht das in Tabellenform nicht tief genug, nur in der wirklichen Tendenzbewegung erkennt man den Vorgang. Und die Tendenz besteht im Vereinenwollen allen Seins.

Doch, und hier wird es interessant, ab der Ordnungszahl 80 sind alle Elemente radioaktiv, das heißt, sie sind übersättigt und schleudern ihre Masse – so spricht der Wissenschaftler – wieder aus. Wir haben das Phänomen des natürlichen radioaktiven Zerfalls auf Grund des Überschusses an zu schweren Elementen mit der notwendigen Folge des Atomzerfalls. Man spricht auch von der Eigenstrahlung der Atome. Alpha-, Beta-, Gammastrahlen. Röntgenstrahlen.

Hier sind wir beim Molekül, das jetzt dem Atom zu Hilfe kommt. Ein Molekül besteht aus mindestens zwei, meist aus mehr Atomen, denn es sammelt jetzt Atome ein. Dabei beobachten wir, daß es nur die leichten verwendet und auf die schweren verzichtet. Ein sehr ehrgeiziges Atom, das sich allein gestalten wollte und nun eine kompakt verschlossene, reiche Welt gebildet hat, wird übergangen! Es hat sich zum Alleinbleiben und damit zur Fruchtlosigkeit verurteilt, indem es den falschen Weg gegangen ist. Das Molekül erklärt es ihm jetzt:

> „Du bist zu weit gegangen in deiner Bereicherungslust und stehst vor deiner Grenze. Du wolltest zu viel für dich allein, sodaß du unfähig wurdest, dich zu integrieren. Dein Eigenwille, dein Ehrgeiz, deine Persönlichkeit sind viel zu stark und stehen dir selbst nun im Wege; sie erlauben dir nicht mehr, dich zu sozialisieren und in einer Synthese zu wachsen."

Das Molekül geht an diesem schweren Atom vorüber und nimmt dessen leichte Kameraden mit niedrigeren Ordnungszahlen auf wie Wasserstoff, Kohlenstoff, Stickstoff, Sauerstoff usw., die sich jetzt zu einer Molekularstruktur zusammenschließen – zu einer neuen Einheit, einer höheren . . .

Dieser zweite Schritt ist Fortschritt. Die Natur ist hier erfolgreich. Doch schon beginnt das Spiel erneut, denn neben den einfachen Molekülen finden wir die Makromoleküle. Das Molekül ist eine Zusammenfügung von mehreren Atomen, das Makromolekül dagegen eine Synthese von mehreren Molekülen. Und prompt schlägt auch für ein Makromolekül die kritische Stunde! . . . Wer kommt zu Hilfe?

Es ist die Zelle, die das Abenteuer von neuem beginnen läßt:

Vor drei Milliarden Jahren irgendwo in einem versteckten Sumpf bringt auf Grund sehr bestimmter atmosphärischer Verhältnisse eine chemische Reaktion den ersten Lebenskeim hervor. (Ich betrachte hier vom rein phänomenologischen Standpunkt und habe im Moment keine andere Sicht.) Eine GEBURT, etwas ganz Neues geschieht und entsteht. Und wie verhält sich das junge Leben? . . . Nicht anders! . . . Auch die Zelle will sich zunächst eine eigene Welt leisten und begeht damit den ersten Fehler ihrer Geschichte:

Die primitiven Einzeller in der organischen Welt verhalten sich nicht anders als gewisse „unsoziale" Moleküle und Atome in der anorganischen Welt vor ihnen, Einheiten, die sich nicht integrieren können. Hier sind es die sogenannten Urtierchen oder Protozoen. Sie wollten einen vollständigen Zellorganismus bilden und haben sich dabei wohl ausgebildet – mit einem Zellmund, einem Verdauungstrakt, mit Nerven- und Muskelzellen für Wimpern oder Geiseln, und doch haben sie nur einen einzigen Zellkern! Wieder erleben wir den selben Ehrgeiz, alles in einem sein zu wollen und isoliert zu bleiben, wie wir ihn Stufe für Stufe beobachtet haben. Man nennt diese ersten Mikroorganismen auch Infusorien. Die Zelle versucht es also auch! Und so haben wir bestimmte Infusorien, zum Beispiel die Geisel- oder Wimperntierchen, die sich vollkommen in sich zurückgezogen haben in ihre eigene, private Welt – mit dem Ergebnis, daß sie an einer evolutionären Fortentwicklung nicht mehr teilnehmen können. Es ist stets derselbe Schiffbruch, der für den Individualismus auf dem Programm steht, denn er ist eine Sackgasse, er führt nirgendwo hin, er kann dem Leben nicht dienen. Nur eine „Sozialethik" hat Zukunft.

Wir haben also ein Scheitern des Zellorganismus auf der Ebene der Protozoen (Einzeller), und die Metazoen (Vielzeller) predigen jetzt der individualistischen Zelle, die sich entscheiden soll:

> „Erkenne doch, daß du eine Zelle bist, nicht mehr. Wie kannst du alles in einem sein? Verstehe doch, dich jetzt mit anderen Zellen zu vereinigen, die dich ergänzen werden und du sie! Gestalte dich, werde etwas in dieser Gemeinschaft!"

Nachdem die Zelle, wenn sie Einsicht hatte, nachgegeben und sich eingebunden hat in eine Gemeinschaft, wird sie ein zweites Mal herausgefordert: Jetzt steht sie vor der Entscheidung, nur eine Funktion innerhalb des Organismus zu wählen, und sie wird dabei erkennen, wie gut die einzelnen Zellen einander ergänzen! Es ist die Geburtsstunde des lebendigen Organismus, denn mit dieser Geburt folgen auch sogleich die Differenzierungen und Spezialisierungen der Zellfunktionen – *und dieser Weg ist es, der eine Zukunft hat.* Hier stehen die Tore weit offen, denn wir haben das Team, die Arbeitsteilung.

Manche Mikroorganismen versuchen natürlich, wie könnte es anders sein, einen Kompromiß. Ihre Zellen sind zwar fest miteinander verbunden, sie bilden zusammen ein Lebewesen, und doch würde jede dieser Zellen liebend gern alles allein verwirklichen. Jede dieser ehrgeizigen Zellen träumt davon, ein in sich abgeschlossener Organismus zu sein und zu bleiben, wenn auch verbunden mit den anderen. Jeder für sich und alles in einem. Aber diese Formel „Jeder für sich" arbeitet in der Evolution nicht, und vor allem nicht die Formel „Alles in einem".

Die Hauptfunktion eines Lebewesens ist für lange Zeit seine Nahrungsaufnahme, keine weitere Ambition als dieses JA zum Leben auf niedrigster Stufe. Erst viel später will das kleine Wesen mehr, die Spezialisierung der Organe beginnt in ihrer ansteigenden Komplexität, die langsam zur Entwicklung der Sinnesorgane führt. Eines Tages der wichtigste Schritt: Der kleine Organismus formte sein Auge aus und bekam eine Sicht von der Welt! Und selbst diese entwickelte und differenzierte sich: Die Sehorgane und die Sicht eines Hahnes und die eines Menschen sind nicht dieselben. Doch nicht nur bezüglich des Sehens kommt es zur Einheit und Gesamtsicht von der Welt, sondern die gesamte Sinnesorganisation strebt jetzt zur Einheit:

Mehrere Monate beansprucht das menschliche Kind, um eine Konvergenz seiner Sinne zu erreichen. Wir wissen, daß das neugeborene kleine Wesen etwas sieht und etwas hört, daß es aber zwischen beiden Wahrnehmungen noch keine Verbindung herstellt. Es fühlt etwas und riecht etwas, aber es versteht noch nicht, beide Sinne zu verbinden und das Objekt zu deuten. Es sieht, fühlt und schmeckt sein Däumchen, weiß jedoch nicht einmal, daß dieses Däumchen ihm gehört . . . Einige Monate arbeitet der kleine Mensch an der Koordinierung seiner Sinne, und wir beobachten deutlich, wohin diese Bewegung steuert: zu einer Vereinheitlichung.

Wir folgen einer Doppelentwicklung von Organen und Sinnen und fragen nach den grundlegenden Tendenzen, die hier befehlend und richtungsweisend wirken. Was ist „notwendige Entwicklung"? Warum sieht und hört der Mensch? Warum greift er mit Händen und läuft auf Beinen? Wonach greift er, wohin läuft er? . . . Die Verwirklichung von ETWAS ist Zielsetzung all seines Bestrebens, dieser

Wunsch ist tief in ihm wie in allen Evolutionsprozessen verankert und zeichnet sich ab in der Aktivität der Glieder und Sinne der Wesen.

Was wir bereits vom Proton wissen, dasselbe können wir gradlinig fortlaufend bis zum Menschen finden, der das Zentrum der Synthese wurde, getragen von dem Bedürfnis, sich die Welt zu unterwerfen, sie mittels seiner Sinne für sich zu gewinnen und umzugestalten und ihr keinesfalls die Vorfahrt zu lassen ... Das Menschenkind ist bereits Verlangen, es ist Besitzverlangen. Sobald es sich seiner Freiheit und Beweglichkeit bewußt wird, greift und nimmt es auch schon. Das ganze Hausinventar will es besitzen, und es schlingt seine Ärmchen fest um die Personen, mit denen es lebt. Das Kind will seine Umwelt besitzen, das ist seine Egozentrik – das natürliche Verlangen, Zentrum aller Dinge und Wesen zu sein.

Eine entscheidende Entwicklungsstufe ist die Ausbildung des Nervensystems, durch das sich ein Organismus gestaltet.

Ein Organismus ist kein beliebiger Zusammenschluß von Zellen, sondern eine Subordination von Zellen, eine Unterordnung oder Zuordnung. Nachdem es eine Organisation gibt, gibt es auch ein leitendes Organisationsnetz – das Nervensystem. Dieses Kommunikationsnetz befähigt einen Organismus, in zusammenhängend wirkender, vereinheitlichter und daher zufriedenstellender Weise zu funktionieren.

Schon zu Beginn der organischen Entwicklung registrieren wir diese „Erkenntnis“. Zwar hat der Einzeller kein Nervensystem, und doch strebt das Urtierchen schon zur Vereinheitlichung seines Wesens; wir bemerken eine Art Subordination bestimmter Teile der Zelle unter andere bestimmte Teile, wobei die Funktion des Zellmundes bestimmend wirkt. Bei den ersten Vielzellern wie beim Seestern-Polypen finden wir bereits ein strahlenförmig angelegtes System mit einem Zentrum in seiner Mitte. Dasselbe beim Seeigel und bei der Qualle, die sogar mehrere ausstrahlende Zentren haben können. Das spätere Nervensystem ist zu ahnen, im Embryonalzustand ist es schon vorhanden. Eine Anzahl von Fühlorganen gruppieren sich um dieses Zentrum und ordnen sich ihm unter. Aber hier bleibt die Entwicklung nicht stehen, das Nervensystem nimmt Richtung an, der Weg führt zum Achsensystem, denn mittels der Achse plant die Evolution die Kopfbildung.

Und auch hier zunächst die große Unterschiedlichkeit! Der einfache Wurm, der weiterlebt, nachdem man ihn halbierte ... Die entwickeltere Fliege, die jedoch noch ganz auf der Stufe der momentanen Nahrungsaufnahme steht ... Die höherentwickelte Biene, die mit ihrem winzigen Kopf schon denkt, und zwar konstruktiv und an ein Morgen, sie schafft sich und ihrem Volke Vorräte. Das Nervensystem der Fliege steht auf der Stufe des Magens, das der Biene schon auf der Stufe des Gehirns.

Aber diese Gehirnmasse wächst im Tierreich, und mit und durch diese physische Masse das Bewußtsein! Gewicht und Oberfläche nehmen zu, und bereits im Embryonalzustand ist das Gehirn des Menschen dominierend.

Auch hier zeigt uns die Entwicklungsgeschichte, daß es ohne Fehler und Illusionen nicht abgegangen ist. Der erste Irrtum ist immer der Gigantismus, die Gier nach Quantitäten; wir verfolgen es seit der stofflichen Materie und erinnern uns an die Verhaltensweise gewisser Elementarteilchen. Es ist das irreführende Bestreben, der Quantität gegenüber der Qualität den Vorzug zu geben.

So bildeten sich gewisse Saurierarten auf Grund ihrer gigantischen Maße ein, die tollsten, schönsten und fortgeschrittensten Lebewesen in der Evolutionslinie zu sein. Mit den Nahrungszentnern, die der Atlantosaurier ununterbrochen in sich hineinfraß – er gehörte zu den Dinosauriern – hatte er es zu stattlichen 40 Metern Länge gebracht und zum größten Landtier der Erde. Die Gattung der Saurier starb aus, da sie die Qualität mit der Quantität verwechselt hatte und damit in eine Sackgasse gelaufen war. Ein kolossaler Fettberg mit einem Vogelkopf, dessen Mini-Gehirn nicht das geringste verstanden hatte, nicht einmal die notwendige Kunst des Überlebens. Große Mengen angehäufter Materie zählen in der Evolution grundsätzlich nicht, sie führen nirgendwohin. Was zählt, das ist die Art und Weise, wie sich ein Organismus aufbaut und welchen Grad von Komplexität und Zentriertheit er erreicht.

Das gilt selbst für den Bildungsbereich eines Menschen:

Ein Mensch ist nicht dann gebildet, wenn er ungeheure Wissensmengen in sich angehäuft hat und diese als ein schillerndes Durcheinander präsentiert, sondern ein gebildeter Mensch ist ein Mensch, der Ordnung und System in sein Wissen gebracht hat, damit es ein zusammenhängendes und zusammenwirkendes Ganzes werde. Wieder die Einheit! ... Der Weg des Gigantismus vom Atom über den Saurier bis zum Menschen ist zum Scheitern verurteilt, er ist kein Weg.

Aber wie muß die Natur kämpfen! Blutend bahnt sie sich ihren Weg durch die Zeit. Selbst der Weg der Spezialisierung als ein wesentlicher Entwicklungsfortschritt hat seine Tücken und Fallen, denn der Bogen darf nicht überspannt werden. Ameisen, Termiten und Bienen sind mit ihrer Überspezialisierung ebenfalls in die Sackgasse gesteuert. Teilhard spricht vom eng kanalisierten Instinkt der Insekten, der nun für immer erstarrt sei: „Unsere Rivalen oder vielleicht Nachfolger? Oder vielmehr eine Masse, die tragisch gebunden und in einer Sackgasse einen aussichtlosen Kampf führt? ... Vielleicht schon seit geologischen Perioden komplizieren sich die Insekten endlos wie chinesische Schriftzeichen, und doch scheint es ihnen nicht zu gelingen, ihre Lebensebene zu verändern ... Und wenn wir nachdenken, so erkennen wir gewisse Gründe für dieses Nicht-von-der-Stelle-Kommen. Ihre Psyche hat sich verhärtet und mechanisiert. Man könnte sagen, ihr Bewußtsein fließt von innen nach außen, um sich in starren Regelungen zu materialisieren. Diese Bewegung ist das genaue Gegenteil von Konzentration ... Ein rein funktionsmäßig hochwertiges Verhalten, psychisch aber minderwertig." (Teilhard)

Die Spezialisierung lähmt, und die Überspezialisierung tötet. Wer sich verkompliziert und überspezialisiert, bringt sich letzten Endes damit um, sofern wir einen zum Stillstand gekommenen Fortschrittslauf innerhalb der Evolution als einen Tod ansehen.

Selbst die Sozialisierung kann ein Weg des Irrtums sein, wenn sie überspitzt praktiziert wird! In solchen Fällen wird das Individuum dem Kollektiv geopfert. Auch diesen Fehler begehen die Ameisen und Bienen, der einzelne zählt nichts, seine Persönlichkeit geht in der Masse unter, nur der Staat hat Bedeutung. Kennen wir ihn nicht bei manchen menschlichen Gesellschaftssystemen wie dem totalitären, in dem die Person vom Kollektiv absorbiert wird? Hier haben wir die falsche Sozialisierung, die keine Zukunft haben kann.

Die Entwicklung des Denkens ... Der Mensch erschien vor etwa fünf Millionen Jahren auf dieser Erde. In dieser langen Zeitspanne hat sich der Mensch morphologisch sehr entwickelt und sehr verändert; wir wissen, der Schädel des ersten Menschen hatte nur den halben Umfang vom heutigen; das Gehirn ist gewachsen und andere Körpermaße sind zurückgegangen, zum Beispiel das Maul des Tieres und der Mund des Menschen. Das Tier frißt, greift, baut und verteidigt sich weitgehend mit dem Maul, und wir beobachten, daß seine Rückbildung im Zusammenhang steht mit der Vergrößerung und inneren Ausbildung des Gehirns: Im proportionalen Verhältnis zur Rückbildung des Tiermauls wächst das Gehirn, und zugleich wird die Hand als Instrument entdeckt. Halbaffen, Affen und Menschenaffen nennt man „Hirn- und Handwesen".

Ähnlich steht es mit den ersten Menschen. Hinzu kommt der sich aufrichtende Gang, der das Schädelwachstum begünstigt. Schließlich hat der Mensch kraft seines Denkvermögens und seines Ich-Bewußtseins den überragenden Platz in der Evolution eingenommen. Eine neue Schicht legte sich über die Erde, die Denkschicht. „Ich denke!" Ein neues Erwachen.

Der Mensch hat sich für die Fortentwicklung seines Gehirns entschieden und sich an dieser Stelle spezialisiert; damit hat er alles auf eine Karte gesetzt! Er vernachlässigte die Entwicklung gewisser Eigenschaften, sodaß die Tiere ihm zunächst auf manchem Sektor überlegen waren. Doch der Mensch hat es so gewählt und so geopfert. Alles hat er aufgegeben zugunsten des Denkens, und mit dieser einen

Eigenschaft wurde er allen anderen Lebewesen der Erde überlegen. Ein weiter Weg liegt hinter ihm, bestückt mit Opfern, aber mit diesen Opfern erwarb sich der Mensch das höhere Leben. „Wer sein Leben liebt, wird es verlieren, doch wer sein Leben in dieser Welt haßt, der wird es für das ewige Leben bewahren.“ (Johannes 12, 25)

Kraft seines Denkens und Erfindens hat der Mensch alles gewonnen. Wer beneidet noch den Vogel, der die Meere überfliegt, den Luchs, der besser sieht, den Hund, der besser hört als wir? Welches Tier kann Dinge schauen, die nur das Elektronenmikroskop uns Menschen offenbart? Welches Tier sieht und hört, was im selben Augenblick auf anderen Kontinenten vor sich geht? Welches Tier jagt mit 250 Stundenkilometern durch die Steppe oder erhebt sich vertikal ins All zu anderen Gestirnen?

Dank seiner Intelligenz hat der Mensch seinen Organismus vollkommen umgestaltet und neu geschaffen. Die Technik wurde die Verlängerung, die Fortsetzung seines biologischen Leibes; und Technik bedeutet intelligente Herrschaft führen können über die Natur. Dieses erstaunliche Abenteuer des Menschen kennzeichnet unsere Epoche. Der Mensch überlistet und besiegt die Natur, sodaß er sagen könnte: „Ich habe einen kleinen und nichtssagenden Körper, doch ist dieser Körper dank meines Geistes allmächtig geworden.“

Hyperkomplex ist dieses wunderbare Gehirn! 15 Milliarden Zellen sind aufs engste zusammengeschaltet zu einem lebendigen Gefüge grandioser Team-Arbeit! Jede Zelle ist mit ihrer speziellen Funktion beauftragt, und untereinander sind sie nicht austauschbar.

Doch das Wichtigste: Inzwischen ist erwiesen, daß die außerordentliche Komplexität dieser Schaltzentrale mit einem Bewußtseinsanstieg einhergeht, der in der gesamten Tierwelt unbekannt ist. Die Früchte verfolgen wir bis zu den modernen Zauberwerken der Technik, an die wir soeben erinnerten, mit denen der kleine Menschenwurm sich den Planeten Erde unterwirft. Wie viele Tierarten sind ihm mit ihrem „Dasein“ zuvorgekommen? Milliarden und Millionen Jahre hatten sie dieselbe Chance gehabt. Dieselbe Chance? ... Nein, denn das Gehirn des Menschen ging bei aller organischen Entwicklung als der triumphale Sieger hervor. Denkfähigkeit und reflexives Bewußtsein setzen allem bisher Erreichten die Krone auf und den Menschen damit an die Spitze der Evolution.

> „Ganz gewiß, das Tier weiß, aber sicher weiß es nicht, daß es weiß. Sonst hätte es Erfahrungen seit langem gehäuft und einen systematischen, geistigen Aufbau vollbracht, der unserer Beobachtung nicht entgehen könnte.
>
> Ein Gebiet der Wirklichkeit bleibt dem Tier demnach verschlossen, in dem wohl wir uns bewegen, in das es jedoch seinerseits

nicht eindringen kann. Ein Graben – oder eine Schwelle – trennen uns von ihm, die es nicht überschreiten kann. Wenn wir uns mit ihm vergleichen, so sind wir als ich-bewußte Wesen nicht nur von ihm verschieden, sondern etwas ganz anderes. Nicht einfacher Stufenwechsel, sondern Naturwechsel." (Teilhard)

Krone allen Wachstums, Spitze aller Entwicklung, ... und doch noch nicht am Ende! Das menschliche Abenteuer ist noch in vollem Gange, und wir werden uns nun mit dem Ziel beschäftigen, seinem wahren End- und Höhepunkt: OMEGA.

Der Urmensch ist noch ein unorganisiertes Wesen, als Nomade in der Horde lebend ist er Jäger und Sammler. Langsam lernt der Mensch! Ein paar Millionen Jahre ist er der Natur nachgelaufen, ohne auf die Idee zu kommen, sie sich dienstbar zu machen. Heute nimmt man an, daß den Frauen das Verdienst der Erfindung der Agrikultur zukommt. Durch Ackerbau und Viehzucht wird der Mensch von der Natur unabhängig, und er wird seßhaft.

Das ist ein Sprung voran, denn hier kommen wir gleich sehr viel weiter: Wir erkennen die Geburt der Dorfgemeinschaft als erste Gesellschaftsbildung, als erste menschliche Gemeinschaft! Erst vor etwa 10.000 Jahren im Neolithikum (Jungsteinzeit) erkannte der Mensch den sicheren Vorteil eines organischen Zusammenschlusses, um sich so zu verbessern und in der Arbeits- und Aufgabenteilung zu vervollkommnen. Wieder denken wir an die ersten Molekularstrukturen und an die ersten Zellverbände aus „bildungsfähigen" Einheiten, die einem fruchtbaren Gemeinschaftsleben zustimmten.

In der zwischenmenschlichen Beziehung, die ein Austausch in der Gruppe weckt und entwickelt, erkennt der Mensch die Notwendigkeit des Gebens und übt schließlich soziale Solidarität. Er begreift, daß Menschsein Geben und Empfangen bedeutet, und daß man sich nur in den anderen vollenden kann.

Hier noch einmal zum sexuellen Instinkt und zum Ursprung dieses menschlichen Verlangens nach Vereinigung: Wo liegen die Wurzeln der Sexualität?

Sehr weit müssen wir zurückgehen, bis zum Erwachen des organischen Lebens, bis zur Zellteilung und bis zur Autogamie, der Selbstbefruchtung. Dort finden wir den Hermaphroditos, ein Zwitterwesen unter den Vielzellern, das weibliche und männliche Elemente enthält und sich alleine reproduziert. Nachdem sich nämlich dieses Doppelwesen trennte und wir männliche und weibliche Individuen haben, erschien die Sexualität als gegenseitige Anziehung dieser komplementären Wesen – und wir haben das erste soziale Verhalten in der Entwicklungsgeschichte. Die Bisexualität und soziale Bindung, die sich auswachsen und fortbilden, führen über den Familiensinn und die Sippe zum Dorfwesen und zur Stammgemeinschaft.

Wir können auch einen anderen Entwicklungsweg vom Individualismus zur bewußten Gemeinschaft aufzeigen, den ich hier einfügen will. Es ist die Mutterschaft:

Anfangs werden einige Millionen Eier abgelegt und vergessen. Die Mutter entfernt sich und überläßt sie dem Schicksal; noch keinerlei Sinn für die Nachkommenschaft ist vorhanden. Doch langsam nimmt die Anzahl der Eier in der Entwicklungslinie ab, der Mutterinstinkt beginnt sich zu regen, und schließlich brütet die Henne über ein bis drei Eiern. Sie trägt noch nach dem Ausschlüpfen Sorge, sie ist Beschützerin und Lehrerin der Kleinen. Den wirklichen Schritt oder Sprung im sozialen Sinn macht erst das Säugetier mit einem stark ausgeprägten Mutterinstinkt. Die enge Beziehung zwischen dem Muttertier und seinen Jungen ist von höchster Bedeutung für die spätere soziale Entwicklung im gesamtmenschlichen Sinn. Wir verfolgen eine wahre Evolution dieses Muttergefühls, denn schrittweise erwirbt die Mutter sich den persönlichen Sinn für das Individuum. Für eine Mutter hört die Welt auf, ein anonymes Kollektiv zu sein. Das Individuum erhält durch die Mutterliebe Individualität, Persönlichkeit. Für eine Mutter ist das Kind bereits Person, es ist ihr ALLES.

Wir sprachen vom Auftreten der ersten Dorfgemeinschaft als einer neuen Dimension des sexuellen Sinnes, das heißt in der gegenseitigen Anziehung, die sich nun zur bewußt sozialen Dimension erweitert und nicht auf die Familie beschränkt bleibt. Die Familie öffnet sich für die Gemeinschaft, macht sich bereit zum Austausch, und nach gemeinsamer Tagesarbeit setzt sich dieser fort am Lagerfeuer. Erfahrungen des Vereintseins.

Später treten Dörfer miteinander in Verbindung, Städte entstehen, und schließlich gibt es eine Hauptstadt als Zentrum eines menschlichen Organismus. Wir denken an die Gehirnbildung als Zentrale und an die Ausbildung des Nervensystems.

Die globale Kommunikation im Zeitalter der Technik ist ein weiterer Sprung voran auf dem Wege zur Einheit. Nicht nur durch die raffinierten Methoden des Industriezeitalters die Natur zu meistern, sondern durch den außerordentlich wichtigen Schritt der großangelegten Kommunikationssysteme zur globalen Einheit. So wie für den Organismus der wichtigste Teil das Nervensystem ist, durch das alle Teile des Körpers miteinander in Funktion gehalten werden, so bildet in unserer modernen Welt das Kommunikationssystem die Zukunftslinie, auf der wir nun unterwegs sind. An ihr können wir den Kurs ablesen, den die heutige Menschheit eingeschlagen hat. Und hier leuchtet uns schon der Zielpunkt entgegen – OMEGA, der höhere Weltpol.

Die Erde ist bereits mit einem phantastischen Netz überspannt, dessen Maschen so dicht geworden sind, daß man schon kaum noch von einem Netz sprechen kann, der Globus ist praktisch bedeckt, und wir sollten uns bewußt werden, daß wir in dieser Hinsicht schon EINS sind. Wir leben im planetarischen Zeitalter und erleben alle den Zusammenschluß unserer Erde.

Das ganze 20. Jahrhundert stand schon unter diesem Zeichen: Erster Weltkrieg 1914, Zweiter Weltkrieg 1939, erster Versuch einer Weltregierung durch den Völkerbund 1920 in Genf, zweiter Versuch einer Weltregierung durch die Vereinten Nationen 1945 in New York. Vereinte Nationen . . .! Hoffen wir, daß diese Organisation oder eine ähnliche eines Tages die Regierung dieser Erde übernehmen kann, denn der Mensch will sich planetarisch orientieren.

Dank der globalen Kommunikation bekommen alle Ereignisse universellen Charakter und universelle Bedeutung. Man erkennt, daß niemand in dieser Welt isoliert ist. Der Vietnamkrieg betraf auch uns, die Auseinandersetzungen im Nahen Osten betreffen die ganze Welt, Geschehnisse in Tokio, Washington, Berlin oder Südafrika gehen uns alle an! Alles gewinnt heute sofort internationales Maß, und wir haben ein Gefühl bekommen für die planetarische Zeit, in der wir leben und die unsere Epoche ist.

Der junge Mensch von heute atmet problemlos in dieser Weite, ganz anders als die Generationen vor ihm steht er zur Welt. Die Technik hat ihn umgeprägt und angepaßt . . . und doch erlebt er sich inmitten eines hochgeladenen psychischen Spannungsfeldes! Er ist weitsichtiger und viel großzügiger geworden, aber auch unruhiger, er spürt den Spannungsdruck.

Schon Teilhard sagte damals, daß man die psychische Spannung bildlich in eine Weißglut umsetzen müßte, um sie darzustellen . . . und heute befindet sie sich noch immer im Anstieg! Es ist nicht auszuschließen, daß einmal ein kritischer Punkt erreicht wird, und daß dieser Punkt in nicht zu großer Ferne liegt. Hier handelt es sich weltweit um dasselbe Gefühl modernen Unbehagens. Auch hier die Einheit.

Neben allen großartigen technischen Verständigungsmitteln unserer Zeit wird es noch eine ganz andere Verbindung von Mensch zu Mensch geben, ich meine hier die Telepathie, jene wortlose Kommunikation über das Bewußtsein. Indem das Bewußtsein wächst, wird die Telepathie immer selbstverständlicher geübt werden; ich glaube sicher, daß sie ihre feste Rolle im zwischenmenschlichen Verkehr spielen wird. Im Moment stehen wir noch am Anfang, aber überall steht die Telepathie auf dem Forschungsprogramm, und im Vatikan gibt es schon seit 1970 einen Lehrstuhl für Telepathie. Diese wird deshalb Resultat und Zukunft haben, weil sie die Ergänzung und Weiterführung des sexuellen Verlangens zweier Wesen ist. Die Sexualität wird hier auf intellektueller Ebene durch die Telepathie ergänzt; das Ergänzungsbedürfnis ist ein soziales, globales Phänomen.

Hinzu kommen neue Erziehungs- und Bildungsmethoden, denn die Weltinformation auf allen Gebieten wird sich immer mehr verdichten. Das aktive Wissen ist bereits ein Universum für sich geworden, wie soll man es vermitteln? Im Moment konzentriert man dieses Wissen in Elektronengehirne, die alle Informationen speichern. Und hier sind wir schon bei der Tele-Informatik, denn räumliche Distanz spielt auf unserer Erde keine Rolle mehr. Beispiel: Wenden Sie sich im Augenblick an ein einziges Weltzentrum für eine präzise Fachauskunft, und im Augenblick wird sie Ihnen nach neuestem Forschungsstand übermittelt. So befindet sich in Washington ein medizinisches Gehirn, das alles Fachwissen, das bis zur Stunde in der Welt existiert, speichert und für Sie bereithält.

Diese Tele-Informatik wird sich so vereinfachen, daß im Prinzip jeder Mensch augenblicklichen Zugang zu allem Weltwissen jeder Richtung haben wird, von den Uranfängen des Universums bis zu den letzten Forschungsergebnissen. Damit wären wir beim GEHIRN DES GEHIRNS angelangt, in dem jeder von uns zur aktiven Zelle wird und beiträgt, den Weltwissensschatz zu mehren und zu speichern, und dabei selbst Anteil erhält an der enormen Erbschaft allen menschlichen Wissens. „Wissen, um zu wissen ... Wissen, um zu können. Mehr können, um mehr zu sein ... Mehr TUN, um mehr zu SEIN.“ (Teilhard)

Diese ungeheure Masse von Weltinformation wird sich in Zukunft mehr und mehr verdichten, sodaß die Erziehung von morgen die Aufgaben von Biologie und Vererbung zu übernehmen hat. Was sich beim Tier als Erfahrungswissen vererbt, wird beim Menschen als komprimierte Information durch moderne Erziehungsmethoden weitergegeben werden. So wird die Erziehung für alle Zukunftsentwicklung Schlüsselposition erlangen. Ein weiteres Zeichen der Vereinheitlichung, nach der alles strebt, ist seit geraumer Zeit die Teamarbeit – eine bisher unbekannte Erscheinung unter den Menschen. Besonders in der wissenschaftlichen Forschung hat man den Wert des GEMEINSAM erkannt, wodurch die Arbeit intensiviert und das Resultat beschleunigt wird zum Nutzen des einzelnen wie der Gesellschaft. Inzwischen haben wir die weltweite und wahrhaft schrankenlose Teamarbeit.

Der Rhythmus unserer modernen Welt steht im Zeichen atemloser Geschwindigkeit, bis es einmal einen plötzlichen Stillstand dieser rasanten Bewegung geben wird, durch den und in dem sich jenes Phänomen wiederholt, das zur Geistgeburt des Menschen auf dieser Erde führte. Die Geistflamme ging auf, als eine hohe psychische Spannungsverdichtung stattgefunden hatte, als plötzlich das GEMEINSAM, das heißt die Teamarbeit der Gehirnzellen derart gut organisiert war, daß der Gedanke als völlig neues Phänomen überraschend wie ein aufblendendes Licht hervorbrechen konnte.

„ICH DENKE" – dieses Lebewesen bekam Bewußtsein, und es bekam Ich-Bewußtsein. Es wußte mit einem Mal, daß es denkt. Und dieser heilige Moment wird sich auf unserer Erde wiederholen . . ., auf weit höherer Stufe und in ganz anderer Form.

Wie wird das geschehen?

Die Menschen werden sich näher und näher kommen, da sie in immer vollkommenerer und direkterer Weise miteinander zu kommunizieren lernen. Die Menschen werden transparent füreinander werden, und das Leben wird transparent für die Menschen werden! Durch den Zusammenfluß allen Denkens und Fühlens, durch den fortlaufenden Anstieg des Bewußtseins wird sich langsam der Zukunftspol herausbilden, in dem wir ein Supra-Gehirn, einen Supra-Leib, einen Supra-Organismus in Erscheinung treten lassen – es ist der Punkt OMEGA. „Supra" heißt „oberhalb, darüber", denn das Ganze wird sich im höchsten Bewußtsein vollziehen. OMEGA ist die allumfassende Synthese der Welt durch den Menschen. Die Menschen werden EINS, nachdem sie die Welt vereinigt haben.

„Die Evolution hat eine Richtung . . . Eine Spirale, die sich kühn in die Höhe schraubt! Von einer Schicht zur anderen gibt es ein Werden und sprunghaftes Wachsen, das rastlos in dieselbe Richtung drängt. Dies ist auf dem Gestirn, das uns trägt, das wirklich Wesentliche . . ." (Teilhard)

Nach diversen progressiven Sprüngen auf dieser langen Strecke haben wir auch im Punkt OMEGA einen Sprung – etwas ganz Neues geschieht. OMEGA ist das plötzlich eintretende Hauptereignis aller Entwicklung, der Übergang unserer Welt von einer Form in eine andere.

Das Atom bringt die Elementarteilchen zur Einheit,
das Molekül bringt die Atome zur Einheit,
die Zelle bringt die Moleküle zur Einheit,
der Organismus bringt die Zellen zur Einheit,
das Dorf bringt die Menschen zur Einheit,
die Hauptstadt bringt die Dörfer und Städte zur Einheit.

Unser Jahrhundert ist jetzt eingetreten ins planetarische Stadium, und dieses will unsere Erde zur Einheit bringen durch eine Weltregierung und durch eine lückenlose, interkontinentale Kommunikation. Die Zukunft der Menschen hängt ab von der Art und Weise, wie sie miteinander in Verbindung stehen und ob sie sich bewußt zusammenschließen, als ein Organismus begreifen und als solcher zusammenwirken wollen.

Die Anzeichen dafür kann man „lesen" lernen. Stichwort: „der Dialog." Warum ist das Wort Dialog heute so aktuell? Früher hatte es kaum Bedeutung und heute eine zentrale. Auf allen Gebieten wird der Dialog angestrebt, weil die Menschen fühlen, daß ihre Zukunft im Dialog liegt, daß die wahre Zukunft des Menschengeschlechts ein einziger, allumfassender Dialog sein wird.

Lebte das Individuum früher abgeschlossen in seiner privaten Sphäre und betonte als wichtigste Größen seine Individualität und persönliche Wesensart, so will die Person heute eher grenzenlos sein. Herz und Sinn der Jugend sind weit geöffnet. Der Mensch von heute will sich zu erkennen geben.

So ist die moderne Ehe! Die moderne Frau offenbart sich dem Mann, der moderne Mann offenbart sich der Frau. Freimütig gibt sich der Mensch zu erkennen, das ist seine allgemeine Tendenz, die bedeutungsvoll ist, da ganz im Sinne der Zukunft des Menschen! Wir gehen einer umfassend praktizierten und tief erlebten Transparenz entgegen, die sich zunächst an einem Ort manifestieren wird – in der Ehe. Die Ehepartner werden sich auf einer ganz anderen Ebene treffen als bisher, unendlich viel tiefer und vollkommener. Die Ehe wird das Zeichen für die Kommunion aller Männer und Frauen im *mystischen Leib der Menschheit* werden, in dem wir alle miteinander zu einem tief erlebten brüderlichen Ganzen verschmelzen.

Ich erinnere hier an mein Gedicht „Wenn wir vereinigt sein werden". Ich werde es heute abend zum Ausklang verlesen, denn wir werden tatsächlich alle zu einer einzigen, bewußt erlebten Wirklichkeit zusammenfließen, und der Ur-Traum der Menschheit von der *Einheit* wird sich erfüllen.

Die jetzige Spannung von Mensch zu Mensch und besonders zwischen Mann und Frau versucht, diesem Traum näher zu kommen, das ist der wahre Grund aller psychischen oder seelischen Spannung. Im MYSTISCHEN LEIB wird diese Sehnsucht ihre Erfüllung und ihre Vollendung finden, und jeder von uns wird sie erfahren.

Ich sagte, daß alle Zukunft durch die Kommunikationsweise entschieden wird. Jetzt frage ich: Was ist Kommunizieren? Kommunikation zwischen den Menschen heißt nicht, ein Telephon benutzen für ein schnelles Gespräch, heißt nicht, ein Auto besitzen für einen schnellen Treff oder das Geld für ein Flugticket, denn was die Menschen untereinander noch trennt und isoliert, ist nicht die räumliche Entfernung, sondern der viel tieferliegende Egoismus in uns bildet das Hindernis. Man mag Seite an Seite mit einem Mitmenschen Stunden verbringen und ihn dabei ignorieren, als gäbe es ihn nicht. Dasselbe als Wohnpartner in einem Hochhaus, und als Ehepartner kennen wir jenes Nebeneinander auf engstem Raum. Andererseits machen wir die Erfahrung, daß wir unendlich weit in Raum und Zeit von jemandem getrennt leben können, und doch bleibt eine enge Verbindung bestehen und wird in tiefer Kommunion von beiden Teilen ständig erlebt. Warum? . . . Hier wird die Erfahrung des Liebesgeheimnisses gemacht. In der Liebe finden wir das letzte Geheimnis der Kommunion.

Die schöne Perspektive einer globalen Kommunikationmithilfe der Technik mag sich als Illusion erweisen, uns zur Einheit zu bringen, wenn wir nicht aufmerksam auf ein Gebot achten, das wir erhalten haben. Jemand ist auf Erden erschienen und sagte, er habe ein Gebot für uns – zu unserem Heil:

> „Liebet einander! So wie Ich euch geliebt habe,
> so sollt auch ihr einander lieben." (Johannes 13, 34)

Das ist das große Gebot, und deshalb ist diese Person zum Haupt einer Bewegung geworden, die man das Christentum nennt. Das *Christentum* ist die Religion der Zukunft, weil es eine Religion der *wirkenden Liebe* ist, und weil die Evolution ihrem Wesen nach WIRKENDE LIEBE ist.

> „Die kosmische Quell-Energie . . .
> Mit den Kräften der Liebe suchen die Fragmente der Welt einander, auf daß die Welt sich vollende. Dies ist kein Gleichnis – und viel mehr als Dichtung." (Teilhard)

Nur die Liebe wird fähig sein, eines Tages die Menschen in ihrer letzten Tiefe zu vereinen und sie aus der verstreuten Vielheit heimzuholen in die Einheit.

Seien wir unbesorgt, wir sind nicht allein, denn mit dem Liebesgebot erhielten wir zugleich ein Versprechen:

> „Wenn Ich von der Erde erhöht bin, werde ich alle an Mich ziehen . . ." (Johannes 12, 32)

LESUNG:

Wenn wir vereinigt sein werden . . . (Henri Boulad, 1967)

Wenn wir vereinigt sein werden zu einem Leib
Wenn wir verschmolzen sein werden zu einer Umarmung
Wenn wir schwingen werden nach einer Melodie
Wenn wir leben werden als nur ein Wesen
Wenn die Körper sich vereinen und nie mehr lösen
Wenn die Seelen sich finden in einem Raum
Wenn die Geister trinken an einer Quelle
Sodaß die Herzen schlagen in einem ewigen Rhythmus
Wenn das ICH und das DU sich einschmelzen zum Wir
Wenn die Liebe eines jeden zur Liebe aller wird

Wenn wir nichts anderes sein werden als nur ein Gedanke
Wenn wir uns verbinden wie ein Barren Gold
Wenn wir uns zusammenwinden wie eine Garbe
Wenn wir uns verkneten werden zu einem und demselben Brot
Wenn wir uns zusammenpressen zu einem und demselben Wein
Wenn in meiner Brust die mit Milliarden und Milliarden
Multiplizierte Liebe erklingen wird
Brandend in meinem Herzen wie das Meer bei Flut
Wenn wir verwebt sein werden wie ein Linnentuch
Wenn wir verflochten sein werden wie Korbgeflecht
Wenn wir vernäht sein werden zu einem Segel
Das uns mitnimmt der aufstehenden Sonne entgegen
Wenn ein jeder zur Nahrung des anderen wird
Wenn jeder ein Stück des gemeinsamen Brotes wird
Wenn der Traum der Menschen Wahrheit wird
Wenn das Sehnen Erfüllung findet
Wenn wir an den Baum des Lebens gelangen
Wenn bewußt sich vereinigt, was Gott vereint hat
Wenn der EINE Saft vom Weinstock der Gnade
Sich in Fluten ergießen wird bis in jeden Zweig
Wenn das EINE Blut hervorbrechend aus dem EINEN Herzen
In unsere für immer vereinten Glieder fließt
Wenn wir zu den Zellen werden des EINEN Leibes
Gerufen zum ewigen Leben
Dann wird die Kraft eines jeden zur Kraft aller werden
Der Gedanke eines jeden zum Gedanken aller werden
Die Liebe eines jeden zur Liebe aller werden
In dieser niemals endenden Umarmung
In dieser nie verblassenden Glut
In dieser nie erlöschenden Ekstase
In diesem ewigen Entzücken
Werden Zeit und Raum und Dauer verlöschen
Werden Geschichte und Vergangenheit neu erwachen
Verlorenes Leben wird wieder Gegenwart
Geschwächtes Leben gewinnt wieder Kraft
Vergeudetes Leben erkennt jetzt den Sinn
Wenn Tod und Leid außer Kraft gesetzt werden
Wenn Mangel und Abschied beseitigt werden
Wenn in den Augen keine Träne mehr steht
Wenn man weder Fragen noch Klagen hört
Dann werden unsere Wünsche transparent
Denn Sprache und Zeichen werden aufgehoben
Und ich erkenne so wie ich erkannt bin
Dann beginnt das Leben, das sich niemals verzehrt
Dann siegt die EINHEIT, die nichts erschüttert
Dann bricht die LIEBE hervor, die nie vergeht . . .

DER SINN DER ARBEIT UND DER AKTIVITÄT DES MENSCHEN

(Eine mystische Betrachtung)

Als Philosophie-Student in Frankreich hatte ich eines Tages eine etwas sonderbare Frage an meinen Professor, wohl von der Art, wie sie der „kleine Prinz“ von Exupéry laufend gestellt hat. Vor unserem Fenster weitete sich ein mächtiger Baum, und ich fragte: *Was ist der Sinn dieses Baumes?*

Ich bekam gleich mehrere Antworten, von denen mich aber keine zufriedenstellen konnte. Dieser Baum muß etwas anzeigen, etwas bedeuten, dachte ich, er muß eine Botschaft haben – also einen Sinn.

Wenn ich Ihnen heute abend dieselbe Frage stellte, was würden Sie antworten? *Was ist ein Baum?* Wahrscheinlich würden Sie mir seine biologische Funktion beschreiben vom Wurzelnetz bis zur Samenkapsel, aber das wissen wir doch alle längst, denn es ist das Resultat unserer Beobachtung. Darüber hinaus aber fallen alle Antworten schwer. Wie steht es mit jenen tieferen Fragen über das Wesen eines Baumes? Hat dieser Baum eine Seele? Was ist das, eine Baum-Seele? Wohin strebt diese Seele?

Ich glaube an die Beseelung alles Lebendigen. Alles was lebt, hat eine Seele. Was aber ist eine Baum-Seele, und was hat sie vor?

Es war im Jahr 1956. Ich war zu diesem Zeitpunkt noch nicht auf die Schriften Teilhard de Chardins gestoßen, sollte aber noch im selben Jahr mit ihnen bekanntwerden. Der Wissenschaftler und Priester Teilhard bestätigte mir dann endlich, was ich gefühlt hatte. Zunächst hatte ich festgestellt, daß man fragen muß: „Woher kommt ein Baum und wohin geht er?“ Man wird mir sagen: „Wohin soll ein Baum gehen? Er kommt aus der Erde, wächst, breitet sich aus, und nach einer Anzahl von Jahren stirbt er.“

Oh, wir müssen viel tiefer schauen! Um die Entfaltung, den Lebensweg und das Ziel eines Baumes zu verstehen, müssen wir uns in die Entfaltung und Bewegung des gesamten Lebens auf unserer Erde versetzen; und um dieses Leben zu verstehen, müssen wir uns in die Entwicklung des Universums versetzen – vom Atom bis zum Menschen.

Damit war ich in diesem Jahr in Frankreich intensiv beschäftigt. Langsam begann ich, den Baum vor unserm Fenster zu verstehen, denn ein Ding oder ein Wesen zu verstehen heißt seine Geschichte erkennen. Ein Wesen ohne Geschichte bleibt ein Rätsel. Auch Sie beginnen für mich eine Geschichte zu bekommen, da Sie sich jeden Monat mit mir hier zusammenfinden. Ihre Gesichter werden mir vertraut. Doch jemanden in seiner Tiefe wirklich zu verstehen, macht erforderlich, mit ihm zu leben, seine Vergangenheit zu erfahren und von seinen Zukunftsplänen zu wissen. All das ist nur möglich über den ganz persönlichen Dialog. Also fragte ich mich jetzt: „Welche Geschichte hat dieser Baum?", und ich verstand, daß seine Geschichte die Geschichte der Welt ist, er selbst ist eine Entwicklungsphase, also nur ein Aspekt unserer Welt. Heute abend werden wir gemeinsam diesen Gedanken fortführen und uns fragen: *Welche Bedeutung hat ein Baum im weltumfassenden Aufstieg des Lebens zu Gott?*

Ich zeichne Ihnen jetzt eine schöne libanesische Zeder an die Tafel, Symbol dieses Aufstiegs des Lebens, das so reich aus unserer Erde quillt und sich mannigfach verzweigt. Jeder Ast und jeder Zweig soll Sinnbild einer Art sein, aus dem gemeinsamen Wurzelstock gekeimt, darunter auch der Mensch. Was aber sucht dieses Leben? Ich sehe, wie intensiv es sich voranarbeitet, tastend strebt, daher setze ich ins Herz dieser schönen Zeder eine Zweckbestimmung. Selbst ein Mann wie Jacques Monod konnte sich in seinem Buch „Zufall und Notwendigkeit" nicht enthalten, von einer tief ins Innere des Lebens eingeschriebenen Zweckbestimmung zu sprechen. Das Leben beobachtend erkennt man seinen Projekt-Charakter, die Ausrichtung auf *Etwas.* Das Leben sucht etwas, es tastet sich durch ungeheure Zeiträume voran. Seit drei Milliarden Jahren ist das Leben unterwegs. Unterwegs wohin?

Wohin zielt es?

Nun, ich glaube, daß das Leben den *Menschen* sucht.

Diese Meinung habe ich schon sehr früh vertreten, und die Antwort auf die Frage, was das Vorwärtstasten des Lebens anzielt, was es also letztlich sucht, ist für mich die folgende: Das Leben trägt in seinem Herzen das Projekt *„Mensch"* und will dies schrittweise verwirklichen.

In allen denkbaren und undenkbaren Richtungen hat das Leben getastet, bevor es den Menschen biologisch hervorbringen konnte. Wenn ich also nach Sinn und Wesen eines Baumes frage, dann erkenne ich langsam, daß ein Baum in seiner Anlage ein Mensch ist; er hat es nur bis zum Baum geschafft, ein fehlgeschlagenes Projekt (ich werde mich hierzu noch näher erklären). Das Leben ist sozusagen schräg gelaufen anstatt geradeaus, denn im Mittelpunkt des Lebens liegt zugleich sein Zielpunkt. Dieser Lebenskern speichert alle Kräfte für dieses Projekt „MENSCH". Millionen von Seitenwegen und Sackgassen haben herrliche, wunderbare andere Arten hervorgebracht, die alle zu den unaufhörlich fortschreitenden Versuchen gehörten, den Menschen zu gebären. Nachdem er erschienen war, sind keine weiteren Arten auf dieser Erde mehr entstanden.

Freilich werden Sie fragen: Warum hat das Leben den Menschen nicht direkt in einem Zug geschaffen?

Dürfen, können wir so fragen? Gott wollte ganz offensichtlich dieses Herumtasten der Natur als ein *Schöpfungsprinzip,* ebenso wollte es die Natur im Innern des Evolutionsstromes. Gewiß mußte es so sein, daß das Leben alle nur irgendmöglichen Lösungen ausprobierte, bevor es die einzig wirkliche fand, in der es zur Krönung und Vollendung gelangen konnte. Indem es schrittweise ausschied, was nicht Mensch ist, hat das Leben langsam seinen Weg zum Menschen gefunden. Alles hatte es versucht!

Man sollte sich Filme von Jacques Cousteau anschauen wie *„Le Monde du Silence"* (Die Welt der Stille), die uns den Märchenzauber am Meeresboden zeigen, diese Symphonie von Farben und Formen – eine Hymne auf die schöpferische Phantasie des Lebensgeistes! *Was* hat er eigentlich *nicht* geschaffen? Könnte es noch mehr geben?

Ja, es gab! Was wir heute atemlos bewundern, ist längst nicht alles! Einige wenige Spuren sind uns geblieben von unzähligen Arten und Formen des Lebens, die kamen und wieder verschwanden und die wir zur Unermeßlichkeit des schöpferischen Einfalls addieren müssen. Jede Form, die später von Menschenhand entworfen wurde – das Auto, das Flugzeug, die große Rosette der Kathedralen und Tausende mehr –, ist zuvor vom Leben entworfen worden als Käfer im Gras, als Vogel am Himmel, als Blüte im Feld. Alle künstlerischen Zeichnungen, die unsere Menschenseele je erfand, und alle geometrischen Figuren, die je gezeichnet und geformt wurden, waren bereits da, als der Mensch noch nicht erschienen war.

So glaube ich, daß dieser Baum, dessen Bedeutung ich suchte, nichts anderes ist als eine Skizze vom Menschen, eine Entwurfsskizze, die nicht zur Vollendung kam. Alle Formen des Lebens auf diesem Planeten sind für mich Versuche, den Menschen zu gestalten, fehlgeschlagene Versuche, obgleich herrliche Fehlschläge! . . . Welche Vollkommenheit der Arten! Bewundern Sie nicht die außergewöhnliche Vollkommenheit einer Katze, die zu einem Sprung ansetzt oder über einen schmalen Dachfirst balancierend spielend ihr Gleichgewicht hält? Bewundern Sie nicht die Perfektion eines Fisches, der durchs Wasser dahingleitet? Warum sind die Tiere derart perfekt und warum nenne ich sie zugleich Fragmente, „gescheiterte" Wesen auf dem Weg zum Menschen?

Perfekt sind sie, weil sie in *ihrer* Entwicklungslinie Vollkommenheit erreicht haben. Als der Lebensbaum den Zweig „Fisch" hervorbrachte, war dies wohl ein Seitenweg, der niemals zum Menschen führen wird, auf diesem Seitenweg ist der Fisch jedoch innerhalb seiner Art ans Ziel gelangt, er hat sein Fisch-Ziel erreicht, seine Vollendung.

Obwohl von der Mittelachse, dem Geburtskanal des Menschen, abgeschwenkt, wurde er dennoch ein perfektes Wesen. Er kann nicht „mehr" Fisch werden, er ist schon „alles", er ist ein vollendeter Fisch. Und so steht es mit allen Arten im Reich der Tiere, obwohl sie abgezweigt sind vom Mittelstamm, welcher nicht determiniert und nicht spezialisiert ist. Was sich auf dieser Hauptachse fortentwickelte, ist ein nicht spezialisiertes Wesen, zumindest ist es am schwächsten spezialisiert gegenüber den meisten Tieren – und dieses Wesen heißt „Mensch".

Hier möchte ich einen Text aus dem 14. Jahrhundert vortragen, es sind Gedanken eines großen arabischen Denkers RAHMAN IBN CHALDUN – vermutlich der erste Soziologe der Geschichte . . .

> „Gott, der Allerhöchste, beschenkte, als er die Tierwelt organisierte und bestimmte Kräfte an sie verteilte, eine große Anzahl unter ihnen in solcher Weise, daß sie dem Menschen in dieser oder jener Hinsicht überlegen wurden."

Man kann den Gedanken Ibn Chalduns folgen, indem man an den Hasen denkt, der schneller läuft als wir, an den Delphin, der besser schwimmt als wir, an die Katze, die bei Nacht sieht oder an die Fledermaus mit ihrem natürlichen Radarsystem – und schließlich an den beneidenswerten Flug der Vögel. Fast jede Tierart ist uns in irgendeiner Form überlegen. Wir Menschen sind dagegen limitiert.

> „Mit zwei ganz besonderen Dingen aber wurde der Mensch ausgezeichnet: Er erhielt von Gott die Intelligenz und die Hand. Die Hand dient seiner Intelligenz, sie führt seine Ideen aus. So wachsen dem Menschen keine Kampfhörner und Krallen, dafür erfand er Lanzen und Speere, die beim Gegner dieselben Wunden verursachen. Der Schild ersetzt die wesentlich stärkere und geschütztere Haut der Tiere, und so gibt es viele andere Beispiele." (Rahman Ibn Chaldun)

Ein Text aus dem 14. Jahrhundert. Heute können wir ganz andere Dinge nennen als Schild und Speer, vor allem friedliche, zum Beispiel die mirakulöse Verschärfung des menschlichen Auges von der Haushaltslupe bis zum Elektronenmikroskop, vom Jagdglas bis zum Spiegelteleskop. All das zeigt, daß der Mensch sich nicht spezialisieren wollte, sondern vorzog, sein Gehirn zu entwickeln, das ihm alle Spezialisierungen ermöglichte. Die Intelligenz ist die Spezialisierung des Menschen. Alles andere hat er geopfert, um seinen Kopf zu retten. Mit ihm stellt er Instrumente her, die so verfeinert sind und so wirksam, daß er wiederum jeder tierischen Spezialisierung überlegen ist: Mit dem Auto jagt er schneller als der Hase, mit dem Flugzeug fliegt er schneller als der Vogel – von der Rakete ganz zu schweigen –, mit dem Feldstecher sieht er besser als der Luchs, sein technisches Radar vermag mehr als das der Fledermaus. Mit den Wundern der Technik holte der Mensch nicht nur auf, sondern überholte, was er an physiologischer und physischer Spezialisierung aufgegeben und dem Tier überlassen hatte.

Zur Intelligenz als natürliche Gabe müssen wir die Aktivität und den Fleiß des Menschen zählen, seinen Kopf und seine Hand in dieser erfolgreichen Weise kombiniert zu gebrauchen. Und hier sind wir beim Thema des heutigen Abends, bei der Arbeit und der Aktivität des Menschen, die um die Erlangung jener natürlichen Techniken der Tiere ringt und die jetzt zu erworbenen, also „künstlichen" Fähigkeiten werden durch seinen Erfindungsgeist und seinen Fleiß. Der Mensch schafft nichts Neues, er folgt dem Beispiel der Natur, er erfindet ihr nach. Ob und inwiefern diese Erfindungen auf den Menschen veredelnd wirken, werden wir nun zu erkennen suchen.

Jetzt komme ich wieder zu meiner Frage nach dem Sinn eines Baumes. Ich hatte herausgefunden, daß er zum Menschen führen sollte, doch vom Wege abgekommen war und nun dazu verurteilt ist, ein Baum zu bleiben. Seine Art wird sich bis in alle Ewigkeit als Baum und nur als Baum wiederholen. Gewiß werden Sie mir sagen: „Vorsicht! Das ist ein Werturteil über den Evolutionsgrad der Bäume!"

Ja, so ist es. Ich tadle die Bäume, daß sie ihre Berufung überhört haben und ein Fragment geblieben sind. Hier kommt die oftgestellte Frage: „Würde sich denn ein Affe nicht zum Menschen entfalten können, wenn man ihn von Geburt an als Menschen betrachtet und ihm alle menschlichen Lebensbedingungen gibt?"

Dieses Experiment wurde längst gemacht, ohne Erfolg natürlich. Nein, ein Affe ist bereits innerhalb seiner Art spezialisiert und am Ziel. Eine bestimmte Spezies in der Natur schlägt niemals zurück. Der Affe ist vom Wege abgekommen, vom Stamm des Lebensbaumes zum Seitenast, und damit war sein Schicksal besiegelt. Daher ist es grundsätzlich falsch, wenn man sagt, der Mensch stamme vom Affen ab. Beide haben einen neutralen gemeinsamen Ahnen, ein unspezialisiertes Wesen, sehr geheimnisvoll, das sogleich wieder verschwunden ist, und uns keine Spuren hinterließ, es war nur ein Kettenglied ohne eigene Lebenszukunft. Es geht auf einen Zeitpunkt zurück, bevor der Affe seinen Seitensprung tat und sich vom Stamm entfernte, desgleichen die Menschenaffen und der uns sehr nahestehende Orang-Utan. Der Mensch jedoch entsprang dem Stamm und nicht einem Seitenast. Wann war es? Heute einigt man sich auf fast fünf Millionen Jahre menschlicher Vergangenheit.

Der Baum hat wie der Affe den Weg zur Menschwerdung versäumt, aber tief in seinem Wesensgrund bewahrt er noch seine eigentliche

Berufung. Und hier sind wir am entscheidenden Punkt: Der Baum hat wie jede biologische Existenz und wie jedes Tier dieser Erde die Tendenz zum Menschen hin, obgleich die Spezies keine Möglichkeit mehr haben, aus sich heraus ihre Entwicklungsrichtung zu ändern. Ein Baum mag sich heute die „Krone" zerbrechen, seine Berufung doch noch zu verwirklichen, er wird es allein nicht zuwege bringen ...

Niemals? ... Das ist die große Frage. Gibt es kein Mittel, diesen Wesen zu helfen, ihnen einen weiteren Aufstieg zu gewähren und sie letztlich doch noch zu vermenschlichen?

Dieses Mittel gibt es, *es ist der Mensch einbezogen in die Einheit der Natur.*

Indem der Mensch diese Wesen aufnimmt und assimiliert (es gibt sehr verschiedene Arten von Assimilierung, die wir noch unterscheiden werden), erhebt er sie auf sein Niveau, und das ist der Sinn der Arbeit und der menschlichen Aktivität. Dieser Sinn besteht darin, die materielle, biologische und lebendige Welt aufzunehmen und umzubilden und sie damit zu vermenschlichen – ein Akt, zu dem die nichtmenschliche Welt ohne uns nicht fähig ist.

Assimilierungsbeispiele:
Ein Holzfäller kommt, schlägt den Baum und transportiert ihn ins Sägewerk. Die Bretter werden an eine Schreinerei geliefert und dort zu einem Tisch verarbeitet, zu diesem Tisch, auf dem meine Notizen liegen, an dem ich heute abend sitze und zu Ihnen spreche. Selbstverständlich gibt es Leute, die dem Menschen hier sofort die brutale Vergewaltigung der Natur vorwerfen: „Der arme Baum! Wie schwelgte er in Licht und Regen! Mit welchem Recht erscheint der Mensch mit seiner Axt und macht diesem Glück ein Ende? Fragen Sie doch diesen Baum, wie gern er seine Waldexistenz aufopfert, damit Sie an einem Tisch Ihren Vortrag halten können!"

Oh, ich denke, er wäre sehr einverstanden! Aufgenommen vom Menschen, umgestaltet durch den Menschen, steigt der Baum auf zur menschlichen Ordnung und nimmt teil an ihr. Er war ein schöner Baum, nicht mehr, nun aber wird er MENSCH. Dieser Tisch, an dem ich sitze, ist ein Teil von uns, ein Teil der Menschheit; eingetreten in die geistige Welt des Menschen, ist der Baum seinem Schicksal entgangen, das ihn nirgendwo hingeführt hätte. Die Arbeit und Aktivität des Menschen ist eine Wiederaufnahme der Evolutionsvorgänge. Jetzt wird den Wesen erlaubt, durch eine Re-Integrierung in die Hauptachse einzutreten und tatsächlich in der Ordnung des Menschen zu erblühen, von der sie ausgeschlossen waren. So dürfen wir die Verarbeitung eines Baumes in diesen Tisch und in all diese Stühle, auf denen Sie im Moment sitzen, als eine Verwandlung der Natur Ihnen zur Ehre ansehen! ... Ja, wenn alle Dinge und Wesen sich äußern könnten, dann würden sie singen und jubeln in einer

Dankeshymne, denn sie haben davon geträumt, zur menschlichen Welt zu gehören. *Das ist die geheime Nostalgie im Herzen der nichtmenschlichen Welt, am Menschlichen teilzuhaben.*

Solange sie nicht an ihr Ziel gelangen, seufzen die Dinge und Wesen in dieser Erwartung.

Die Tiere! ... Vor zwei Tagen nahm ich an einer Exkursion in die Roten Berge bei Kairo teil und besuchte dort die Tierklinik. Nie hätte ich derartiges in Ägypten für möglich gehalten! Die Engländer finanzieren dieses Projekt, und ich möchte nur allen ägyptischen Menschenkliniken diese blendende Sauberkeit und diese Armee von Angestellten in makellosem Weiß wünschen! ... Alles gibt es dort, vom modernen Labor über die komplette Röntgenausstattung bis zu den Finessen der Chirurgie. In dieser Stunde ist mir wieder einmal klargeworden, wie sehr ein Hund oder eine Katze für den Menschen lebt, durch den Menschen, nur durch ihn. Wie intensiv der Zug zum Menschen besonders beim Hund! Abhängig ist er von Blick und Wort des Menschen, und von einem Lächeln ... Warum? Weil der Hund fühlt, daß er sich nur durch den Menschen im höheren Sinn vollenden kann. Je höher ein Hund entwickelt ist (durch den Menschen!), umso dichter schmiegt er sich an ihn, umso tiefer versteht er den Menschen. Mensch und Tier befinden sich im konkreten inneren Dialog miteinander, ganz ohne Mißverständnisse! Daher sind unsere Haustiere die entwickeltsten Tiere; auf der Evolutionsleiter sind sie weit nach oben gelangt, fast ganz, und daher sind sie derart sehnsüchtige Wesen. Sie fühlen, sie stehen kurz vorm Ziel.

Wir sagten, daß die Arbeit die Natur verwandelt. Werden wir deutlicher und sagen wir: *Die Arbeit ist die Vermenschlichung der Natur.* Im obigen Fall durch Tierliebe, Tierpflege, Tiermedizin.

Zurück zur materiellen Verarbeitung eines Baumes: Ist nicht Ihre gesamte Wohnung umgestaltete Natur? Alles außer Ihrem Blumenfenster! Fühlen Sie sich deshalb unwohl? Sind Sie Plünderer? Räuber? Mörder? Nein, denn in Wahrheit dankt die Natur dem Menschen, daß sie ihm dienen darf. Da gibt es das sehr schöne Wort eines libanesischen Dichters, das ich sehr liebe: „Hörst Du denn nicht das Wort der Erde, wenn Deine Füße sie betreten: ‚Herzlich willkommen!'?" (Mikhail Naimé)

Das ist Tiefenschau! ... Glücklich ist die Erde, wenn sie uns trägt und dienen darf.

Ereignet sich nicht ähnliches in der Erziehungsarbeit, sobald sich der Lehrer oder Erzieher von seinem Schüler überwachsen sieht? Glücklich der Tag, an dem er zu seinem Schüler aufschauen kann, weil dieser größer als er selber wurde, als seiner Arbeit Frucht! So ist die Erde glücklich, uns zu gebären, eine leidvolle Geburt wie jede Geburt, leidvoll und schöpferisch zugleich. In einem bestimmten Sinn stirbt die Natur, wenn wir sie nutzen, um leben zu können. Durch ihren Tod leben wir – aber dieser Todessinn ist gerade ihre Freude.

Demnach ist die menschliche Arbeit eine *Metamorphose,* und das ist Gestaltwandel, es ist Hinüberwachsen auf eine andere Ebene, Entfaltung in einer anderen Ordnung. Sie erlaubt der Natur, sich schließlich doch zu vollenden, wozu sie alleine nicht fähig ist.

Deshalb kann man in aller Wahrheit sagen: Der Mensch ist Priester der Schöpfung, denn er verwandelt und vermenschlicht die Schöpfung. Die menschliche Arbeit ist eine Weihehandlung, und die heilige Messe ist dasselbe im höchsten Grad, denn das Brot und der Wein auf dem Altar sind menschliche Arbeitsresultate. „. . . die Frucht der Erde und der menschlichen Arbeit . . ." (Offertorium der Messe).

Das sind Worte aus dem leisen Brotgebet des Priesters zu Beginn der Eucharistiefeier, wie es in der neuen Liturgie am Altar gesprochen wird. Das ist es! Frucht eines langen, schmerzensreichen Geburtsweges, Zusammenspiel von Erde und Mensch, von Same und Sonne und menschlicher Arbeit – damit es dieses Brot und diesen Wein gebe! Das ist schon der erste Weiheakt, die *erste Wandlung – durch den Menschen.* Jetzt in der Geste des Offertoriums wissen wir, daß die halbe Arbeit schon getan ist; nun geschieht die *zweite Wandlung – durch den Priester* über dem Brot und nicht über den losen Weizenkörnern! Jetzt, bei der zweiten Wandlung, wird der Leib Christi aus diesem Brot geboren – im Grunde genommen also aus dem Werk des Menschen gepaart mit dem Werk der Natur.

Das Ganze ist von einem ganz außerordentlichen theologischen, philosophischen und menschlichen Reichtum. *Alles ist Wandlung!*

Der Baum nimmt die Sonne auf, und dank des Chlorophylls wandelt er das Licht in grünes Blattwerk. Kein Tier und kein Mensch macht ihm das nach. Aber das Tier nähert sich dem Baum und knabbert an dem Grün und nimmt durch ihn, den Baum, die Sonne auf! Wir beobachten in der Natur ein Verwandlungsgeschehen nach dem andern und neben dem andern. Auch die Erde absorbiert der Baum, um für das Tier die Nahrung zu bereiten; er wandelt Sonnenenergie und derbe Erde in grünen Saft für Tier und Mensch, denn der Mensch ernährt sich wiederum vom Tier – nur in besonderen Fällen pflanzlich. Es gibt eine Art Verschwörung in der Natur, um für den Menschen den Nährstoff zu schaffen, der ihm zweckdienlich ist zu seiner Entwicklung und Förderung.

Haben Sie jemals darüber nachgedacht, welche tiefe Bedeutung das Essen hat? Sie werden mir sagen, daß ich heute recht merkwürdige Fragen stelle, „Was ist der Sinn eines Baumes?" und „Was ist der Sinn des Essens?". Wissen Sie, daß Sie im Akt des Essens etwas ganz Phantastisches vollziehen? Sie lassen einen Teil der Natur aufsteigen in die menschliche und spirituelle Zone. Im Moment des Essens treten

diese Nahrungsprodukte in eine völlig neue Ordnung ein, denn sie werden durch Ihre Aufnahme zu Fleisch und Blut, zu Gefühl, Gedanke und Geist, sie werden Kommunion, sie werden Liebe und Wahrheit, das heißt *sie werden zum Wesenskern des Menschen!*
Eine wahre Metamorphose hat das würzige Gericht, das Sie zu sich nahmen, erlebt! Welch eine Wandlung!

Man sollte gut darüber nachdenken, dann kommt man darauf, daß der Akt des Essens eine heilige und heiligende, also eine weihevolle Angelegenheit ist. Unsere Nahrungsaufnahme ist ein Weiheakt, denn er ist Substanzverwandlung zum Höheren, ein Akt, ohne den das Gesamtwerk, an dem das Leben definitiv arbeitet, nicht zustande käme, und daher ist jede Mahlzeit etwas Heiliges, sie war und ist es in allen Religionen. Meine Damen, Kochen ist ein heiliger Akt! . . . Ich sehe hier und dort Kopfschütteln und lese die Gedanken: „Oh, auf diesen heiligen Akt in meinem Leben könnte ich sehr gut verzichten!"

Alle Nahrungsbereitung und alle Küchenarbeit, die im Dienst der menschlichen Mahlzeit steht, ist in der Tat Verwandlungsgeschehen von Nahrung analog zur heiligen Messe, bei der man es Transsubstantiation nennt. In beiden Fällen wird Nahrung umgewandelt und dem Menschen zur Aufnahme gereicht, daß er sich mit ihr verbinde und eins mit ihr werde. Der Priester am Altar und die Frau an Tisch und Herd vollziehen beide eine heilige Wandlung – mögen sich die Frauen klar darüber werden, wenn sie sich in ihre Küche „verdammt" fühlen und ihr Joch beklagen. Weil sie der Natur einen Aufstieg zur menschlichen Ordnung gewähren, hat ihre Küchentätigkeit heiligen Wert.

Können wir noch weitere Mittel und Wege nennen, durch die der Mensch die Natur aufnimmt und verarbeitet, um sie zu fördern?

Die Erkenntnis – der Akt, durch den ich erkenne. Hierzu gäbe es viel zu sagen, das jedoch unseren Themenrahmen sprengen würde. Erkennen bedeutet, von einem Ding oder von einem Wesen Besitz ergreifen, indem man es „beim Namen nennt"; so nimmt man es auf, so wird man eins mit ihm. Durch das WORT also verbindet sich die äußere Welt mit mir, denn Worte haben Bedeutungen, es sind für mich Objekte. Wenn ich etwas benennen kann, dann ist es mir „erreichbar", und wir werden eine Einheit. Tausendmal setzen wir das Possessivpronomen vor ein Ding oder Wesen, das uns keineswegs gehört – von Rechts wegen: mein Hotel, mein Bus, meine Universität, mein Zahnarzt, meine Straße. In der Schöpfungslegende erhält Adam von Gott den Auftrag, die anderen erschaffenen Wesen zu bestimmen, das heißt zu benennen, denn so werden sie „seine" Wesen, sein Gut, sein eigen. Niemand gibt dem Kind und dem Hund des Nachbarn einen Namen, undenkbar! Nein, er tauft sein Kind und seinen Hund, wie er es will und als Signal, daß sie sein sind.

Auch auf dem Gebiet der rationalen Psychologie des Erkennens studiert man diese Frage. Wenn Sie ein Ding beim Namen nennen, dann haben Sie es sich bereits „einverleibt", es ist von der objektiven Ebene auf die persönliche Ebene übertragen worden und in Sie eingedrungen. Sie sagen: „Ja, jetzt habe ich es in mir." Beim Gebrauch von Eigennamen geht es gar magisch zu. Wer seinen Namen nennt, entblößt sich, er liefert sich aus. Die primitiven Völker wissen darum, sie nennen sich nicht leichtfertig beim Namen, sie umgehen es, denn sie haben eine feine Antenne für die Kraft des Eigennamens. Der modernen Zivilisation ist diese Antenne verlorengegangen, man geht mit seinem Namen hausieren; es ist gleichgültig, wer wen wann und unter welchen Umständen trifft – man gibt seinen Namen kund, und in Amerika sogar den persönlichen Vornamen. Meine erste Begegnung dort, als ich eintraf, fand mit einem Bischof statt, der mir die Hand hinstreckte und sagte: „I am Jack. How do you do?" – und ich hatte zu antworten: „I am Henri. How do you do?" . . . Ein Bischof nennt einem Ankömmling seinen Vornamen. In unserer modernen Gesellschaft hat der Name seinen heiligen Charakter verloren.

Zum Akt des Erkennens gehört auch der Lernprozeß. Lernen bedeutet Begriffe zusammenfassen und in sich einlagern, dazu kommt das Verstehen, welches diese Begriffe koordiniert, das heißt sinnvoll untereinander verbindet, um das innere Band erkennen zu lassen, das sie verknüpft und zusammenhält. Lernen und Verstehen ist ein Doppelvorgang des Erkennens, es ist der Prozeß, durch den der Mensch von der immensen materiellen und biologischen Welt um ihn langsam Besitz ergreift und sie in seine innere Welt verlagert. Dieses „Einbringen" der Welt, dieses Nehmen, ist besonders deutlich im Französischen: apprendre (lernen) – comprendre (verstehen). In beiden Fällen ist es ein Nehmen (prendre).

Alles ist im Grunde ein und dasselbe: *Aufnahme*. Essen, lernen, verstehen, erkennen. Die Sprache weiß darum: „Mehr konnte er nicht aufnehmen" (der Säugling die Milch oder der Schüler den Lernstoff). „Sie hat sich alles einverleibt" (Süßigkeiten oder Wissen).

Assimilierung . . .

Eine sehr tiefe Analogie besteht zwischen dem Akt des Essens und dem Akt des Erkennens und Verstehens, denn auch das Wissen nimmt der Mensch auf. Wir müssen verstehen, daß alles Assimilierung ist, von der Nahrung bis zum Logos, denn unsere grundsätzliche Berufung heißt „die ganze Welt assimilieren".

Dieser Antrieb in uns ist spürbar deutlich und jedem offenbar. Der Mensch ist ein Vielfraß, ein Nimmersatt, ein Ehrgeizling, der keine Grenzen kennt und anerkennt. Seit dem Säuglingsalter hat er Hunger, will wie an der Mutterbrust endlos an dieser Erde saugen. Bis zum

Tode bleibt der Mensch ein hungriges und durstiges Wesen, das die Welt absorbieren möchte. So spricht man auch von Wissensdurst und Lesehunger; ich kenne Leute, die Bücher fressen und Briefe verschlingen. Der Assimilierungshunger ist für den Menschen typisch, er ist ganz normal, denn der Mensch ist seinem Wesen nach unersättlich.

Die Nahrungsaufnahme bleibt jedoch der Archtetyp aller Assimilierung, denn jenseits der anderen Arten, wie Ernährung von Geist und Seele, will der Mensch diese physische, reale und ganz intime Einverleibung seiner Welt – eine wirkliche Integration. Bei einer Mahlzeit sind viele Sinne beteiligt, wir kosten sogar die Substanz, sinnlich nehmen wir ihren Geschmack wahr, den Geschmack der Welt.

Die Erkenntnisarbeit des Menschen ist auch einem Laboratorium vergleichbar, das die Welt zunächst für die Ebene des Logos bereitet, bevor sie physisch entsteht. Der Ingenieur und der Architekt wissen, was ihnen an Technik und Baumaterial zur Verfügung stehen. Zwischen diesen materiellen Mitteln und dem fertigen Bauwerk stehen sie als lebendige, denkende Menschen. Eines Tages sagen sie zueinander: „Es steht!" – und das ist richtig, auch wenn der Bau noch nicht begonnen hat, denn gedanklich ist er schon vollendet. Das Bauwerk entsteht also zuerst im Menschen, eine Bedingung. Nur weil es durch den Menschen hindurchgegangen war, existiert es jetzt. Und doch hat man oft den Eindruck, daß diese Dinge außerhalb vom Menschen durch die Technik vollbracht wurden. Nein, in Wahrheit sind sie wie aus einem Mutterleib geboren worden, gut innerlich vorbereitet – im Menschen.

Schließlich erkennen wir, daß alle Tätigkeit des Menschen nichts anders ist als eine Art und Weise, sich die Welt zueigen zu machen. Wir sprachen von der naturverwandelten Arbeit, von der Nahrungsaufnahme, von der Erkenntnis, vom Lernprozeß, vom Wort und von Eigennamen. Vergessen wir dabei nicht die Bedeutung von Kunst und Kontemplation als weitere Mittel. Diese beiden menschlichen Aktivitäten haben nicht zum Ziel, die Welt umzugestalten, um sie für den Menschen assimilierfähig zu machen, und doch dienen Kunst und Kontemplation dem Menschen, auch sie geben ihm, denn sie ernähren das menschliche Herz. „Der Mensch lebt nicht vom Brot allein." Wie stark, wie elementar ist unser Bedürfnis nach Schönheit! Die weltweiten Bemühungen des Umweltschutzes sind bei weitem nicht nur Maßnahmen einer Gesundheitspolizei, sondern man kämpft um die Rettung der Naturschönheit im tiefen Wissen um die Notwendigkeit für die menschliche Seele. Hunger nach Schönheit, Schönheit ist Seelennahrung.

Hier sind wir wieder bei Funktion und Sinn eines Baumes in dieser Welt. Sollte ich jetzt nicht korrigieren, was ich vorhin sagte?

Man kann nützliche Möbel aus ihm zimmern, eine sinnvolle Existenz also. Ebenso wahr ist es aber auch, daß er einen Sinn erfüllt, wenn ich ihn stehen lasse und ... kontempliere! Er mag meine tägliche Freudenquelle sein, jener Baum vor meinem Fenster. Und meine Freude wird sich auf ihn übertragen, wir werden eins sein in dieser Freude! Der Baum weiß, welches Glück er schafft im Herzen der Menschen, denn hier hilft die unberührte Natur dem Menschen, innerlich zu wachsen und sich zu veredeln – das ist der Sinn von Kunst und Kontemplation. Vollmenschlich gesehen wird der assimilierende Mensch nicht „mehr", wenn er sich an einen hölzernen Tisch setzt und sein Schnitzel verzehrt, sondern gleichzeitig braucht er eine „Augenweide". Diese schafft mir ein schönes Bild an der Wand – oder jener Baum vor meinem Fenster.

Arbeit und Aktivität des Menschen. Hier kommen wir über die Kontemplation zum letzten Punkt: *die Askese.*

Die Askese ist der Akt, bei dem ich die Instinktzone in mir kontrolliere und meistere zugunsten der spirituellen Zone. Die Askese mag diverse Formen von Abtötung annehmen, die nicht unbedingt religiöse Techniken sein müssen, sondern ganz allgemein menschliche, indem der Mensch sich bewußt seinen Instinkt unterwirft, um dem Geist die Pforten zu öffnen. Daher ist die Askese die höchste Form menschlichen Handelns, und im Grunde sollte in all dem Tun und Wirken, von dem wir heute abend sprachen, ein asketischer Zug zu erkennen sein, andernfalls riskieren wir bei der Nutzung der Natur, daß sie uns nicht nützt, sondern schadet. Wir werden dabei „weniger" Mensch an Stelle „mehr". Entmenschlichung könnte die Folge sein.

An dieser Grenze fällt das Urteil über eine Zivilisation. Raubbau und Ausbeutung der Natur dienen nicht ihrer Vermenschlichung und auch nicht unserer Vervollkommnung. Sind wir menschlich gewachsen bei der Verwertung der natürlichen Rohstoffe durch alle Wunder der Technik und beim Hochspiel der verfeinerten Küche und kulinarischen Genüsse? Fragen wir uns das. Andere Beispiele könnten gegeben werden. Assimilieren wir nicht die Natur, indem wir sie betrügen und unseren Instinkten dabei freien Lauf geben? Es ist wirklich kein Kunststück, die Natur auszubeuten und sie in einer Orgie zu verschwenden, aber genau das tut der heutige Mensch, und das ist seine Sünde. Sich der Natur bedienen und sie sinnvoll zu nutzen für den Aufbau von Welt und Mensch, ist nicht sündhaft, sondern sie profitgierig zu plündern ist es. Weshalb? Weil der Mensch dabei menschlich schrumpft, anstatt zu wachsen; er degradiert sich selbst. Das ist seine Sünde, die er sich zufügt. Ein Sakrileg. Von der ersten bis zur letzten Sünde wird es immer das gleiche sein: Energien stehen dem Menschen zur Verfügung, um ihn aufzubauen, aber er mißbraucht und vergeudet diese wertvollen Kräfte, er wirft sie weg. Die Sünde des Menschen.

Die Askese ist das Nein zu diesem Verhalten. Sie ist jener Akt, bei dem ich nicht den Baum oder das Tier für mich verschwende, sondern bei dem ich mich allein humanisiere. Daher ist es die schwierigste, aber vielleicht auch die stärkste Aktivität des Menschen. Mein Tun nimmt nicht Bezug auf meine Außenwelt, sondern auf meine Innenwelt, es ist aktives inneres Handeln. Der Wüsteneremit handelt, er ist sehr aktiv, vielleicht reicht seine Aktivität tiefer und ist wirksamer als die unsere, seine Person betreffend ist er aktiver als ein Fabrikschef mit hunderttausend Angestellten, denn er arbeitet auf einem viel entscheidenderen Feld.

Ist es nicht befremdend zu sehen, wie der heutige Mensch nahezu Meister über die allgemeinen Kräfte der Natur geworden ist, zugleich aber Marionette seiner inneren Naturkräfte, der Instinkte? Ich bin kein Pessimist angesichts des Menschen, sondern grundsätzlich Optimist, übersehen kann ich aber diese Tatsache nicht. Bin ich zu streng? Irre ich mich? Aber bestürzt uns nicht der Mensch in seinem Verhalten, wie er nach und nach mit den kosmischen Energien jongliert und sie äußerst geschickt zu handhaben weiß, zugleich aber scheitert in der Beherrschung seines persönlichen Energiepotentials? Wird er sich nicht am Ende fragen müssen: Bin ich in dieser Eroberungsschlacht um das Universum als Mensch gestiegen oder gefallen? Deshalb sagte bereits Paulus, daß die Schöpfung von der Sünde des Menschen niedergeworfen wurde. Dort, wo der Mensch sie hingeführt hat, wollte sie nicht hingehen. Ein tragisches Pauluswort! ... Die Schöpfung war stolz, dem Menschen dienen zu dürfen, aber allmählich sah sie sich von ihm verschluckt und auf einen Stand gebracht, der nie der ihre war, denn die Sünde liegt weit unter dem Niveau der Natur, sie ist Entartung, Verderb.

Und hier liegen Größe und Gefahr des Menschen. Es ist seine Größe, der Welt Würde zu verleihen und sie voll zum Erblühen zu bringen, sie zu weihen und zu heiligen – und dabei läuft er Gefahr, sie zu erniedrigen und zu pervertieren, das heißt ihre Ordnung auf den Kopf zu stellen.

Der Mensch hat Weltverantwortung. Er trägt ihr Schicksal, die Schöpfung ist ihm anvertraut worden, sie folgt blindlings seinen Weisungen. Das erste Gebot Gottes, das an den Menschen erging, das lange vor den späteren berühmten Geboten liegt, lesen wir bereits in der Genesis: „Und Gott segnete sie und sprach zu ihnen: ‚Seid fruchtbar! Mehret euch! Füllet die Erde! Macht sie euch untertan! Herrschet! ...“ (Genesis 1, 28a) Der Auftrag „Mehret euch!“ ist zugleich der Aufruf zum qualitativen Wachstum. Entwickelt euch und entwickelt eure Umwelt! *Hier setzt alle Mystik und Theologie der Arbeit und der menschlichen Aktivität ein.* Wachst! Werdet mehr! Wachst über euch hinaus! Steigt! Übersteigt euch! Mensch, du bist Meister und König über diese Erde! („Herrschet!“)

Wissen wir es? Sind wir König und geben wir uns majestätisch? Sind wir nicht eher wie in einem bösen Märchen aus eigener Schuld zu Zwergenkönigen geschrumpft? Nein, wir sind uns unserer Größe und Würde noch immer nicht bewußt. Erhebe deinen Kopf, Mensch! Letztgeborener der Schöpfung! Klein bist du und dennoch regierender König über den Garten dieser Welt! ADAM sollte seine Königswürde manifestieren – wie bedeutungsvoll der Auftrag Gottes an den Menschen, im Garten Eden alle Wesen um ihn zu bestimmen. Damit wurden sie „sein".

Auch ein Davidlied singt von unserer Menschenwürde:

> „Nur wenig hast Du ihn der Gottheit nachgesetzt, mit Glanz und Herrlichkeit gekrönt ernennst Du ihn zum Herrn der Werke Deiner Hände und unterwirfst ihm alles!" (Psalm 8, 6 f.)

Alles! . . . Welch Auftrag, welch Appell! Der Mensch regiert, führt, gebietet, er läßt wachsen und werden, er verwandelt zu seinen Gunsten die Welt, die Natur ist ihm überantwortet. Erkennt er seine Vertrauensstellung? Weiß er, daß er angesichts seiner Arbeit vor zwei gegensätzlichen Konzepten steht, einem pessimistischen und einem optimistischen? Das pessimistische Konzept proklamiert die Arbeit als Gottesfluch, Strafe und Züchtigung, das optimistische dagegen als Teilnahme des Menschen am Schöpfungswerk. Sie werden sagen: „Von beiden Konzepten spricht aber die Bibel, nur eines kann das wahre sein!" Für mich sind die Verhältnisse im Garten Eden vor dem Fall des Menschen maßgeblich, ich richte mein Augenmerk auf den ursprünglichen Plan Gottes. So unterstreiche ich auch in der Bibel das erste Gotteswort an den Menschen: „Der Herr nahm also den Menschen und setzte ihn in Edens Garten, daß er ihn bebaue und pflege" (Genesis 2, 15). Nicht als Genießer des Gartens ist der Mensch geschaffen worden, auch nicht als Wächter eingesetzt – sondern als Gärtner! Bebauen und pflegen soll er ihn, und zwar ergeht dieser Auftrag an den Menschen ihm zuliebe! Gott weiß, daß diese Arbeit ihm Freude bringen wird, und die meisten unter Ihnen – möchte ich hoffen – sind mit ihrem Schöpfer einverstanden. Wir wollen hier nicht diskutieren, gemeint ist die normale Arbeit für den gesunden Menschen, ganz generell gesehen. Nicht ohne Grund ist tatenlose Einzelhaft das härteste Strafurteil, aber auch der freie Mensch kennt die „tötende Langeweile". Da kommt einer aus sonnigem Urlaub und klagt über tödliche Langeweile, die ihn dort quälte! Niemand bestreitet, daß es die Arbeitsfreude gibt, die sich zur Arbeitsbegeisterung steigern kann, zur Hingabe, zum Aufgehen in der Pflicht. Krone aller Tätigkeit ist die schöpferische Arbeit. Glücklich der Mensch, der Neues hervorbringt, schöpferische Ideen verwirklicht oder ein Stück Erde bebaut, aus der es sprießt und blüht . . . Unsere Welt, die wir bebauen und pflegen sollen, ist ganz gewiß kein Ort des Frondienstes, sondern in erster Linie ein Ort der Freude.

Alle Arbeit ist schöpferisches Wachstum.

Hier sind wir am wirklich interessanten Punkt. Gott hat uns die Welt nicht hingestellt wie ein komfortables Fertighaus, an dem es nichts zu korrigieren und nichts mehr hinzuzufügen gibt, sondern er hat eine unvollendete Welt geschaffen, eine Welt mit Fehlern und Mängeln, was den Leuten leider zu permanenter Empörung Anlaß gibt. Wie viele haben mir schon vorgeworfen, daß „mein Gott" die Welt schlecht gemacht habe! – und ich habe ihnen immer recht gegeben. Ja, in voller Absicht „mal fait", um uns die Gelegenheit zu geben, es besser zu tun, die Mängel zu beseitigen, die Lücken zu füllen, die Schatten zu lichten.

Denken wir an eine Vater-Kind-Beziehung: Um sein Söhnchen zu erfreuen und es an den Problemen wachsen zu lassen, mischt er ihm die Teile des Konstruktionsspiels. Wie leicht für den Vater, dem Kind die fertige Konstruktion auf den Tisch zu stellen! Nein, er kennt sein Kind, er weiß, daß es knobeln und kämpfen will, das ist seine Freude. So gefiel es auch unserem himmlischen Vater, die Welt als ein unfertiges Puzzle zu schaffen und den Menschen mitten hineinzustellen, damit er es vollende. Indem wir uns den Kopf an dieser Welt zerbrechen, lernen wir sie verstehen und reifen an ihr. Unsere Welt ist ein Puzzle, sie ist unvollkommen, mangelhaft – und wir erkennen hier den SINN UNSERER ARBEIT. Den Garten Eden bebauen heißt ihn schöner, reicher, wertvoller gestalten, als er ursprünglich angelegt ist. Allen Spielraum haben wir und alle Möglichkeiten in uns, Neues und Besseres zu erfinden, dies und jenes völlig umzugestalten und neu zu schaffen. Der Mensch ist Mitschöpfer Gottes, hier liegt seine Würde, hier erlebt er seine wahre Freude.

Daher macht jede schöpferische Arbeit die Menschenseele am glücklichsten; der Mensch hat den Eindruck, etwas aus dem NICHTS entstehen zu lassen, ein göttliches Tun. Der Dichter schreibt etwas, der Architekt baut etwas, der Lehrer bildet etwas (er schafft Bildung), die Frau bäckt etwas, die Schneiderin näht etwas – und alle sind sie Schöpfer! Welche Freude für die Frau, den fertigen Kuchen aus dem Herd zu nehmen und auf den Tisch zu stellen, sie strahlt, sie ist glücklich! Schöpferische Tätigkeit erfreut die Menschenseele außerordentlich, daher hat uns Gott die Karten gemischt und uns seinen schöpferischen Geist dazugegeben.

Ich mag mir eine perfekte Welt, die Gott uns fertig in den Schoß gelegt hätte, gar nicht ausmalen! Tödlich langweilig, unmöglich und unerträglich für Wesen, wie wir es sind. „Verwandte des Schöpfers." Nein, Gott lädt uns als Mitschöpfer ein zur lebendigen Teilnahme an seinem großen Werk. Wir dürfen soweit gehen und sagen: Je schwieriger es ist, um so interessanter! Der wirkliche Künstler will um sein Werk kämpfen, die Bahn muß ihm nicht geebnet werden, auch unter schwierigsten äußeren Umständen wird er sein Werk vollenden und oftmals gerade deshalb. Die Natur ist eine Herausforderung für uns, es ist nicht einfach, ihr etwas abzuringen, weder der äußeren Natur noch unserer inneren! . . . Aber der moderne Mensch genießt heute wie nie zuvor seine schöpferische Gabe, freudestrunken macht ihn dieses Wirken angesichts gewisser Etappenerfolge unseres Fortschritts auf so vielen Feldern! Und mit Recht ist er stolz auf sein Werk. Unsere Generation durfte es erleben, daß der Mensch zum Mond reiste und lebendig zurückkam und damit bewies, wozu er fähig ist.

Nach seinem Bild und Gleichnis hat uns Gott geschaffen (Genesis 1, 26), das will nicht sagen, wir sähen ihm ähnlich, sondern vielmehr: WIR SIND ES. Wir sind ihm wesensverwandt, da von seinem Geist durchhaucht (Genesis 2, 7). Die Macht des Schöpferischen ist uns anvertraut. Man glaube jedoch nicht, hier wäre nur von den spektakulären Schöpfungen am Firmament des menschlichen Geistes die Rede, nein, gemeint ist die individuelle Alltagsarbeit eines jeden, JEDER MENSCH IST MITARBEITER GOTTES.
Gott sagt zum Menschen:

- Ich gebe dir Getreide, du machst Brot daraus.
- Ich gebe dir Metalle, du machst Uhren daraus.
- Ich gebe dir Intuition, du wirst mit ihr erfinden.
- Ich gebe dir Phantasie, du wirst mit ihr gestalten.

Was ist die Mystik anderes als jene Gewißheit, mit Gott Seite an Seite zu wirken? Ich weiß, daß ich diesen Vortrag nicht alleine halte, sondern in intensiver Zusammenarbeit mit einem Wesen in mir, dem ich meine Zunge leihe.

Auf diese Weise entdeckte ich auch das Wesen des Gebets. Für mich war das Gebet für lange Zeit eine undiskutable Pflichtübung, selbst das spontane, freie Gebet erschien mir als eine religiöse Notwendigkeit im Tagesablauf, bis zu der Stunde, in der ich entdeckte, wie innig ich durch meine Aktivität in all meinem Tun beten kann; und das tue ich noch heute. Meine Tätigkeit ist ein Handeln mit Gott, alle Augenblicke arbeite ich Hand in Hand mit ihm, und wir stehen im ununterbrochenen Dialog miteinander. Ich weiß, daß er anwesend ist. Wer hier ankommt, erkennt sich als umgewandelten Menschen mit einer anderen Schau. Lesen Sie die Psalmen! Der Psalmist lebt Seite an Seite mit dem lebendigen Herrn, in allem Tun und Denken. Das ist Gebet, dieses Wirken und Schaffen mit und durch den Schöpfer. Die Dimension der menschlichen Aktivität zu entdecken ist etwas Wunderbares, denn sie hebt den Menschen auf zum Gottesniveau, sie stimmt ihn ein auf Gott.

Noch vieles mehr würde ich Ihnen erzählen, doch ich möchte diesen Abend nun mit einer meiner Erzählungen für Kinder und Erwachsene beschließen, die für mich von tiefer Bedeutung ist:

DER KLEINE GRASHALM

Es war einmal ein kleiner Grashalm auf einem Hügel, der sich vergnügt im Winde wiegte und sich seines Daseins freute. Als er hungrig wurde, griff er im Erdreich nach einem Molekül und erklärte ihm:

„Gib acht, ich werde dich jetzt essen, denn ich bin hungrig ... Andererseits tust du mir herzlich leid, denn du bist sehr schön in deiner Vollkommenheit, du kleines Molekül! Wie egoistisch von mir, deinem Dasein nun ein Ende zu bereiten, damit ich leben kann ... Je länger ich dich betrachte, desto unschlüssiger werde ich ... Sollte ich dir nicht deine Freiheit lassen in der Erde, deinem Reich?"

Da sprach das Molekül:

„Nichts verstehst du! Bedenke doch, daß ich hier nicht mehr bin als nur ein Molekül. Wenn du mich aber zu dir ziehst und mich verspeist, dann werde ich lebendig, denn ich werde eine Zelle, ich werde du! Und das genau will ich schon, solang' ich denken kann. Ich will sein wie du, ein lebendiger Grashalm, tänzelnd in Wind und Sonne – und kein vergrabenes Molekül in dunkler Erde. Kannst du das verstehen? ... Bitte, nimm mich auf!"

Der kleine Grashalm hatte es verstanden, saugte das Molekül in sich hinein und ließ noch viele weitere folgen. Das Molekül war jetzt wohl als Molekül gestorben, aber als lebendige Zelle war es auferstanden in diesem Grashalm und ein Teil von ihm.

Da sprang ein kleines weißes Schäfchen daher und kletterte auf diesen Hügel. Es sah den Grashalm und bekam Appetit, gleich wollte es ihn aus der Erde rupfen. Doch plötzlich hielt es ein, tat einen Sprung zurück und sagte sich:

„Ganz unmöglich! Ich kann es nicht! Wie egoistisch von mir, dem Leben dieses glücklichen Grashalms hier in der Natur ein Ende zu bereiten ..."

Da sah der kleine Grashalm das Schäfchen bittend an und sprach:

„Komm näher! Ich weiß, du hast Appetit auf mich, aber zugleich hast du auch Hemmungen, mich zu verspeisen, nicht wahr? Du irrst! Bedenke doch, daß ich nur ein kleines Pflänzchen bin, unbeweglich stehe ich im Erdreich eingewurzelt ... Wenn du mich aber frißt, dann werde ich in Fleisch und Blut verwandelt, ich werde Leben, ich werde du, und ich kann durchs Grüne springen, tanzen und spielen. Sieh doch, wie ich festgehalten werde in der Erde ..."

Das kleine weiße Schäfchen hatte es verstanden, nahm den Halm und fraß ihn auf. So war der kleine Grashalm als Pflänzchen wohl gestorben, aber er lebte fort als jenes Schäfchen, das freudig über das Land sprang.

Gegen Abend lief das kleine weiße Schäfchen zurück zum Stall und traf dort den Sohn des Hauses, einen kleinen Buben, der es in seine Arme schloß und weinte. „Weshalb weinst du denn?" fragte das Schäfchen, und der Bub zog es noch fester an sein Herz und sagte:

„Morgen feiern wir ein Fest. Papa hat gesagt, daß man dich töten wird und wir dich alle essen werden."

Da sah das kleine weiße Schäfchen den Buben mit großen Augen an und sprach:

„Und deshalb weinst du? Aber du verstehst ja gar nicht, worum es geht, mein Kind! Bitte nimm mich, bring mich zu deinem Papa, und feiert morgen euer Fest mit mir, indem ihr alle von mir eßt. Schau, jetzt bin ich nur ein kleiner Vierbeiner vom Reich der Tiere. Wenn du mich aber nimmst und ißt, dann werde ich zum Fest, dann werde ich wie ihr – und dann werde ich du, ich dringe in dich ein, um endlich das zu werden, wovon ich immer träumte – EIN MENSCH."

Der Bub verstand. Er nahm das kleine weiße Schäfchen und brachte es dem Vater.

Am nächsten Tag feierten die Menschen ein Fest mit dem kleinen weißen Schäfchen. Es war jetzt wohl tot als Schäfchen, durch seinen Tod jedoch verwandelt worden in menschliche Feststimmung und Freude, in Liebe und Kommunion unter den Menschen. (Henri Boulad)

Diese Parabel enthält das Mysterium von Tod und Leben, sie enthält das Geheimnis unseres zwischenmenschlichen Austauschs, und sie enthält den großen Austausch in der Natur, durch den allein sie aufsteigt zu ihrem wahren Wesen.

Die Natur lebt im Spannungszustand auf den Menschen hin, sie will von ihm aufgenommen werden und in ihm sterben, um in ihm zu leben.

Sie hat dieses Mysterium verstanden. Und wir? Haben wir es verstanden? . . .

Das ist die Frage . . .

DAS ENDE DER WELT – TOD ODER ERWACHEN?

Warum ein Ende der Welt? Man könnte sagen, es muß ein Ende geben, weil es einen Anfang gegeben hat, aber diese Antwort befriedigt niemanden. Die nächste Frage wäre sogleich: Warum einen Anfang, wenn es ein Ende geben muß? Wenn Gott eine Welt geschaffen hat ohne jede Zuversicht, das heißt ohne Aussicht auf Fortbestand und Verewigung, weshalb dann dieses abenteuerliche Unternehmen, das unabänderlich eines Tages an seinen eigenen Nullpunkt gelangt und dort sein totales Ende findet? Wenn Evolution und Geschichte nirgendwo hinführen, warum und wofür sich in diesem Abenteuer engagieren? Und warum hat es überhaupt begonnen?

Der Begriff „Ende" der Welt hat zwei Bedeutungen. Es mag das „Zuendegehen" gemeint sein, der Abbruch eines Weges – oder aber das Erreichen einer bestimmten Zielstrecke. Letzteres bedeutet „Vollendung" des Weges, Verwirklichung einer Zweckbestimmung (finalité). Ein Beispiel: Den Tod erleben wir als Abbruch unserer Lebenslinie, als ein Ende im Sinne von „zuendegehen". Wer von uns fühlt auf seinem Sterbelager, er liefe jetzt ins Ziel hinein und seine Person würde sich in diesen Stunden vollenden und verwirklichen? Nein, was der Mensch zunächst erlebt, das ist ein Bruch, er erlebt sein „Ende".

Übertragen wir das auf die Welt als Ganzes. Ist das Ende der Welt ein gewaltsamer Abbruch oder ein Verlöschen der inneren Lebenskraft? Oder ist es vielmehr die Einmündung in ihren Ziel- und Reifepunkt? Wäre das Ende der Welt nicht ihr Ziel, in dem sie voll erwachte, sondern ihr Tod, in dem sie zerfiele, dann hätten wir allen Grund, schwärzeste Pessimisten zu sein. Nun, ich glaube allenfalls, daß unser Ende, das heißt mein persönlicher Tod und Dein persönlicher Tod, ein „Zuendegehen" auf Zeit ist. Zu einer anderen „Zeit" und an einem anderen „Ort" wird dieser Tod einen Sinn bekommen in der allumfassenden Vollendung der Gesamtmenschheit, zu der wir beide gehören.

Alle sind wir lebhaft an der Frage nach dem Weltende interessiert, denn alle sind wir betroffen und empfinden bereits den persönlichen, individuellen Abbruch unserer Existenz als tragisch. Er rechtfertigt sich nur im Maß eines Wiederaufgenommenwerdens am Weltende, das als Ziel und Zweckerfüllung verstanden werden soll. Für den

Menschen ist es von grundsätzlicher Bedeutung, sich mit dem Problem des Endes von Welt und Mensch auseinanderzusetzen.

Möglicherweise fragen Sie jetzt: Warum den zweiten Sinn des Wortes ENDE wählen und nicht den ersten? Warum eine Vollendung sehen wollen und nicht einen totalen Zusammenbruch?

Ich verwendete das Wort „wählen", denn ich glaube, daß es sich unsererseits um eine WAHL handelt. *Man muß wählen zwischen dem Sinn und dem Un-Sinn, man muß für eine Welt-Bedeutung und ihre Verständlichkeit wählen – oder für das Absurde.*

Hier zitiere ich einen bedeutungsvollen Text aus Teilhard de Chardins bekanntem Buch „Der Mensch im Kosmos" („Le Phénomène humain"), bereits geschrieben in den Jahren 1938–1940 in Peking:

„Selbst wenn die Menschheit Mengen materieller Energie zur Verfügung hätte, selbst wenn plötzliche Furcht oder jäher Trieb sie anstachelte, würde sie doch bald ohne die Liebe zum Leben weder erfinden noch schaffen wollen an einem Werk, das sie auf jeden Fall verdammt wüßte.

Am Ursprung der Schwungkraft getroffen, die sie erhält, müßte sie sich aus Ekel oder Auflehnung auflösen und in Staub zerfallen . . .

Wenn der Fortschritt ein Mythos ist, das heißt, wenn wir angesichts der Arbeit fragen können ‚Wozu eigentlich das alles?', sinkt unsere Kraft und reißt in ihrem Fall die ganze Evolution mit, da wir sie selbst sind . . .

Entweder ist die Natur unseren Zukunftsforderungen verschlossen: dann ist das Denken die totgeborene Frucht eines Bemühens von Millionen Jahren, in einem absurden Universum erstickt an sich selbst. Oder aber sie ist offen, es gibt eine ÜBER-SEELE über unseren Seelen: Dann muß sich aber dieser Ausgang – damit wir frei zu ihm hinstreben können – ohne Einschränkung zu unbegrenzten seelischen Räumen hin auftun, zu einem Universum, dem wir uns bedingungslos anvertrauen können.

Absoluter Optimismus oder absoluter Pessimismus. Keine mittlere Lösung zwischen beiden, denn der Fortschritt ist seinem Wesen nach alles oder nichts. Zwei Richtungen – und nur zwei: die eine nach oben, die andere nach unten, ohne die Möglichkeit, auf halbem Wege stehenzubleiben." (Teilhard)

Also Wahl zwischen Optimismus und Pessimismus. Es gibt keinen Pfad, der sich zwischen beiden Haltungen als Mittellösung hindurchschlängeln könnte. Der Mensch bekundet mit seiner Wahl: Die Welt hat einen Sinn – oder keinen. Wenn sie aber einen Sinn hat, dann hat sie vor allem ein Ziel. Leugnet man Sinn und Ziel, dann haben wir ein Weltende in der Form entgültigen Untergangs und vollständigen

Zerfalls; am Ende erwartet uns die Auflösung, das NICHTS. Wer aber für den UN-SINN, das NICHTS wählt, müßte dann logischerweise selbst sein Leben beschließen in der Überzeugung, seine gesamte Lebensaktivität habe Nullwert, sie sei absurd und führe ins NICHTS. – Das sind die klaren und starken Gedanken Teilhards.

Doch wir beobachten das Gegenteil beim Menschen und sehen sehr deutlich, daß all sein Streben und Bemühen von einer tief in ihm verborgenen, unbewußten oder uneingestandenen Zuversicht getragen ist, durch die er sich angetrieben weiß, voranzuschreiten. Im Grunde „weiß" der Mensch, daß irgendwo und irgendwie sich irgendetwas vorbereitet. Er „weiß", daß irgendetwas geboren werden soll und auch geboren werden wird, daß der menschliche Energieaufwand und aller evolutionäre Anstieg des Lebens einer Verwirklichung zustrebt, die eines Tages für alle in Erscheinung treten und persönlich erlebt und verstanden wird. Seine innere Führung wählt demnach für den SINN, und das ist eine angemessene Wahl, es ist Zukunfts- und Fortschrittsglaube. Es ist ein Optimismus, dessen Warum man durch Argumente nicht belegen kann, der aber auf Voraussetzungen basiert, die keineswegs vernunftwidrig sind.

Fragen wir uns: Gibt es einen inneren Antrieb ohne Orientierung? Beobachten wir nicht alle Arten von Bewegungslinien und stellen fest, daß sie ziemlich planmäßig auf etwas zusteuern? Es gibt keine zwecklose Bewegung. Eine Bewegung ohne Richtung ist undenkbar, und doch gibt es Menschen, die für das Absurde wählen . . .

Ich will einen SINN anerkennen und damit gegen den Un-Sinn wählen. Ich stelle mich auf die Seite des Positiven und nicht des Negativen, denn ich sage mir: Wenn alle Bewegungen zu einem Ziel drängen, dann bedeutet es, daß sie entlang ihres Weges von einer Orientierung getragen werden, und diese dynamische Kraft im Inneren der Welt ist für mich eine Botschaft.

Ein Vöglein fliegt orientiert. Es fliegt vom Zweig zum Wurm – zum Nest. Ein Mensch läuft, ein Zug fährt, und beide haben ihr sehr bestimmtes Ziel. Wenn diese Weltpartikel Richtung haben, wie soll das GANZE, das als Universum seit vielen Milliarden Jahren unterwegs ist, ziel- und sinnlos im Blauen treiben? Das Große trägt das Kleine, das Gesamte die Teilchen. Wenn die kleinsten Teilchen einer Bewegungslinie folgen, dann wohl das Ganze erst recht! . . .

Auch das Wort „Sinn" kann man zweifach erklären. Es meint „Bedeutung" und: „Ausrichtung auf etwas" – also Bestimmung. Wenn die Welt also einen Sinn hat, dann hat sie auch eine Bedeutung, und in der Bedeutung liegt ihre Zweckbestimmung. Die Welt ist ein Weg, und wenn dieser Weg, anstelle das Absolute anzuzielen, irgendwann plötzlich abbräche, um sich aufzulösen, dann wäre die Weltexistenz absurd. Ich wähle entschieden für den Sinn unserer Welt.

Was aber ist dieses Absolute, das die Welt anzielt?

In einem statischen Weltkonzept, wie es die Antike kannte, wurde die Welt ein- für allemal von Gott erschaffen und in die Existenz gestellt – und in diesem Zustand wird sie auch in Ewigkeit verharren. Ich nenne das ein statisches Konzept, denn auf diese Weise war die Welt ohne Zweck und Ziel vorstellbar. Keine Bewegung, Stillstand, und die Welt erhält sich aus sich selbst, vor allem ist sie nicht auf etwas ausgerichtet. Leben und Tod ziehen ihre zyklische Bahn ohne Ende. Sonnenaufgang, Sonnenuntergang, Jahreszeiten, Jahresringe, Jahrhunderte, Jahrtausende – und das in einer ewigen Wiederkehr . . . Ich lese einen Text in diesem Geist aus dem alttestamentarischen Lehrbuch „Der Prediger“ oder „Ekklesiastes“. Der Autor, er nennt sich KOHELET, war ein hoffnungsloser Skeptiker, der erste Existentialist . . .

> „Eitelkeit, Eitelkeit“, spricht Kohelet, „Eitelkeit, Eitelkeit, alles ist eitel! Was hat der Mensch von seiner Mühe? Geschlechter gehen, Geschlechter kommen, doch ewig bleibt die Erde stehen. Die Sonne geht auf, die Sonne geht unter. Der Wind weht nach Süden und kreist nach Norden, und nur zu seinem Kreislauf kehrt der Wind zurück. Die Ströme ziehen alle zum Meere, doch wird das Meer nicht voll. Was einst gewesen, das ist jetzt, und was geschehen, das geschieht. Nichts Neues gibt es unter dieser Sonne. Sieh, alles ist nur eitel und Geistesspiel.“ (Prediger 1)

So reflektiert ein Mann etwa 950 vor Christus über die Welt, wenn es König Salomon war, dem man dieses Buch zuschreibt. Er kommt zu dem Schluß, daß sich nichts wirklich lohnt. Und Sie werden sagen: „Und so etwas steht in unserer Bibel?“ Ja! . . . Ich finde das gut, denn die Bibel ist Entwicklung, sie hat Bewegung, sie zieht eine Spirale, von einer Etappe zur nächsten erhebt sie sich – und es sind die Stufen menschlicher Erfahrung, die beschrieben werden. Der Text, den Sie soeben hörten, ist eine solche Stufe. Sie haben, da bin ich sicher, selbst einmal dort gestanden. Ich möchte es für Sie hoffen.

Wie verhält sich der Mensch angesichts einer solchen Perspektive? Das ganze Weltgebäude wird als peinlich empfunden, es langweilt. Das Schicksalsrad dreht sich endlos um sich selbst, dazu ist es morsch. Eine solche Beklemmung muß man fliehen, und die Weltflucht war das Thema der Predigten und Kirchenlieder im vorigen Jahrhundert wie zu Beginn dieses Jahrhunderts – und in gewissen Kirchen noch heute: Vergiß dieses elende Jammertal und wende Dich dem Himmel zu! Es zählt sowieso nur Gott allein.

Zu dieser Trennung in zwei Welten führte uns die statische Weltsicht der Antike. Keine Beziehung zueinander. Um in die „andere Welt“ zu gelangen, muß man diese verlassen, man muß ihr entkommen.

Religiöse Schizophrenie ... Wir werden sehen, inwiefern diese Trennung richtig ist und inwiefern falsch.

Inzwischen wissen wir, daß unsere Welt keine statische Konstruktion ist, sondern ein dynamisches Lebewesen, das einer Bewegungslinie folgt. Bis zum 19. Jahrhundert haben wir gebraucht, um diesen Fortschritt, die Evolution, zu entdecken. Evolution bedeutet jedoch nicht nur „Linien-Entwicklung", sondern zugleich Antrieb zum Besseren, zum Höheren, zum Plus. *Vom qualitativen Fortschritt werden wir getragen!*

Kein Evolutionsforscher kann das heute mehr wegdiskutieren. Es ist uns unmöglich, die Passage vom Weniger zum Mehr im qualitativen Sinn zu übersehen, und das ist das Programm unserer Geschichte, der Geschichte seit den Uranfängen.

Niemand kann behaupten, daß nicht zwischen einem Stein und einer Rose ein Übergang vom Weniger zum Mehr in qualitativer Hinsicht besteht – selbst bei derselben Anzahl von Molekülen. Desgleichen von einer Rose zu einem denkenden Kind. Wer würde nicht zustimmen, daß wir in einer aufsteigenden Welt leben? Für den heutigen Menschen ist diese Idee nicht neu; seit dem 19. Jahrhundert, seit Darwin, Lamarck, Hegel, Marx und vielen anderen ist das geläufiges Wissen; und hier, im qualitativen Fortschritt, ist der SINN von Wachstum und Geschichte zu erkennen. Die Evolution hat Richtung, sie ist orientiert, und demnach muß sie ein Ziel haben.

Gehen wir einmal auf Hegel und Marx zurück, zwei Perspektiven! Hegel war der erste, der durch philosophisches und kohärentes Denken eine Geschichte sah, die sich im Fortschrittsprozeß, also in Evolution befand. Er faßte die wissenschaftliche Idee der Evolution in einem philosophischen System zusammen, indem er sagte, die Geschichte sei die Geburt des absoluten Geistes; das ist ihr Ziel aufgrund ihrer dialektischen Bewegung: These – Antithese – Synthese.

Nach der These und der Antithese kulminiert der Geist im dritten Stadium, in der Synthese. Der Geist stellt sich dar und behauptet sich, dann negiert und überwindet er sich, und schließlich kulminiert und siegt er. Das ist sehr schön und in einem gewissen Sinn auch ganz wahr. Was man doch Hegel vorwirft, das ist der Irrtum eines Pantheismus, der zu der Annahme führt, die Welt würde Gott erzeugen, denn was er unter absolutem Geist versteht, ist Gott. Nach Hegel wäre das Weltgeschehen, das er sehr wohl als eine aufsteigende Kraft erkennt, ein großes Unternehmen, an dessen Endpunkt Gott als Resultat erschiene. In dieser Beziehung irrt Hegel, aber wir finden sehr viel Wahres in seinen Gedanken, und dieses Wahre sollte in unseren Tagen noch weit besser freigelegt und ausgewertet werden.

Aber es gibt einen Mann – Teilhard de Chardin –, der Hegel denkverwandt ist, beide rudern im selben Gewässer. Teilhards

OMEGA-Punkt entspricht dem des Hegelschen absoluten Geistes als Zielpunkt, bei Teilhard jedoch in rechtgläubiger und annehmbarer Weise.

Marx, ein Schüler Hegels, kennt auch ein Ziel der Geschichte, es ist das „Goldene Zeitalter für Jedermann", in dem die große menschliche Versöhnung stattfinden soll. Die Gesamtmenschheit erlebt das irdische Paradies, Güter und Wohlstand im Überfluß für alle. Ein materialistischer Himmel auf Erden.
Ich will die marxistische Vision von der Endzeit nicht herabmindern, sie ist interessant und hat ihre Werte, auch wenn sie vollkommen materialistisch ist. Die wesentliche Kritik, die man jedoch gegen Marx erhebt, ist sein „Menschenopfer" von endlosen Generationsketten, für jene, die einmal in seinem goldenen Zeitalter „vollkommen glücklich" sein werden. Und das verzeihe ich ihm niemals, niemals! Warum soll ich an einer goldenen Zukunft in fernen Zeiten bauen, wenn ich selber – und alle, die ich liebe – davon ausgeschlossen sind? Solange der Marxismus nicht das Individium von gestern und heute, das heißt die menschliche Vergangenheit und Gegenwart dieser Erde mitberücksichtigt – also alle Menschen zusammenfaßt, um sie in seinen goldenene Zukunftstraum zu integrieren –, wird er grundsätzlich unbefriedigend bleiben. Aus diesem Grunde, neben anderen, lehne ich Marx ab.

Aber wo stehen wir? ... Ich trage meine Position vor: Es ist selbstverständlich die christliche Position, und zwar in der Perspektive von Teilhard de Chardin.

Zunächst beginne ich mit dem düsteren Aspekt des Weltendes, mit dem Kataklysmus. Lange Zeit wurde in der Geschichte des Christentums das materiell-biologische Weltende als ein großes, kosmisches Unglück angesehen, also ein Weltuntergang. Ich werde einige Texte aus der Apokalypse zitieren. Ebenso gut könnte ich mich auf die letzten Suren im Koran beziehen, die den Jüngsten Tag in poetisch-phantastischer Weise schildern. Apokapytische Begriffe geben den Suren Titel wie z. B.: Al-Takwir (die Zusammenfaltung), Al-Infitar (die Zerspaltung), Al-Inschikak (die Zerreißung), Al-Ghashiya (der bedeckende Tag), Al-Zilzal (das Erdbeben), Al-Kariah (das Verhängnis) – und so weiter.
Aber warum sollen wir woanders suchen, wenn wir das 24. Kapitel des Matthäus-Evangeliums haben mit der berühmten eschatologischen Rede Jesu an seine Apostel? „Eschatologisch" heißt: „um die letzten Dinge, um die Endzeit wissend".

„Ihr werdet von Kriegen und Kriegsgerüchten hören. Gebt acht und laßt euch nicht erschrecken. All dies muß geschehen, doch es ist noch nicht das Ende. Denn Volk wird sich gegen Volk erheben und Reich gegen Reich; Pest, Hunger und Erdbeben werden an vielen Orten sein. Dies alles ist aber erst der Anfang der Wehen.

Und weil die Gesetzlosigkeit übergroß geworden ist, wird in vielen die Liebe erkalten. Doch wer ausharrt bis ans Ende, der wird gerettet werden. Auch wird dieses Evangelium vom Reiche in der ganzen Welt verkündet werden zum Zeugnisse für alle Völker. Und dann erst kommt das Ende.
Wenn euch dann jemand sagt: ‚Siehe, hier ist Christus oder dort', glaubet es nicht. Denn falsche Christusse und falsche Propheten werden sich erheben; sie werden große Zeichen und Wunder tun, sodaß, wenn es möglich wäre, sogar die Auserwählten irregeführt würden. Seht, Ich sage es euch vorher . . .
Sogleich nach der Drangsal jener Tage wird sich die Sonne verfinstern, der Mond wird seinen Schein nicht geben, die Sterne werden vom Himmel fallen, die Kräfte des Himmels erschüttert werden. Dann wird das Zeichen des Menschensohnes am Himmel sichtbar werden, dann werden alle Völker auf der Erde wehklagen.
Von jenem Tag aber und der Stunde weiß niemand etwas, nicht einmal die Engel des Himmels, als allein der Vater." (Mt 24)

Viele Künstler haben die Apokalypse zu ihrem Thema gewählt, und man versteht es. Die Apokalypse, oder auch die Geheime Offenbarung des Johannes genannt, ist das letzte Buch unserer Bibel. Der Seher Johannes schrieb sie gegen Ende seines Lebens:

„. . . und es entstand ein gewaltiges Beben; die Sonne wurde schwarz gleich einem härenen Trauerkleid, der ganze Mond war wie Blut. Die Sterne des Himmels fielen auf die Erde, wie der Feigenbaum die Früchte abwirft, wenn ihn ein starker Sturm durchschüttelt. Der Himmel wich zurück wie eine Rolle, die sich zusammenrollt; jeder Berg und jede Insel ward von ihrer Stelle weggerückt." (Apokalypse 6, 12–14)

Es gibt noch weitere Texte dieser Art. Wie lesen wir sie? Ist es nur eine unerfreuliche Lektüre oder lebt die Menschheit nicht in Abständen diese apokalyptische Schrecken in ganzer Realität? Weiß sie nicht längst, was Weltuntergangsstimmung ist? Dreimal waren die Menschen schon fest überzeugt, das Ende habe begonnen. Das erste Mal war es die Generation, die mit Christus lebte, und man kann sie verstehen, denn er hatte ihnen gesagt, daß „dieses Geschlecht" nicht vergehen würde, bis dies alles geschehe.
Ich glaube, daß Christus hier zwei Ereignisse miteinander verschmolzen hat, wie das häufig bei Sehern der Fall ist. Er „sah" die Ruinen des Jerusalemer Tempels, der auch tatsächlich, 36–37 Jahre nachdem er es vorausgesagt hatte, zerstört wurde; zugleich „sah" er die ganze Welt als Ruine wie diesen Tempel. Sie selbst haben das schon in Träumen erlebt, in denen sich Bilder ineinanderschieben und Ereignisse überlagern, die in der Dimension unserer Zeit sehr weit auseinanderliegen, nicht wahr? So hatten die Apostel geglaubt, das Ende der Welt zu erleben – und sie werden es erleben!

Ein zweites Mal belastete ein apokalyptisches Bewußtsein den Menschengeist, zumindest durchlief die westliche Welt ein Todeszittern. Es war um das Jahr Tausend. Die Zahl Tausend ist eine biblische, eine apokalyptische Zahl; denken wir nur an das 20. Kapitel der Apokalypse: Nach tausend Jahren, heißt es, wird das „Tier“ (Satan) freigegeben. Und dieser Teufelstanz ist in unseren Geschichtsbüchern nachzulesen. Invasionen aus dem Osten, Kriege mit Plünderungen und Epidemien, Landplagen mit Hungersnöten. In diesem entsetzlichen Sterben sprach man vom „verfluchten Zeitalter“ und glaubte, das Ende sei gekommen. Als jedoch nichts Endgültiges geschah, addierte man die 33 Lebensjahre Christi zur Zahl Tausend und kündigte das Weltende für das Jahr 1033 an. Währenddessen sprachen die Leute von nichts anderem als von außergewöhnlichen Zeichen am Himmel und auf der Erde. Kometen und unbekannte Sterne glühten auf und verschwanden, Sonne und Mond wurden blutfarben. Einige sahen den Feuerdrachen aus dem 12. Kapitel der Apokalypse, andere das Kreuz auf der Stirn der Auserwählten vor einem Himmel aus Blut und Gold. Das Heilige Grab in Jerusalem wurde geschändet, die Kirchen der Stadt verwüstet, und es gab Massaker. War das nicht alles ein Zeichen, daß das irdische Jerusalem jetzt dem himmlischen Platz machen würde? Fünfzig Jahre trieb man auf dieser trüben Welle, und sie spülte bis ins Innerste der mittelalterlichen Kirche hinein. Wenn wir die päpstlichen Dokumente lesen, finden wir selbst dort eine Vielzahl von Anspielungen auf das kurz bevorstehende Ende. Man nahm eine Reihe der Zeichen ernst. Die Liturgie, die in dieser Epoche geboren wurde, darunter der Requiemgesang des DIES IRAE, ist eine wahre Schreckensvision. Da klappern und rasseln die Skelette und Todesengel und Aasgeier kreisen über den Häuptern der Menschen.

Und wann war die dritte Zeit der Angst? Das ist unsere Zeit. Unsere Generation lebt das dritte Zittern vor dem Untergang – besonders seit Hiroshima. Und wenn wir es genau nehmen, dann unterscheidet sich unsere menschliche Angst nicht viel von der des Jahres 1000. Ich gebe Ihnen einen Textvergleich zwischen dem 8. Kapitel der Apokalypse und einem Zeitschriftenartikel von 1946 nach der Atomexplosion von Hiroshima:

> „Da stürzte etwas wie ein großer Berg von Feuer glühend in das Meer hinein. Da ward der dritte Teil des Meeres Blut, der dritte Teil der in dem Meer lebenden Geschöpfe starb, der dritte Teil der Schiffe ging zugrunde.“
> (Apokalypse 8, 8–9)

> „Kaum war die Bombe niedergegangen, so wurde ein blendender Feuerschein über dem Meere sichtbar, und eine enorme Rauchsäule erhob sich im Ausmaß eines gewaltigen Berges, dessen Gipfel sich zu einem Pilz erweiterte.

Das Meer wechselte seine Farbe. Man schätzt, daß die Explosion Tausende von Meerestieren tötete, viele große Schiffe sind gesunken, andere zerstört.“ (La Presse, Juni 1946)

Die Parallele ist frappierend, und es ist wiederum verständlich, daß auch hier die Menschen ein Vorzeichen sahen und noch immer sehen, denn es lebt noch der Alptraum des Zweiten Weltkrieges. Die heutigen Zeichen unterscheiden sich kaum, und der pessimistische Wind weht über alle Kontinente. Nicht selten befassen sich die Menschen in ihren Vorstellungen mit der „Wahl“ ihres Untergangs, und dabei wünschen sich nicht wenige eine nukleare Katastrophe, die ein schnelles Ende bedeuten würde. Das Gespenst eines Gift- oder Bakterienkrieges geistert über die Erde und durch die Weltpresse.

Oder: Computer berechnen auf Grund der globalen Bevölkerungsexplosion den toten Punkt unseres Planeten, an dem er ausgelaugt sein wird, Not und Mangel an allem ist und wir verenden müssen. Oder: Wissenschaftler beunruhigen die Menschen durch Schwarzprognosen kosmischer Art wie die Überhitzung unserer Erde, die die Eismassen an den Polen zum Schmelzen brächte und den Meeresspiegel um 60 Meter anhöbe – mit der Folge einer neuen Sintflut in der Geschichte der Menschheit. Die Sonne mag auch andere kosmische Veränderungen auslösen, wie man uns sagt. Je nachdem würde die Erde verglühen oder zur bizarren Eislandschaft erstarren. Man gibt uns sogar feste Daten in die Hand. Der französische Biologe Jean Rostand beschreibt den präzisen Prozeß des Weltendes von der langsamen Abkühlung bis zur totalen Vereisung.

Nun haben wir uns ausführlich genug mit der pessimistischen Perspektive der Endzeit befaßt und wenden uns nun nach der lichtvollen Seite, *denn auch das Licht ist prophezeit*!

Teilhard de Chardin weist die Idee einer Endkatastrophe, die zum Untergang führt, aufs schärfste zurück – und das im Namen des SINNS, der im Weltgeschehen erkennbar ist. Er sagt: Wenn die Evolution ein Antrieb nach vorn ist, dann ist sie unaufhaltsamer Fortschritt. Im Namen der dynamischen Evolution und im Namen der menschlichen Aktivität postuliert Teilhard einen Sinn des Vorwärts und des Aufwärts. Er behauptet, daß dieser evolutionäre Aufstieg qualitativen Fortschritt bedeutet, für das Leben, für den Menschen, für den Geist. Teilhard erkennt im Herzen des Lebens den Antrieb zu einem aufsteigenden Bewußtsein, das diesen Fortschritt erklärt. „Die Evolution muß in einem höchsten Bewußtsein gipfeln.“ (Teilhard de Chardin)

Wer gut beobachtet, sieht, daß die Welt an etwas arbeitet, daß sie webt und baut – und zwar baut sie etwas ganz Unwahrscheinliches! Mit anderen Worten, die Evolution ist eine Herausforderung an die

Gesetze der Natur; genauer gesagt: In der Evolution triumphiert das, was uns am schwächsten und gefährdetsten erscheint, sie ist der Sieg des Zarten und Bedrohten über die schwere Masse, der Sieg der Schwäche über die Gewalt. Diese tiefe Weltschau Teilhard de Chardins ist erschütternd!

Das kleine, zarte Pflänzchen trägt ein „unmögliches" Versprechen in sich gegenüber der gewaltigen Materie, die sich bedrohlich schwer neben ihm als Felsblock türmt. Aber der Tag wird kommen, an dem diese schwere Materie durch die lebendige Wurzelkraft dieser Pflanze bedroht wird. Augenscheinlich ist das Leben schwach, in Wahrheit jedoch das Stärkste dieser Erde. Sie dürfen weitergehen und über das Leben den Geist setzen.
Die Macht des Geistes über die lebende Zelle!

Bestimmung und Ziel der Evolution ist letztlich der Triumph über das Unglaubliche, ja, über das ganz Unmögliche, das heißt, es ist eigentlich nicht möglich, daß das Leben auf dieser Erde, ausgegangen von einem schwachen Keim, bestanden hat und fortbesteht. Den ganzen Planeten hat es erfaßt und beherrscht ihn, und dabei ernährt es sich von den Erdsubstanzen, also von der Materie, die ihr anfangs feindlich widerstanden hatte. Bald absorbierte das Leben die Materie, um mit ihr eine Hymne zur Verherrlichung Gottes zu singen.

Was tut die Zeder, indem sie ihre Wurzeln zwischen Stein und Erde hindurchführt? Sie nimmt diese Substanzen auf, um ihre Zweige wie dankende Arme zum Himmel emporzuschwingen.

Das ist der Aufstieg der materiellen Energie zum biologisch Lebendigen. Fragil ist das Leben – aber es siegt. Fragil ist der Mensch, anfällig und schwach gegenüber den meisten Tieren; wie ist es möglich, daß er Millionenstädte und Fabriken baut; daß er die Kontinente, die Meere und den Luftraum beherrscht? Ein kleiner Stern funkelt in seinem Innern, den man den Geist nennt, und deshalb gehört diesem kleinen Etwas, dem Menschen, die Zukunft dieser Erde, die Zukunft des Weltalls. Schwach steht er zwischen den tödlichen Naturgewalten und kurz ist seine Lebenszeit, aber gerade deshalb wird er triumphieren.

Und deshalb bin ich Optimist, um Himmels willen, ja! Die allgemeine Schwarzmalerei ist unbegründet, was haben wir denn zu fürchten? Was bedroht uns? Seit 13 Milliarden Jahren wird diese Erde von einer Kraft getragen, und diese Kraft hat vor drei Milliarden Jahren das Leben hervorgebracht, trotz aller Hindernisse und Widerstände, und vor vier oder fünf Millionen Jahren den Menschen; und diese Kraft hat den Menschen bis zur heutigen Stunde nicht nur getragen, sondern gefördert, steigen lassen! *Diese Kraft muß unvermeidlich in ein Ziel führen.*

Ja, ich glaube, daß die Evolution, unaufhaltsam, qualitativen Fortschritt bedeutet; ob wir es wollen oder nicht, ob wir es glauben oder nicht, die Evolution wird gelingen. Mit Teilhard postuliere ich dieses Gelingen, denn andererseits wäre alles absurd, und eine dritte Lösung gibt es nicht. Die Vergangenheit ist der Garant für die Zukunft, sie gibt diesem Postulat genügend Gewicht, indem sie zeigt, wie real das Unwahrscheinliche stets war und wie viele Wunder und Unmöglichkeiten wahr geworden sind. Alle Tage erleben wir es, und wir werden es kontinuierlich bis in alle Zukunft erleben. Tief in unserem Innern sind wir längst von dieser Gewißheit erfüllt, daß die Welt uns gelingen wird. *Es ist ein unbewußtes Wissen, das aber stärker ist als alles andere.*

Im Herzen der Materie, des Lebens und des Menschen lebt unzerstörbar diese Zuversicht, welche in den Strom der Evolution gebracht, diesen übersteigt, alles übersteigt, sich selbst übersteigt und sich – mit uns ins Ziel ergießt. Teilhard spricht nicht von einer unbegrenzten Fortschrittslinie, sie ist vielmehr eine konvergente Bewegung.
Alle Glaubensarten an ein Überleben haben darin ihren Grund, aller Glaube an die Auferstehung findet hier seine Quelle. Auch nehmen die Unglücklichsten und Elendsten unter uns ihre Kraft aus dieser Kraft. Sie haben bewußt oder unbewußt das untrügliche Gefühl, daß nicht alles umsonst ist.

Ein hartnäckiger Optimismus? Ja. Und doch: Es stellt sich das große Problem der menschlichen Freiheit. Sind wir frei, wenn die Welt an ihr Ziel gelangen muß? . . . Liegt es nicht in der Macht des Menschen, dieses ganze Unternehmen zum Scheitern zu verurteilen? Ja oder nein? Wenn nicht, dann ist alle Freiheit Selbsttäuschung, pure Illusion. Wenn ja, dann mag die Welt seit ihrem ersten Ansatz zur Fehlgeburt verurteilt sein; der Mensch mag ihre wahre Geburt verhindern, das einer „Abtreibung“ gleichkommt, einer Abtreibung dessen, das sich seit 13 Milliarden Jahren im Leib der Welt vorbereitet.

Der Mensch muß sich im klaren darüber sein, daß er Träger einer ganz enormen Vergangenheit und einer ebenso enormen und ganz phantastischen Zukunft ist. Er trägt in sich das Schicksal der Welt. Ist er sich dessen bewußt? Es genügt, daß er einen Knopf bedient, um das schönste Feuerwerk zu entfachen, den totalen Weltbrand. Alles ist vorbereitet, der Urteilsspruch ist formuliert und liegt zur Vollstrekkung bereit. Nie zuvor stand der Mensch auf diesem Niveau, nie zuvor besaß er diese absolute Freiheitsmacht, um nicht nur sein Leben oder das eines anderen Volkes zu vernichten, sondern das Leben des ganzen Planeten. Das ist die Tragik unserer Generation, die gegenwärtig unser Dasein zu einem „berauschenden“ Risiko macht. Der Mensch entdeckt seine uneingeschränkte, ganz reelle Freiheit, die so weit reichen kann, augenblicklich und definitiv sein ganzes Geschlecht auszulöschen und dabei 13 Milliarden Jahre Entwicklung, zumindest drei Milliarden Jahre Leben auszubrennen.

Ich stehe als denkender Erdbewohner vor dieser wahren Möglichkeit und frage mich: Wird es so weit kommen?

Ich sage „Nein". *Mein Argument ist mein Glaube an den Menschen.* Ich glaube, daß der Mensch frei ist, daß seine Freiheit jedoch gemeistert wird. Vor einer totalen Selbstzerstörung wird er zurückweichen und sein Segel niederlassen. Der Mensch wird für das Gute wählen und nicht für das Böse. Sie werden sagen: „Das ist die Wahl von Pater Boulad, die kaum von Interesse ist für die Verantwortlichen an den Knöpfen."

Meine Wahl ist Glaube. Ich glaube an das Gute. Ich wähle für den Optimismus. Ich glaube, daß der Mensch tief in seinem Herzen gut ist, er ist nicht schlecht, er wird zu dieser Geste der Weltvernichtung nicht fähig sein. Es ist wahr, daß es Einzelwesen gab, gibt und geben wird, die ihre Mitmenschen umbringen und sich selber; ich glaube jedoch nicht an einen Selbstmord der gesamtmenschlichen Gemeinschaft. Ich glaube ferner, daß dieser Optimismus nicht einfach ein Glaube an die fortschreitende Evolution im allgemeinen ist, sondern an den Menschen im einzelnen! Hierzu werde ich Ihnen einen kleinen, sehr einfachen Erlebnisbericht geben:

> Der junge Lehrer Warren und ich machten vor langer Zeit mit Jugendlichen eine Exkursion nach EL MINYA in Mittel-Ägypten. Wir gingen zunächst allein nach EL GABAL hinüber auf die andere Nilseite, um das Gelände des steilen Ostufers zu erkunden. Wir kletterten die Geröllhalden hinauf und stießen dort auf eine Gruppe Männer vor einer Höhle, die zusammen einen großen Alabasterblock bearbeiteten.
>
> Sie begrüßten uns und reichten uns sogleich Trinkwasser aus ihren Kanistern. Als ich neugierig in die Höhle hineinschaute, erklärten die Männer, es sei ein Alabaster-Steinbruch und es gehe sehr tief hinein. Sie boten uns an, uns die Höhle zu zeigen.
>
> Die Männer zündeten Fackeln an, und wir verschwanden mit ihnen in der Dunkelheit und in der Grabeskälte, und unser Marsch nahm kein Ende. Plötzlich überkroch mich ein unangenehmes Gefühl. Sind wir zwei verrückt? Diese fremden Männer waren arm, sie mögen Geld in unseren Taschen vermuten, auch wenn es nicht der Fall war. Keine Zeugen gäbe es, wenn man uns jetzt beiseiteschaffte.
>
> Wir liefen bis ans Ende der Höhle, und die Männer waren sehr freundlich. Als wir wieder an der Sonne und später allein waren, fragte ich Warren: „Hattest Du keine Angst?" Er sagte mit fester Stimme: „Keineswegs! Ich glaube an den Menschen."

Und das habe ich nie vergessen.

Dieser junge Lehrer glaubte daran, daß diese Fremden gut sind. Er setzt voraus, daß man in einem Fremden einen Bruder trifft und keinen Feind. Was hatten wir erlebt? Diese armen Steinbrucharbeiter hatten uns anstelle eines Schlags auf den Kopf von ihrem knapp bemessenen Trinkwasser gegeben und uns zum Schluß die Hand gereicht.

Wenn wir alle im Herzen diesen Glauben trügen, dann würde sich auf der Erde manches verändern! Wenn der Schüler glaubt, daß sein Lehrer gut ist, und wenn der Lehrer glaubt, daß sein Schüler gut ist, dann würde sich manches in den Klassen verändern. Wenn der Mann glaubt, daß seine Frau gut ist und die Frau glaubt, daß ihr Mann gut ist, dann würde sich manches in den Ehen verändern. AN DEN MENSCHEN GLAUBEN! Daran glauben, daß der Fremde neben mir im Bus ein lieber Kerl ist, desgleichen der Mann, der mir des nachts auf der Straße begegnet. Aber wir sind mißtrauisch, wir glauben gern, daß man uns Böses will. An den Menschen glauben! Daran glauben, daß er gut ist und daß er im Namen der Güte, die tief in ihm „anwesend" ist, seine Freiheit nicht mißbrauchen wird. *Daran glauben, daß er für das Gute wählt.*

Die wissenschaftliche Anschauung der Evolution trifft sich hier mit der christlichen der Geschichte. Der Mensch ist zwar ein sündiges Wesen, zugleich aber von der Sünde losgekauft; er ist verwandelt und gerettet, denn er ist neugeschaffen.

Hier sind wir bei der Erbsünde. Ein unangenehmes Thema, man liegt uns damit in den Ohren. Sollen wir schweigen und sagen, es gebe sie nicht? O nein. Selbstverständlich existiert die Erbsünde – oder besser, sie hat existiert bis zur Kreuzesstunde von Golgotha. Geistig gehört sie der Vergangenheit an, denn der Christtod hat diesen Sündenstachel aus der Welt gezogen und vernichtet. Damit ist das Wesentliche in der Welt „vollbracht". ES IST VOLLBRACHT – seine Worte am Kreuz . . . Im Gekreuzigten überwuchs die Gnade die Sünde, und der Mensch wurde zu einem neuen Wesen, das unfähig ist, die Welt in die Vernichtungskatastrophe zu stürzen.

Aber wie bereitet sich das Weltende in dieser optimistischen Sicht vor? Die Fäden der Geschichte, die sich vor unseren Augen miteinander verweben, sollten ihr Muster schon erkennen lassen und eine Aussage machen.

Dabei ist es wesentlich, daran zu erinnern, daß Christus unsere Geschichte eine Geburt nennt. Zwei Dinge kennzeichnen eine Geburt: A – Leid und Schmerz, B – neues Leben. Diesen beiden Aspekten werden wir nun im zweiten Teil dieses Vortragsabends begegnen.

Was wird geboren? Hegel antwortet: „der absolute Geist." Teilhard de Chardin antwortet: „*OMEGA*." Teilhard kennt zwei Energieformen:

I – die tangentiale Energie (materiell, stofflich)
II – die radiale Energie (psychisch, geistig)

Beispiel:
Die Elektrizität, die während dieser Stunden in diesem Vortragssaal verbraucht wird, ist TANGENTIAL, stofflich. Dagegen verbraucht das Wissen, das wir hier zusammentragen, unser Denken und Erkennen, RADIALE Energie, geistige. Das Liebesverhältnis zwischen zwei Personen basiert auf psychischer Energie, die Teilhard ebenfalls RADIAL nennt.

Die Evolution ist ein Austausch zwischen diesen beiden Energien. Ich liebe diesen Begriff „Austausch", denn alle Lebensdynamik ist Austausch. Sobald der Mensch parallel zur sich verzehrenden materiellen Energie einen Anstieg der psychisch-geistigen Energie erkennt und akzeptiert, entkommt er einem zersetzenden Pessimismus und wird den Geschmack des Absurden auf seiner Zunge los.

Noch einmal: Die Lichtenergie unserer Deckenlampe, die einen unwiederbringlichen Verlust darstellt, ist Dienerin bei unserer heutigen Geistesarbeit. In ihrem Selbstverzehr bedingt sie parallel einen Energie-Anstieg anderer Art. Im Grunde also doch kein Verlust, sondern Erhaltung durch Umbildung, eine Umwandlung von materieller Energie in geistige – durch den Menschen!

Man könnte sagen, daß die ganze Geschichte der Evolution nichts anderes ist als der fortschreitende Anstieg von radialer (psychischer, geistiger) Energie bis zu dem Moment, in dem die ganze tangentiale (materielle, stoffliche) Energie der Welt sich umgewandelt haben wird in radiale. Das sind meine persönlichen Vorstellungen, man braucht mit mir nicht einverstanden zu sein, aber mir ist derartiges vorstellbar. Die Biosphäre, z. B. alle Bäume dieser Erde, würden in Leben verwandelt und „erwachen"; die Erde mit all ihren festen Substanzen desgleichen, und all dieses Leben würde vom Tier assimiliert werden. Und schließlich würde all dieses Leben sich durch den Menschen weiterverwandeln in psychisch-geistige Energie, letztlich also in Seelenleben, in Geist und Liebe, und in diesem Augenblick wären wir am Ende der Welt angelangt und im Ziel.

Eine unvorstellbare Zeitspanne trennt uns noch von diesem Ziel, zudem wirft diese Vorstellung berechtigte wissenschaftliche Fragen auf. Wie wird OMEGA Strukturen verarbeiten, die nicht vom Geist assimiliert werden? Muß letztlich wirklich alle Materie vom Leben aufgenommen werden und alles Leben vom Menschen? „Vernünftiger" ist es allemal zu wünschen, alles bliebe an seinem Platz und man respektiere die Hierarchie, an die man gewöhnt ist. Fassen Sie meine Idee dennoch als Anregung auf, die manche Vorstellung befruchten könnte. Wesentlich ist für uns heute zu erkennen, daß es einen ununterbrochenen, fortschreitenden Anstieg von Energien vom

Niederen zum Höheren gibt. Da der Mensch an der Spitze der Natur steht, hat er eine priesterliche Rolle ... Ich wiederhole, was ich in meinem Vortrag „Der Sinn der Arbeit und der Aktivität des Menschen" sagte:

Der Mensch hat eine Priesterrolle in der Welt, indem er die irdischen Energien durch seine Aktivität und Arbeit verwandelt.

Demnach ist die Evolution, wie Hegel sagt, die „Geist-Geburt" unserer Welt; was hier jedoch geboren wird, ist noch viel mehr als undefinierbarer Geist, für Teilhard de Chardin ist es OMEGA, und

OMEGA ist ein

PERSÖNLICHES WESEN;

für die Christen ist OMEGA der lebendige Christus. Das *OMEGA*-Prinzip ist das end-gültige Miteinanderverwachsen aller menschlichen Moleküle, die in einer umfassenden Synthese aufgenommen und zusammengeführt werden. Alle menschlichen Wesen der Vergangenheit, der Gegenwart und der Zukunft zusammengeflossen zu einer Milch, die im OMEGA-Punkt zu Dickmilch stockt und damit zu einer unauflöslichen und ganz neuen Verbindung.

Ich nehme absichtlich dieses Bild der Dickmilch, denn auch sie braucht ihre Zeit. Es muß ein ganz bestimmter kritischer Punkt erreicht werden, bis die Milch reif ist. So gefriert auch das Wasser an einem bestimmten Punkt und nicht irgendwann vorher. Evolution ist Reifung. So hat auch die Menschheit „ihre Stunde", in der sie über die Schwelle gelangen wird; diese Stunde ist ihr endgültiger Reifepunkt, der letzte auf ihrer Wachstumsstrecke, an dem sie stockt, steht und fertig ist. Im Zusammenfluß des Denkens und Fühlens, sagt Teilhard, geschieht die EINSWERDUNG DER SEELEN. Alle werden vereint sein in der definitiven Synthese von OMEGA.

Das ist Teilhard de Chardins wirklich geniale Schau, genial! Sie versucht, die biologischen Prozesse in den geistigen Aufstieg des Menschen und in dessen Sozialisierung zu integrieren. Ja, dieser kritische Augenblick, dieser Sprung in OMEGA hinein – mit der Menschheit und mit ihr über sie hinaus –, das ist, was wir erwarten, DAS ENDE DER WELT, ihr Zielpunkt, ihre Verwirklichung.

Teilhard lehrt, daß das Leben sich nicht multipliziert, um sich zu multiplizieren, sondern um die notwendigen Elemente zu seiner Personalisierung zusammenzutragen. So oft fragen wir: Warum diese Vervielfältigung des Lebens, warum dieses Bevölkerungswachstum mit all seinen Problemen, das zwar durch diverse Verhütungsmittel gelöst werden kann, sich deshalb aber nicht erklären läßt. Welche Bedeutung hat das Wachstumsphänomen in der globalen Sicht unserer Geschichte? Welchen Sinn hat es?

„Und Gott segnet sie und sprach zu ihnen: Seid fruchtbar! Mehret euch! Füllet die Erde!“ (Genesis 1, 28a)

Warum sagt Gott das zum Menschen?
Glauben wir niemals, daß unser Mengenwachstum Anarchie bedeutet, wahlloses und planloses Vermehren. Nein, das sich so üppig verzweigende Leben ist keine anonyme Vermassung des Menschen, sondern vielmehr ist das orientierte Leben dabei, die nötigen Teile zusammenzutragen und sie in einem definitiven „Punkt“ zusammenzuziehen. Dort sollen und werden sie zu einem Wesen verwachsen, zu *einem Leib*. Wenn ich ein Elektronengehirn baue, benötige ich eine Unzahl von einzelnen Bestandteilen, angefangen bei besonderen Metallen aus Afrika, dann kommen Einzelteile aus Japan, andere aus Amerika. Schließlich erwarte ich das „letzte Teilchen“ dieses technischen Mosaiks. Erst wenn dieses „da“ und eingebaut ist ins Ganze, arbeitet das Gehirn, erst in diesem Moment und nicht früher. So wird es vielleicht einmal einen letzten Menschen auf dieser Erde geben, als letztes fehlendes Teilchen, der etwas mitbringt, das noch fehlte am Reifepunkt der Gesamtmenschheit. Durch diesen letzten Tropfen erlangt die Welt ihre Fülle. „Die Fülle der Zeit“... Und Sie werden fragen: „Was hat dieser Einzelmensch denn so Entscheidendes beigetragen?“ Er gab die letzte Prise psychischer Energie, das letzte Quentchen Seelenstoff – und die Menschheit konnte sich vollenden.

Lesen Sie Paulus und Johannes zum Thema des Aufbaus des LEIBES CHRISTI. Lesen Sie es immer und immer wieder, denn diese Texte sind helle Sonnen, die uns erleuchten: Ihre Wahrheit trifft uns wie ein Brennstrahl.

> „... bis wir alle zur Einheit im Glauben kommen und zur vollen Erkenntnis des Sohnes Gottes und zum vollendeten Manne, zum Maße der Reife der Christusfülle.
>
> Dann sind wir nicht mehr unmündige Kinder, die sich schaukeln und tragen lassen durch jeden Windhauch irgendeiner Lehre.
>
> Nein, an die Wahrheit wollen wir uns halten und in Liebe ganz und gar in den hineinwachsen, der das Haupt ist, Christus.
>
> Von Ihm aus fügt und schließt sich der ganze Leib zusammen, und jedes der Gelenke leistet seinen Dienst dabei, und jedem Teil ist sein ganz bestimmtes Maß an Arbeit zugemessen, und so vollzieht sich das Wachstum des Leibes, bis er sich auferbaut in Liebe.“ (Paulus an die Epheser 4, 13–16)

Wieviel Sinn bekommen solche Texte, wenn man sie nach einem Teilhard-Studium wieder liest! „Die Reife des Mannesalters“, „die Wachstumsfülle“, bis zu einem bestimmten Punkt... Wenn dieser erreicht ist, dann gibt es nichts mehr hinzuzufügen – und das Weltende ist da. Der Wissenschaftler und Priester Teilhard de Chardin sieht diesen Moment in einer biologischen Perspektive, jedoch in einer Biologie, die sich auf die soziale und persönliche Ebene erhebt. Es ist das persönlich gewordene Biologische, das er meint, die Personalisierung der Welt. Seine Ideen und Darstellungen sind von strenger Logik.

„Von außen gesehen zeigt die Naturgeschichte der lebendigen Wesen, sofern sie in ihrer Totalität betrachtet wird – und jeder Zweig von Anfang bis Ende –, die stufenweise Ausbildung eines unermeßlichen Systems von Nerven. Von innen gesehen entspricht dem etwas Seelisches, das sich einrichtet und ausdehnt bis auf das Größenmaß der Erde. An der Oberfläche die Fibern und Ganglien. In der Tiefe das Bewußtsein . . .

so finden wir die letztlich psychische Natur der Evolution."
(Teilhard de Chardin)

Wie aber wird sich dieses Einmünden der Menschheit in den OMEGA-Punkt vollziehen? Durch Tod und apokalyptische Pein, oder durch ein Aufleuchten und Aufgehen in der Licht-Ekstase des Überbewußten? . . .

Darauf muß man antworten: Beides wird erlebt werden, muß erlebt werden. Der Tod jedoch als Ekstase verstanden, denn jeder Tod sollte eine Ekstase sein und ist es auch! Maria ist ohne menschlichen Tod, wie wir ihn kennen, in den Himmel aufgenommen worden, das heißt, sie trat aus diesem Leben unmittelbar in das andere durch eine Ekstase, und doch spricht man von ihrem Tod. Auch wir werden diese Ekstase im Zentrum unseres Todes erfahren, wenn wir – als Welt eintreten in OMEGA. Diese reine Form des Todes, wie die Menschheit ihn erleben wird, und wie ihn Maria schon erlebte, war ursprünglich für uns alle geplant gewesen. Hätten wir unsere Freiheit besser gehandhabt, wären wir rein geblieben, dann wäre uns der Todestunnel erspart geblieben. „Tod" hätte für uns bedeutet: Das menschliche Wesen wird reif, es erreicht das Ziel seiner Existenz und steigt aus sich heraus und über sich hinweg, wie eine kostbare Blüte, die sich langsam aus der kleinen, harten Knospe hervorschiebt, weil sie reif ist zum Erwachen. Auch die Gesamtmenschheit muß „hervortreten", und sie wird sich ablösen müssen wie auch jeder einzelne im Sterbeprozeß: *durch eine Ablösung zum Werden gerufen. Also Tod und Leben, Abbruch und Fortbestand in einem.*

Etappen von Angst, Schmerz und Tod und zugleich neues Leben – das wird der erlebte Welt-Tod sein. Äußerlich unter den Zeichen eines Kataklysmus, von innen gesehen jedoch, wie bei jedem individuellen Tod, eine Apotheose. Beides. Letztlich also Erwachen, Aufstieg, Erblühen zu neuem Leben.

Auf die Frage im Untertitel dieses Vortrags „Tod oder Erwachen?"

möchte ich mit einem dritten Begriff antworten; der für mich sehr wesentlich ist: EINE METAMORPHOSE.

Das soll unser Schlüsselwort sein, nach dem wir suchten. Verwandlung. Genaue Bedeutung des Wortes Metamorphose: „Gestaltwandel", und das meint Verwandlung von Form und Struktur. Es ist der Akt, bei dem ein Wesen seine bisherige Gestalt vollständig verliert. „Meta" heißt verändern, verwandeln. Die Morphologie ist die Lehre von den Formen und Gestalten. Metamorphose ist also Gestaltwandel.

Schönstes Beispiel aus dem Tierreich:
Ein fetter, klebriger, ekelhafter Wurm erhebt sich vom Staub der Erde als farbenprächtiger, duftiger Falter hinauf zu den Baumkronen und tanzt dort in einer Licht-Ekstase... Welche Beziehung besteht zwischen der Raupe und dem Schmetterling? Es ist ein und dasselbe Wesen, das durch eine Metamorphose wie in einem Märchen verzaubert wurde. Aus demselben Wesen entstand ein ganz neues, das alte ist nicht mehr zu erkennen.

Auch die Menschheit muß durch das Stadium des lichtlosen Cocons hindurch, es ist ihre Reifezeit. In diesem Embryonalzustand befinden wir uns heute, unsere wahre Geburt liegt noch vor uns.

Alle wissen wir, daß Geburt Schmerz bedeutet, starkes Leiden, Ablösung, und diesem Gesetz folgt auch die letzte Geburt der Menschheit zu ihrem neuen und endgültigen und ganz anderen Leben. Sie muß sich selber absterben und verlieren, um geboren werden zu können. *Kein Leben ohne vorangegangenen Tod.* So wie das Individuum nur durch den Tod zum Leben erwacht und diesen Wandel in sich vollziehen muß, so auch die Gesamtmenschheit. *Die Welt muß eines Tages sterben, um zu erwachen.* Und das ist das prophezeite „Unheil" der Welt, von Sehern bereits erlebt, nicht aber Untergang und Auflösung, sondern genau das Gegenteil: Geburtswehen.

Die starke Symbolsprache der biblischen Prophezeiungen „Der Himmel verdunkelt sich, die Sterne fallen nieder, Sonne und Mond werden blutfarben" etc., will eine viel, viel tiefere Wirklichkeit noch als diese ausdrücken über den Zustand der menschlichen Psyche beim Eintritt in die Endphase. Die Menschheit spürt ihre letzte Verwandlung und erkennt, daß sie jetzt erwachen soll – und das geht nicht ohne Schmerz und Furcht. Die Erde befindet sich im Zustand einer Frau, die erwartet, sie erwartet „jenen Tag". In welchem Monat wir uns befinden, im 6., 7. oder 8. – „das weiß nur der Vater", wie uns Jesus lehrte.

Wir forschen nach Zeichen und stellen Prognosen, jedes Zeitalter hat das getan, und das ist gut, es hält wach. Durchforschen wir diese Welt, dieses Leben, diese Geschichte nach solchen Zeichen! Wir sind hineingenommen in diese gewaltige, aufsteigende Bewegung, um dieses große Ziel vorzubereiten, dabei kann es uns nicht gleichgültig lassen, wann und wie wir dort hingelangen werden . . . Und hier stellt sich uns die wichtige Frage: Welche Rolle haben wir dabei? Erwarten wir OMEGA „von oben" oder bildet es sich hier, „von unten"?

Bereitet der Mensch OMEGA vor oder ist OMEGA am Tage X ein Himmelsgeschenk an die Erde, also pure Gnade?

Gehen wir auf ALPHA zurück – Jesus von Nazareth. Kam er „von oben"? Sie werden mir sagen: „Ja, wir sprechen es ja im Glaubensbekenntnis: ‚Für uns Menschen und zu unserem Heil ist er vom Himmel gekommen . . .' "

Und wer hat Jesus herabkommen sehen? Gibt es Zeugen? Ist er nicht vielmehr aus unserer Erde gewachsen? Sagen wir nicht auch im Glaubensbekenntnis: „Er hat Fleisch angenommen durch den heiligen Geist von der Jungfrau Maria und ist Mensch geworden!"?

Wo kam Christus her? Eine sehr interessante Frage. Kam er von oben oder von unten? Er kam aus beiden Richtungen, beides ist wahr. Himmel und Erde haben sich in Maria vereint, und Jesus erschien unter uns. Daher singen wir in der Weihnachtsmesse: „Tauet, ihr Himmel, von oben her, den Gerechten, regnet ihn, ihr Wolken, herab! Öffne dich, Erde, und sprosse den Heiland hervor!"

Welche Schönheit! Das genau ist der Treffpunkt von Himmel und Erde. WEIHNACHTEN! Man kann nicht tief und innig genug darüber meditieren . . . *Ich persönlich glaube, daß auch OMEGA am Ende der Zeiten wie ALPHA aus beiden Richtungen kommen wird.*

Wenn wir Jesu eigene Worte hören, „man wird den Menschensohn auf den Wolken des Himmels kommen sehen mit Macht und großer Herrlichkeit", dann ist das nur die halbe Wahrheit, denn nach der Auferstehung hat er von seiner immerwährenden Anwesenheit unter uns gesprochen: „Seht, Ich bin bei euch alle Tage bis zur Vollendung der Welt." (Matthäus 28, 20)

Die Inkarnation hat ihn ins Herz der Erde eingelassen, wo er seitdem fortfährt zu wirken. So wächst von dort der Leib, und OMEGA wird sein, wenn die Hülle bricht, durch die Christus noch abgedeckt wird. Sie wird zerfallen wie die Schale eines Cocons durch die Stoßkraft von innen. Wenn die Menschheit reif ist, dann wird Christus wiedergeboren werden. Diesmal nicht aus einem Einzelgeschöpf, sondern aus dem Leib der Gesamtmenschheit, aus der kirchlichen Weltgemeinschaft, die ein Sinnbild ist für die Jungfrau Maria und so wie die Mariengestalt ein Sinnbild ist für die Kirche.

Diese zweite Geburt ist schon bei der ersten vorausgesagt worden, indem sie in ihr anwesend war – in dieser Jungfrauengeburt! Die Jungfrau ist ein „Zeichen". Sie ist die Kirche, der Leib, in dem sich die zweite Geburt vorbereitet. Dann wird Maria, diese Frau, sich zur erlösten Gesamtmenschheit erweitern, die Christus gebären wird: OMEGA. Alle Zeichen der ersten Geburt werden sich wiederfinden in der zweiten. Die Geschichte unserer Bibel ist der Archetyp und der Prototyp, Symbol und Zeichen dessen, was ist und kommen wird. Alles ist schon da – auf Symbolbasis, das heißt sichtbar unter der vorläufigen Form von Zeichen. Wann werden wir Menschen das endlich verstehen?

Die Menschheit ist die Neue Frau, die gebären wird. Ich werde Ihnen Textstellen aus der Apokalypse lesen, überwältigend in ihrer Klarheit und Wahrheit. Also sind wir es, die OMEGA gebären! Durch unser Hoffen und Sehnen, durch all unser Tun und Wirken.

Die menschliche Geschichte hat einen Sinn, sie baut an etwas, und jeder ist beteiligt, ob er ein Autoteil herstellt oder ein Mikrophon, ob er Lehrer ist oder einen Vortrag hält wie ich heute abend. Wir alle konstruieren die neue Welt, OMEGA, durch unsere winzigen Atome menschlicher Aktivität. Unser Tun ist *unvergänglich,* es hat einen definitiven Wert für das Ganze, und wer darum weiß, den beflügelt die Freude am Dasein. Und er findet sich mit Gleichgesinnten zu diesem begeisternden Engagement. Diese Menschen wissen etwas, sie haben verstanden, und deshalb suchen sie andere zu informieren und mitzuziehen. Sie wissen: Jede neue Zelle wirkt wie Öl im Feuer. *Mit unseren Armen wird der Himmel gebaut.*

Nicht erwarten sollen wir den Himmel, sondern selbst bauen – das ist die Aufforderung. Erinnern Sie sich an die Schilderung von Christi Himmelfahrt? Die Apostel werden Zeugen seiner Entrückung, und große Traurigkeit befällt sie. Da erscheinen ihnen zwei Engel: „Was steht ihr da und schaut zum Himmel hinauf?" . . . (Apostelgeschichte 1, 11a)

Auf! An die Arbeit! Er wird wiederkommen, wie er gesagt hat, trauert nicht, sondern bereitet seine Wiederkehr vor! Geht, gestaltet die menschliche Geschichte! Baut die Welt! Schafft das neue Leben!

Nicht wie ein Flugzeug am Airport erwarten wir den Herrn, sondern wie eine Frau, die mit Leib und Seele ein Kind erwartet. Sie weiß, daß ihr das ersehnte Kind weder ein Engel noch ein Storch bringen wird – und in dieser OMEGA-Erwartung befindet sich die Menschheit. Das ist der Sinn unserer Arbeit, sie ist von unendlichem und von ewigem Wert, denn in jedem Augenblick zeugen wir etwas Definitives und nicht etwas Provisorisches. Nichts geschieht umsonst, nichts geht verloren, denn alles wird wiedergefunden werden in der großen und endgültigen Synthese, alles! Wer das versteht, wird grundlegend und anhaltend ermutigt in seiner Existenz.

Ich würde sagen, daß in der Erwartung unserer Weltreife es weder ein „Von-oben-Herabkommen" noch ein „Von-unten-Aufsteigen" gibt, sondern ein kräftiges Geradeaus, ein zügiges Vorwärts; in dieser Linie verbinden sich Himmel und Erde. OMEGA liegt vor uns als *ein universeller Konvergenzpol,* zu dem hin alles strömt und der alles in sich versammelt, alles Menschliche und alles Himmlische. Das Universum steuert zu einer Zentrierung. Nicht einer anderen Welt gehen wir entgegen, sondern diese Welt wird eine andere werden, denn sie wird eine Metamorphose durchmachen wie die Raupe, die sich in einen schönen Falter umgestaltet, dasselbe Wesen, aber ganz neu, ganz anders, vollkommen anders.

Vergleichen wir das Ziel unserer Geschichte mit dem von Karl Marx:

Zweifellos verdient Marx Anerkennung, er hat die Menschen in ihrem Schlaf gestört, und das ist immer gut, dafür sollten wir ihm danken, sehr sogar! . . . Doch ist der Sinn, den wir der Geschichte geben, tiefer. Unsere christliche Sicht ist stärker, da zeitlich umfassender und globaler, vor allem ist sie gerechter. Der Marxist lädt die Menschen ein, an unserer Welt-Zukunft zu arbeiten, desgleichen der Christ, das haben wir gemeinsam. Nur sieht unser Ziel des „goldenen Zeitalters" anders aus, indem alle Menschen hineingenommen werden.

Wir Christen arbeiten an der inneren Welt, an einer Wesensverwandlung. Wir bearbeiten einen Teig, kneten und formen ihn und geben viele Zutaten bei in der Überzeugung, daß er aufgehen und gut werden wird und eines Tages fertig ist.

Die heutige Welt ist die Matrize der kommenden, fliehe sie nicht, sondern tritt in sie ein! Glaube niemals, Du könntest Dein Heil „privat" erwirken – in der Verachtung dieser Welt. Nein, erwirke Dein Heil, indem Du diese Welt liebst und rettest durch Deine Arbeit, durch Deine Gesinnung. Niemand kann sich außerhalb dieser Welt stellen, es gibt kein individuelles Heil. Du hast nicht nur eine Seele, die es zu retten gibt, sondern Du hast 360 Seelen um Dich, die darauf warten, gerettet zu werden. Du wirst Deine Seele retten, indem Du die Seelen der anderen rettest, andernfalls wirst Du Deine verlieren.

Sich selbst vergessen! Darum geht es.

Ich glaube an die unbegrenzten Möglichkeiten dieser Erde, denn ich glaube, daß sie eine phantastische Zukunft in sich trägt. Unsere Erde ist voller „Unmöglichkeiten", wir ahnen überhaupt nicht, was in ihr schlummert! Ich glaube an dieses Unmögliche, und das ist für mich das Vernünftige. Das Vernünftige ist erst dann wirklich vernünftig, wenn es das Unmögliche, an das es tief glaubt, zu integrieren weiß. Dann ist es groß.

Häufig findet dieser Glaube an das Unmögliche beim wissenschaftlich geprägten Menschen unserer Tage in utopischen und prophetischen Büchern und Filmen seinen Niederschlag. Das ist ein Signal, denn es zeigt, daß der Mensch sehr präzise fühlt, daß es irgendwann irgendwie irgend etwas „Unmögliches" wirklich geben wird. Seine Sehnsucht bezeugt sein Interesse am Imaginären, sie ist ein unbewußtes Wissen, daß „unglaubliche Dinge" Realität werden. Das sage ich im Namen des Christentums, im Namen der Tatsache der Inkarnation, im Namen des Gekreuzigten – jenes göttlichen Samens, der in die Erde fiel und unsterbliche Keime und Triebe hervorgebracht hat. Eine unendliche, ewige Saat hat er in die Mitte dieser Erde und ins Herz der Menschheit gesetzt.

Die Erde ist Trägerin unbegrenzter Versprechen und ganz unberechenbarer Akte von Selbstüberwindung. Wir gehen einer völlig „undenkbaren", wunderbaren Zukunft entgegen. Alles, was Ihre Seele jemals in Nacht- und Tagträumen erfand; alles, was unsere Wissenschaftler jemals als unrealisierbar-phantastische Hypothese bezeichneten; alles, was die Dichter und bildenden Künstler jemals schaffen wollten und doch nicht ausdrücken konnten, ist noch immer nichts im Vergleich zum Arbeits-Endresultat dieser Welt, denn diese Welt ist durchtränkt von Gott, er gibt uns seine göttliche Kraft, eines Tages alles zu verwirklichen, was wir ersehnen.

OMEGA gäbe es nicht, wenn es nicht ALPHA gegeben hätte und wenn es dieses Dazwischen – unsere Geschichte – nicht gäbe. Daher ist das Weltende eine Apotheose, ein Erwachen, denn der Gesamtinhalt unserer Geschichte, ihr innerer Gehalt und ihr tiefer Sinn, werden eines Tages ans Licht treten und sich in voller Klarheit allen offenbaren.

Ich kann Ihnen hierzu nichts Besseres empfehlen als die Geheime Offenbarung des Johannes oder Apokalypse. Wir haben heute schon einiges daraus gehört, aber unter dem negativen Aspekt des Kataklysmus, das heißt des Geburtsleidens, das ein Ablösen ist, also ein Bruch. Nun erscheint das „Kind", die Schmerzen werden vergessen, Glanz und Freude: NEUES LEBEN! Herrliche Passagen, Siegeslieder nach angeblicher Niederlage, ein Triumphgesang, der die wahre Perspektive der Apokalypse zeigt. Wenn Johannes „Katastrophenmeldungen" einfügt, dann will er damit dem Geburtscharakter der neuen Welterscheinung Profil geben. „Als ich ihn sah, fiel ich wie tot zu seinen Füßen nieder, doch er legte seine Rechte auf mich:

> ‚Hab keine Furcht', sprach er, ‚Ich bin der Erste und der Letzte und der Lebendige. Ich war tot, und sieh, ich lebe bis in die Ewigkeit der Ewigkeiten.' " (Apokalypse 1 und 17–18a)

OMEGA! ...

Ja, es wird Katastrophen geben, aber „Hab keine Furcht", wird uns gesagt. Weder vor unserem persönlichen Tod sollen wir uns fürchten noch vor dem Tod der Menschheit. Alles muß kommen, aber das letzte Wort spricht ein anderer. Hab keine Furcht, denn alles ist bereits erkauft und eingelöst, das Alte muß jetzt sicht- und spürbar für alle verwandelt werden. Welch triumphale Freudenbotschaft ist diese Offenbarung!

Der Erste und der Letzte ist der Lebendige. Er ist ALPHA, OMEGA – und der Weg zwischen beiden. „Ich bin der Weg“ . . .

„Da schaute ich, und siehe, da war ein fahles Roß, sein Reiter hieß der Tod, und mit ihm zog die Unterwelt. Es wurde ihnen Gewalt gegeben über den vierten Teil der Erde.“ (Aus Apokalypse 4 und 6)

„Da sah ich mitten vor dem Throne, inmitten jener Ältesten, ein Lamm da stehen wie geschlachtet. Es kam heran und empfing aus der Rechten dessen, der auf dem Throne saß . . . Mit lauter Stimme riefen sie: ‚Würdig ist das Lamm, das geschlachtet ward, Macht, Reichtum, Weisheit, Kraft, Ehre, Herrlichkeit und Lobpreis zu empfangen!‘ “ (Aus Apokalypse 5)

Welche eine grandiose Vision des Johannes! . . . Ein Lamm, Symbol der Milde und der Schwäche in unserer Welt, triumphiert jetzt über alles und bekommt Herrschaftsmacht. Der strahlende Sieg des Lammes! Erinnern Sie sich, was ich bereits sagte: *Das Schwächste ist in Wahrheit das Stärkste, das Leben ist der Triumph des Unwahrscheinlichen . . .* Ein unscheinbares Pflänzchen, ein neugeborenes Kind, ein geschlachtetes Lamm – Prinzip der Schwäche!
- Das unscheinbare Pflänzchen sprengt eines Tages den gewaltigen Felsblock beiseite . . .
- Das arme Jesuskind in seiner schäbigen Futterkrippe unbeachtet am Wegrand hat den Erdkreis erfüllt und bewegt ihn seinem Ziel entgegen . . .
- Das geschlachtete Lamm, der Menschensohn am Kreuz, sein totales Scheitern vor der Welt wird sein Triumph werden.

Am Kreuz ist Christus bereits verherrlicht worden und ist Inhaber eines Thrones. Das ist das christliche Mysterium, das so schwer verstanden wird. Das ist die „wunde Stelle“ für Christen und Nichtchristen, daß Christus in seiner Armut und Schwäche vor den Menschen, durch seine Zurückweisung und Verurteilung in der Welt gesiegt hat. Und uns hat er in seinen Sieg hineingenommen; indem er festgeschlagen war an einem Sterbekreuz, hat er die ganze Welt umarmt und alle erfaßt, die in ihr wohnen, wohnten und jemals wohnen werden.

Das ist der Sieg des geschlachteten Lammes, seine geheime Macht, das ist das christliche Geheimnis, ein unerhörtes Geheimnis! Aber nur unter dieser Form dürfen wir an Christus denken, um ihm gerecht zu werden; nur so verstehen wir sein Wirken.

„Ein Zeichen ward am Himmel sichtbar: Eine Frau, bekleidet mit der Sonne, den Mond zu ihren Füßen, auf ihrem Haupt ein Kranz von zwölf Sternen. Sie war gesegneten Leibes und schrie in ihren Wehen und Schmerzen des Gebärens. Und noch ein anderes Zeichen ward am

Himmel sichtbar: Siehe, ein großer feuerroter Drache ..." (Apokalypse 12, 1–5)

Meine lieben Freunde, die Frau hat eine zentrale Rolle in der gesamten Bibel. Die Frau, das ist Eva, das ist Maria, das ist die Kirche und das ist die erlöste Menschheit. Die Frau, das sind wir! Wir sind diese schwangere und gebärende und daher leidende Frau. Es wird eine eschatologische Doppelschlacht zwischen dem Sohn dieser Frau – Christus – und dem „feuerroten Drachen" geben, aber danach manifestiert sich der endgültige Sieg:

„Da sah ich einen neuen Himmel und eine neue Erde. Der erste Himmel und die erste Erde waren vergangen, und auch das Meer ist nicht mehr." (Apokalypse 21, 1)

Das Meer ist seit altersher Symbol für das Böse.

Schließlich wird das himmlische Jerusalem sichtbar werden und das neue Leben im OMEGA-Licht erstrahlen. Das himmlische Jerusalem ist die Heilige Stadt, die sich dann aufgebaut haben wird – aus uns! Unsere Zellen sind ihre Bausteine, jeder von uns ist Beteiligter an diesem Bau und wird Bewohner dieser Stadt werden, Teil der Menschheit von morgen.

„Dann schaute ich die Heilige Stadt, das neue Jerusalem, wie es von Gott vom Himmel niederstieg, ausgestattet wie eine Braut, die sich für ihren Bräutigam geschmückt hat."

Wieder die Frau, die Mutter ist und Braut und jetzt Gemahlin wird.

„Vom Throne her hörte ich eine laute Stimme rufen:

‚Es ist geschehen. Ich bin das ALPHA und das OMEGA, der Anfang und das Ende. Ich will aus dem Borne des Lebenswassers dem Dürstenden umsonst zu trinken geben.'

In ihrem Lichte werden die Völker wandeln, auch werden ihre Tore tagsüber nie geschlossen werden; denn Nacht gibt es dort nicht. Man wird die Herrlichkeit und den Reichtum der Völker in sie bringen." (Aus Apokalypse 21)

„Da zeigte mir der Engel einen Strom lebendigen Wassers, klar wie Kristall. Er floß vom Throne Gottes und des Lammes aus. Und mitten auf der Straße, zu beiden Seiten des Stromes, stand der Baum des Lebens, der zwölfmal Früchte trägt, in jedem Monat. Die Blätter des Baumes aber dienen den Völkern zur Heilung." (Apokalypse 22, 1–2)

Eine Anspielung auf den ersten Lebensraum im ersten Paradies, der sich nun endlich auch verwirklichen wird im letzten Paradies.

Die Frau als Stadt mit Lebensbaum, sie ist Gemahlin und Mutter geworden. Beide Begriffe der Bibel sind jetzt verschmolzen, denn *wir* sind diese Frau, die dabei ist, den Sohn zu gebären, „der regieren wird von Ewigkeit zu Ewigkeiten". Wir, Frau und Mutter sind dazu berufen, Christus zu gebären, und wir sind seine Gemahlin. Das hat nichts mit dem Ödipus-Komplex und freudianischen Ideen zu tun, versuchen wir lieber, diese grandiose Perspektive zu kontemplieren, in der sich alles in einem Punkt zusammenziehen wird und immer vereint bleibt:

OMEGA.